大数据时代的高校教育管理研究

林 伟 ◎著

中国商业出版社

图书在版编目（CIP）数据

大数据时代的高校教育管理研究 / 林伟著. -- 北京：
中国商业出版社, 2024. 7. -- ISBN 978-7-5208-2973-1

Ⅰ. G640

中国国家版本馆 CIP 数据核字第 2024ZA3462 号

责任编辑：郝永霞

策划编辑：佟　彤

中国商业出版社出版发行

（www.zgsycb.com　100053　北京广安门内报国寺1号）

总编室：010-63180647　　编辑室：010-83118925

发行部：010-83120835/8286

新华书店经销

廊坊市源鹏印务有限公司印刷

787毫米×1092毫米　　16开　　13印张　　220千字

2024年7月第1版　2024年7月第1次印刷

定价：68.00元

前　言

当下，以信息技术为核心的新一轮科技革命、人工智能、大数据、物联网等新技术、新应用、新业态在迅速发展，深刻改变着人们的思维方式和生产生活方式。高校教育管理是一项复杂的系统工程，其涉及人才培养、科研、社会服务、文化创新等重要内容，将大数据融入教育管理的全过程、全方位是高校教育管理创新的时代要求。通过对相关数据的梳理分析与挖掘利用，发挥数据的基础资源作用，推进教育管理体系的创新，是高校教育管理思考和分析的问题。

大数据具有"容量大、类型多、速度快、精度准、价值高"的优势，积极利用大数据的优势对推进高校教育管理体系的创新和改革具有重要意义。要实现这一点，高校教育管理首先就要懂得和用好大数据，提高对大数据发展规律的把握能力。

在当前大数据环境下，数据分析应该成为高校教育管理创新的新常态。作为管理者，要善于运用大数据技术来推动教育管理的提升，使高校教育管理更加科学化、人性化和精准化，不断推进高校教育管理体系的创新发展。

本书主要研究大数据时代的高校教育管理，首先从大数据时代的高校教育管理基础理论介绍入手，又针对大数据时代的高校思想政治教育、大数据时代的高校教学管理、大数据时代的高校教学质量管理、大数据时代的高校学生管理、大数据时代的高校教师管理进行了分析，最后对大数据时代高校人力资源管理做了一定的研究。本书读者对象比较集中，有较强的市场价值，为高校的理论学习奠定了坚实的基础。

在本书撰写的过程中，我们得到了很多宝贵的建议，谨在此表示感谢。同时参阅了一些著作和文献，在参考文献中未能一一列出，在此向相关作者表示诚挚的感谢和敬意。由于笔者水平有限，编写时间仓促，书中难免会有疏漏不妥之处，恳请专家、同行不吝批评指正。

目　录

第一章　大数据时代的高校教育管理基础理论

第一节　大数据概述

一、大数据的概念

（一）大数据的定义

在数据分析领域中，大数据是前沿技术，大数据以及数据仓库、数据分析、数据安全、数据挖掘等是 IT 行业时下最火爆的词汇，大数据的商业价值已经成为信息行业争相追逐的焦点。大数据包括各种互联网信息，也包括各种交通工具、生产设备和工业器材上的传感器，能随时随地进行测量，不间断地传递着海量的信息数据。利用新的处理模式，大数据具有更强的决策力和洞察力，能够优化流程，实现高增长率，并处理海量的多样化信息资产。归根结底，大数据技术可以快速处理不同种类的数据，从中获得有价值的信息，并快速处理；只有快速，才能发挥实际作用。

随着网络、传感器和服务器等硬件设施的全面发展，大数据技术促使众多企业融合自身需求，创造出难以想象的经济效益，从而实现巨大的社会价值和商业价值。各行各业利用大数据产生极大增值和效益，表现出前所未有的社会能力，而绝不只是数据本身。大数据是人们获得新的认知及创造新的价值的源泉，大数据还为改变各种关系服务。

（二）大数据的本质

观察人类认识史可以发现，对信息的认识史就是人类的认识进步史与实践发展史。人类历史上经历过四次信息革命。第一次是创造语言。语言表明人类要求表达、认识世界并开始作用于世界。通过语言产生思维，将事物的信息抽象表达为声音这个即时载体，但语言的限制和缺点是无法突破个体的时空。第二次是创造文字以及随之而来的造纸与印刷技术的出现。其实现了人类远距离和跨时空的思想传递，虽然突破了时间、空间上的限制，但需要耗费太高的交流成本和传播成本。第三次是发明电信通信——电报、广播、电视，实现了文字、声音和图像信息的远距离即时传递，为电子计算机与互联网的出现奠定了基础。第四次是电子计算机与互联网的创造，是一次空前的伟大综合。现代通信技术和电子计算机的有效结合，使信息的传递速度和处理速度得到了巨大的提高。人类掌握信息与利用信息的能力达到了空前的高度，人类社会进入了信息时代。在一定意义上，人类文明史是一部信息技术的发展进化历史。

1. 信息

从本体论层次来看，信息可定义为事物的存在方式和运动状态的表现形式。事物泛指存在于人类社会、思维活动和自然界中一切可能的对象。存在方式是指事物的内部结构和外部联系，运动状态是指事物在时空变化的特征和规律。从认识论层次来看，信息是主体所感知或表述的事物存在的方式和运动状态。主体所感知的是外部世界向主体输入的信息，主体所表述的则是主体向外部世界输出的信息。

2. 数据

数据就是指能够客观反映事实的数字和资料，可定义为用有意义的实体表达事物的存在形式，是表达知识的字符集合。按性质可分为表示事物属性的定性数据和反映事物数量特征的定量数据；按表现形式可分为数字数据和模拟数据，模拟数据又可分为符号数据、文字数据、图形数据和图像数据等。

数据在计算机领域是指可以输入电子计算机的一切字母、数字与符号，具有一定意义，能够被程序处理，是信息系统的组成要素。数据可以记录或传输，并通过外围设备在物理介质上被计算机接收，经过处理而得到结果。计算机系统的每个操作都要处理数据，通过转换、检索、归并、计算、制表和模拟等操作，经过解释并赋予一定的意义之后，便成为信息，可以得到人们需要的结果。分析数据中包含的主要特征，就是对数据进行分类、采集、录入、储存、统计检验、统计分析等一系列活动，接收并且解读数据才能获取信息。

3. 数据与信息

数据是信息的载体，信息是有背景的数据，而知识是经过人类的归纳和整理，最终呈现出规律的信息。但进入大数据时代之后，"数据"二字的内涵开始扩大，不仅指代"有根据的数字"，还统指一切保存在计算机中的信息，包括文本、图片、视频等。

简单地说，信息是经过加工的数据，或者说，信息是数据处理的结果。信息与数据是不可分离的，数据是信息的表现形式，信息是数据的内涵。数据本身并没有意义，数据只有对实体行为产生影响时才成为信息。信息可以离开信息系统而独立存在，也可以离开信息系统的各个组成部分和阶段而独立存在；而数据的格式往往与计算机系统有关，并随着载荷它的物理设备的形式而改变。大数据可以被看作依靠信息技术支持的信息群。

（三）大数据的分类

1. 根据来源不同分类

大数据根据来源不同，一般可分为四类：科研数据、互联网数据、感知数据和企业数据。

（1）科研数据

科研数据在大数据时代前很久就已经存在，其可能来自生物工程、天文望远镜或粒子对撞机，不一而足。这些数据存在于封闭的系统中，使用者都是传统上做高性能计算（HPC）的企业，很多大数据技术脱胎于 HPC。

（2）互联网数据

互联网数据是时代的主流，尤其社交媒体是近年来大数据的主要来源，几乎所有大数据技术都源于快速发展的国际互联网企业。比如，以搜索著称的百度与谷歌的数据规模都已经达到上千 PB 的级别，而应用广泛且影响巨大的脸谱、亚马逊、雅虎、阿里巴巴的数据都突破了上百 PB 的级别。

（3）感知数据

进入移动互联网时代后，随着移动平台的感知功能和 LBS 的普及，感知数据逐渐与互联网数据重叠，但感知数据的体量同样惊人并且总量或许不亚于社交媒体。

（4）企业数据

企业数据种类繁杂，企业数据和感知数据本质上也并不是 MECE（不重复、不遗漏）的划分。企业同样可以通过物联网收集大量的感知数据，增长极其迅猛。之所以把它们分为两类，是因为传统上认为企业数据是人产生的，感知数据是物、传感器、标志等机器产生的。企业的外部数据则日益吸纳社交媒体数据，内部数据不仅有结构化数据，还有越来越多的非结构化数据，由早期电子邮件和文档文本等扩展到社交媒体与感知数据，包括多种多样的音频、视频、图片、模拟信号等。

可以把企业数据和感知数据放在一起讲，是因为它们都涉及传统产业，从经济总量上要比互联网产业大很多，而且传统产业自身的大数据能力有限，所以这是大数据技术和服务企业的主要目标市场。但现实情况是，就单个企业而言，具有大数据需求的并不多见。通过数据采集和分析来提高制造业的效率，会是一个很大的市场，这是工业物联网，但未必是大数据。

互联网上的大数据不容易分类，百度把数据分为用户搜索产生的需求数据以及通过公共网络获取的数据；阿里巴巴则根据其商业价值分为交易数据、社交数据、信用数据和移动数据；腾讯善于挖掘用户的关系数据，并且在此基础上生成社交数据，通过数据来分析人们的许多想法和行为，从中发现政治治理、文化活动、社会行为、商业发展、身体健康等各个领域的各种信息，进而预测未来。互联网大数据可以分为互联网金融数据以及用户消费产生的行为、地理位置以及社交等大量数据。

2. 根据使用主体分类

从社会宏观角度来说，根据其使用主体可分为三类：政府的大数据、企业的大数据与个人的大数据。

（1）政府的大数据

各级政府的各个机构拥有海量的原始数据，构成社会发展与运行的基础，其中包括形形色色的环保、气象、电力等生活数据，道路交通、自来水、住房等公共数据，安全、海关、旅游等管理数据，教育、医疗、信用及金融等服务数据。如果关联这些数据流动起来进行综合分析和有效管理，这些数据将产生巨大的社会价值和经济效益。

现代城市依托网络智能走向智慧，无论是智能电网与智慧医疗，还是智能交通和智慧环保，都离不开大数据的支持，大数据是智慧城市的核心资本。政府作为国家的管理者，应该将数据逐步开放，提供给更多有能力的机构组织或个人来分析并加以利用，以造福人类。

（2）企业的大数据

企业离不开数据的支持进行有效决策。只有通过数据才能快速发展、实现利润、维护客户、传递价值、支撑规模、增加影响、撬动杠杆、带来差异、服务买家、提高质量、节省成本、扩大吸引力、打败对手、开拓市场等。企业需要大数据的帮助，才能为快速膨胀的消费者群体提供差异化的产品或服务，从而实现精准营销。网络企业依靠大数据来实现服务升级与方向转型，而传统企业面临着无处不在的互联网压力，同样必须谋求变革，实现融合，不断前进。

随着信息技术的发展，数据成为企业的核心资产和基本要素。数据变成产业，进而成长为供应链模式，慢慢连接为贯通的数据供应链。在互联网时代，互相自由连通的外部数据的重要性逐渐超过单一的内部数据，企业个体的内部数据更是难以和整个互联网数据相提并论。综合提供数据，推动数据应用，整合数据加工的新型公司明显具有竞争优势。

大数据时代产生了影响巨大的互联网企业，而传统 IT 公司随着网络社会的到来，开始进入互联网领域，需要云计算与大数据技术改善产品、提升平台并实现升级，这两类公司互相借鉴、相互合作、彼此竞争。

（3）个人的大数据

每个人都能通过互联网建立属于自己的信息中心，积累、记录、采集和储存个人的一切大数据信息。根据相关法律规定，经过本人亲自授权，所有个人相关信息将转化为有价值的数据，被第三方采集及快速处理，以获得个性化的数据服务。各种可穿戴设备，包括植入的各种芯片，都可以通过感知技术获得包括但不限于体温、心率、视力等各类身体数据，以及社会关系、购物活动等各类社会数据。个人可以选择将身体数据授权提供给医疗服务机构，以便监测出当前的身体状况，并制订私人健康计划；还能把个人的金融数据授权给专业的金融理财机构，以便制定相应的理财规划并预测收益。国家有关部门还会在法律允许的范围内，经过严格程序，实时监控公共安全，预防犯罪。

个人的大数据严格受法律保护，第三方机构必须按法律规定授权使用，数据必须接受公开、透明、全面监管；在采集个人数据时应该明确按照国家立法要求，由用户自己决定采集的内容与范围；数据只能由用户明确授权才能处理。

（四）大数据技术

大数据技术包括大数据工程、大数据科学和大数据分析。大数据工程指通过规划建设大数据并进行运营管理的整个系统；大数据科学指在大数据网络的快速发展和运营过程中寻找规律，验证大数据与社会活动之间的复杂关系；大数据分析指有效地处理大量数据，包括大规模并行处理（MPP）数据库、分布式文件系统、数据挖掘电网、云计算平台、分布式数据库、互联网和可扩展的存储系统。当前用于分析大数据的工具主要有开源与商用两个生态圈。开源大数据生态圈主要包括 Hadoop HDFS、Hadoop Map Reduces HBase 等，商用大数据生态圈包括一体机数据库、数据仓库及数据集市。大量非结构化数据通过关系型数据库处理分析，需要大量时间和金钱，因为大型数据集分析需要大量计算机持续高效地分配工作。大数据分析常和云计算联系在一起，大数据分析相比于传统数据仓库，其数据量大、查询分析复杂。

二、大数据的特征

（一）体量巨大，种类繁多

互联网搜索技术的进步、电商平台的全面覆盖以及社交平台的快速兴起，促进了多元化数据的产生，而且这些数据在未来甚至会呈指数增长。互联网、存储等计算机科学领域正在迅猛进步，人们从多元化领域获得的数据资料成倍增加，收集海量数据的根源是网络数据能够同步实时收集，医疗领域的数据资料与科研领域的研究数据也都会成倍增加。随着数据种类的不断增多，如视频、图片等信息增速的扩大，挖掘多元形式数据流间的关系就成了大数据最为显著的优势。例如，对供水系统和交通状况的数据资料进行关联分析，得到了清晨洗浴与早高峰时间存在着密切关联的结论；将堵车地点、时间的数据资料和电网运行的数据资料进行分析，得到的结论是睡眠质量与交通事故的发生率存在内部关联。

（二）开放公开，容易获得

人们之所以重视收集大数据，其主要目的是开展数据分析。大数据并非只在政府、企业等组织机构当中存在，还存在于社会生产和生活之中，具备自动性的特征。如电信企业累积客户的电话记录，电商网站整合消费者信息，企业通过对大数据进行充分的分析与挖掘，能够全面提高企业的综合实力，优化企业运营，提升企业决策的准确度，并推动商业智能的长效发展，为企业经济效益最大化目标的实现创造良好条件。在一定规则开放性的背景之下，借助应用程序接口与爬虫采集等技术手段，大量企业组织与政府部门能够为社会各界以及科研等机构提供海量数据资源。拥有公开且容易获取的数据源是大数据时代的基本特点，因此会对整个社会产生巨大影响。

（三）重视社会预测

从本质上进行分析预测是大数据特点的体现。在大数据背景下，预见行业未来前景的能力，成了企业不懈追求的目标。对大数据手段的应用能够预先分析受众情况，了解他们青睐的节目类型。人们越来越重视大数据在预知社会多元问题方面的作用，同时，也开始将其广泛推广并应用到社会科学领域。

（四）重视发现而非实证

实证研究特别关注构建理论假设，设定范围，并进行随机抽样，展开数据的定量调查与收集，从而证伪或证实理论假设。连续线性决策需要缜密的逻辑思维。大数据把关注点放在了数据方面，强调对数据的运用、创造知识、预测未来、挖掘本质、发现机遇。要实现对未来前景的预测，主要借助自下而上数据收集处理的方法，而不是依靠以理论假设为根基发现知识、预知未来、探寻规律。比方说，某超市利用大数据技术对大量交易数据资料进行分析，获得的一个重要结论是，周末男人在购买婴儿尿布的同时，通常会顺便购买啤酒。利用大数据获得的结果，通常情况下是极具实用价值的，这也是很多超市在货物安排和摆放当中常常会遵循的规律。除此之外，大数据理论更能够从整体上分析和把握数据，所以其获得的分析结论价值极大，可以作为做出相关决策和获知规律的重要根据。

（五）非结构化数据的涌现

数据挖掘关注的是未知有效信息与实用性强的知识，更多地属于非结构化数据，这是大数据时代非常突出的一个特点。如今90%甚至以上的数据均属于非结构化数据。社交媒体会随时产生无数数据文本，并造成大量具有价值的数据资料被隐藏在信息海洋当中。大数据技术从海量文本资料当中挖掘信息，获知人们的态度与行为的相关信息，呼应舆情监测的社会需要与企业商机。在对大量非结构化数据进行收集处理和分析时，社会出现了大量新的需要，技术领域产生了极大的变革，同时也让很多非关系型数据库得到发展，使大量计算机新技术持续不断地产生。大数据涵盖数据挖掘、网络挖掘、文本挖掘、IT 和商业智能信息技术、决策支持系统及其在社会科学领域的应用。

三、大数据的风险

大数据在展示其无限美好前景的同时，还具有许多不可预测的、显性或隐性的技术风险、经济社会风险、数据风险。

（一）技术风险

大数据的技术风险包括三种：存储技术风险、挖掘技术风险和垃圾删除技术风险。这些风险有的是显性的，有的则是隐性的。

1. 存储技术风险

人类生活所产生的信息越来越多地将会以数字信息的方式被存储下来，无论是在本地的硬盘上，还是在基于云的网上空间。不过随着信息技术的更新迭代，我们反而面临着丢失这些数据的风险。人们在过去就遇到过同样的麻烦，如你曾经创建的文档，由于软件更新没有考虑兼容性，导致的结果就是你再也打不开这些文件了。当然，目前防止数据丢失的技术已产生，如异地设备等方法，但在一定时期内，最安全的方法可能还是坚持"两条腿走路"：一边是数据化，一边是传统纸质化。

2. 挖掘技术风险

大数据挖掘基于海量数据，而海量数据是容错的、混杂的且具有相关关系的存在，数据的真实性、准确性及客观性等都是不能确保的，故而在此基础上挖掘出的结果，其可靠性是无法保证的。首先，整个互联网充斥着各种各样的数据，良莠不齐、真假难辨，这给数据挖掘工作带来了挑战。其次，在数据挖掘中面临着数据样本是否为全样本的挑战，并不是追求数据越多越大越好。在数据开放与知识产权保护并存的时代，很多企业的数据是不愿意共享和开放的。实际上，就是在欧美数据开放运动进行较早且力度较大的国家，数据作为各机构和企业的核心战略资源，在重要的领域也是很难做到开放和共享的。最后，数据的增长与有用信息的增长并不必然是正比例关系，数据的增长也并不意味着人们可以不再进行独立思考与创造决策。

3.垃圾删除技术风险

大数据垃圾并不是平常所指的垃圾，我们把对人类有害的、无意义的数据统称为大数据垃圾。大数据垃圾表现为：一是与个人隐私密切相关且影响个人发展进步及声誉的数据，二是影响探索规律和行为决策的数据。删除大数据垃圾不仅可以帮助我们节省硬盘和大脑，而且可避免在数据"海啸"到来后，成为无用信息的垃圾场。只有删除垃圾，保留有意义的数据，大数据才能产生智慧。人类的遗忘能力有时比记忆能力更有价值，将一些遥远的、与当前或者未来无用或无关的信息遗忘，人类才能将有限的记忆能力用在更有价值的事物上。数字化、廉价的存储器、易于提取和全球性访问是促进遗忘终止的四大驱动力。然而，垃圾删除技术面临着诸多问题。一是垃圾认定问题。哪些是"垃圾"，具有相对性，不仅是人与人之间具有相对性，且今天和明天也具有相对性。同样的一份数据，在一定时间内，一些人看来是"垃圾"，但在另一时间内，另一些人看来则是"宝藏"。数据垃圾的认定问题是首先要解决的问题，这也要与隐私保护法相关的内容协调一致。二是垃圾认定主体问题：由谁来认定、标准是什么、按照什么程序认定等。大数据垃圾需要由权威专家认定，按照公平、公正、诚信的原则进行，不带任何私利性，且认定结果具有科学性与前瞻性。三是垃圾删除的时间问题。数据保存设立期限是解决"无法遗忘的过去"的一种途径，然而这个时间期限是多少，则需要严肃、科学地界定。建议对于中性数据和不涉及个人信息的时间期限可以设为长期，对于个人成长发展的信息保存期限则可设为中期，对于临时调研所用个人信息则设为短期。具体各类数据信息需要相关法律法规详细界定和厘清。四是删除技术问题。解决"无法遗忘的过去"，另一个删除途径就是用技术做支撑，开发具有保存期限的软件，期限一到，存储信息自动清零。但是如何防止清零信息不被恢复，这也是所面临的另一技术挑战。在大数据时代，删除与存储同样重要，需要给信息一个存储期限。总而言之，信息的删除是必要的，但是如何去操作还有待研究和解决。

（二）经济社会风险

从国家角度来看，大数据存在威胁国家安全的风险；从公民的个人角度来看，大数据存在威胁个人隐私的风险。

1. 经济政治风险

大数据作为信息资产，最基本的价值就是经济价值，因此也存在经济风险。作为中国最大的电子商务网站，阿里巴巴拥有全球最大量和最广范围的消费数据资源。

数据安全不仅包括经济安全，也包括政治安全。一些敏感数据一旦被挖掘分析，甚至会威胁国家安全及核心利益。

在大数据时代，数据安全是一种新时代背景之下新的国家安全问题，必须引起我们对大数据发展应用的高度关注，提前予以制度防范、战略博弈和风险规避。

2. 隐私保护风险

大数据的公共管理要促使数据使用者评估数据使用的风险、规避或减少潜在伤害，但数据使用者往往会忽视法律的底线，使公共管理在大数据条件下存在数据使用者道德的不确定性风险，给社会隐私保护带来新的挑战。

一是隐私泄露给当事人所带来的伤害和威胁。

二是表现为对现行隐私保护法律法规的挑战。互联网是大数据的支撑技术，互联网的出现使得数据的采集更容易、更低廉，我们生活在无处不在的监视中，成了"透明人"。除了政府对我们个人数据的采集，还有企业的监视，大数据的价值更多源于它的二次使用，这就对当下隐私保护政策的核心思想带来挑战：数据采集的告知与许可。因为在大数据时代，很多数据在收集的时候无法预料未来用作何处，而个人也无法对这种尚未知的用途表达许可，更何况，有很多数据的收集无法实现告知与许可。

三是表现在对隐私保护技术的挑战。隐私保护技术主要是指模糊技术和匿名化技术。模糊技术会起到"此地无银三百两"的作用，适得其反；而匿名化技术由于大数据采集的存在和分析关联能力增强，在很多场合是无效的，无论如何也不能做到完全的匿名化。

（三）数据风险

纵观人类历史，人们对于预测未知的热衷从未消失过，预测结果的准确度与人类的理性及掌握的信息量正相关。特别是在大数据时代，处处有痕的互联网为这种大数据的产生提供了技术的支持，也为人类拥有海量信息和预测未来提供了重要条件。但是，大数据并不是万能的，有时候数据质量不高，或者数据不客观等原因会导致这种结果，有时则是因我们误用导致这种结果。

大数据只有在合理利用的情况下才能变成强大的"武器"。人类最伟大的东西是运算法和硅片没有揭示也无法揭示的东西，包括创意、直觉、冒险精神和知识野心在内的人类特性是任何技术也无法替代的，大数据归根结底仅是一种分析工具，要想走向成功决策，独立思考并发挥思维的创造性才是关键。我们必须重视大数据的一些局限性，摆脱对数据的执迷，才能不被数据所控制。大数据既是一种资源，也是一种工具。

第二节 大数据技术与现代教育

一、大数据技术与教育的关系

大数据是信息技术最新发展成果的典型代表，是工业 4.0 等各行业新一轮重大变革的主要推手，对教育行业也产生了重大影响。基于大数据的个性化教学、科学化评价、精细化管理、智能化决策、精准化科研等，将对促进教育公平、提高教育质量及培养创新人才具有不可估量的作用。

（一）驱动教学模式重塑

传统的教学模式映射了工业化时代标准化、规模化的生产方式特征，以"教师、教材、课堂"为中心的"三中心"教学模式，注重学科知识体系的构建和教师的主导地位，强调课堂上知识的单向传授，虽然成功地解决了工业社会发展所需要的大规模知识型与技能型人才的培养问题，但在很大程度上忽略了学习者的个性化需求。

随着大数据在教育领域的应用，我们可以更精细地刻画师生教与学的特点，并有针对性地推送教学内容与服务，从而促使教学能够更有效地关注个体，真正实现因材施教，培养出符合信息化时代所需要的个性化、创新型人才。例如，美国奥斯汀佩伊州立大学针对多元化的学生结构，采用"学位罗盘"的个性化课程推荐系统，利用学习分析技术来分析匹配对象的过往成绩与课程表之间的相关性，并预测该学生未来在该课程取得的成绩，从而帮助每个学生选择最适合自身发展的课程，最终达到提升学业表现的目的。

（二）驱动评价体系重构

教育评价是提高教育教学质量的有力手段。传统教育评价重视学生的考试成绩，但忽视了学生的综合素质和个性发展，忽视了学生进步和努力的程度，忽视了诊断和改进。

大数据使评价内容更加多元化，不再仅注重学生的学习成绩，而更加关注其身心健康、学业进步、个性技能、成长体验等方面。评价内容从单纯对知识掌握状况的评价转向知识、能力和素养并重的综合性评价；评价方式从传统的一次性、总结性评价转向过程性、伴随性评价；评价手段从试卷和问卷转向大数据采集分析系统。随着多种基于云的学习平台与学习终端的广泛应用，来收集学生的过程性学习数据，如学习行为、学习表现、学习习惯等成为可能。通过分析挖掘学生学习的全过程数据，可为学生的自我发展、教师的教学反思、学校的质量提升等提供基于数据的实证分析支持。美国田纳西州的增值评价系统利用增值评价方法来分析每个学生在学业上的进步，并以此为依据来评估学区、学校与教师的效能。

（三）驱动研究范式转型

教育科学的研究旨在为教育教学实践提供服务，其成果可直接作为改进教育实践的依据。

在传统的教育科学研究中，质性研究居多、量化研究较少，理论演绎居多、实证研究较少。虽采用了观察法、调查法、统计法等实证研究方法，但由于技术和手段的局限，往往只能采用抽样思维来进行局部样本的研究，且研究反馈具有滞后性，难以满足教育教学实践的需求。

在大数据时代，对教育数据的分析将走向深层次挖掘，既要注重相关关系的识别，又要强调因果关系的确定，通过数据分析技术来发现教育系统中实际存在的问题，比传统研究范式更能准确评价现状并预测未来趋势。例如，美国麻省理工学院和哈佛大学的学者，对大规模的开放在线课程平台的教学视频操作行为进行分析，从中探寻学习者在学习过程中的若干共性，并对这些共性与视频课程的呈现内容和方式进行相关分析，据此作为后续改善教学内容设计及呈现方式的重要依据。

（四）驱动教育决策创新

学习分析与数据挖掘技术的进步促使教育决策更加精确与科学。随着决策方式从"基于有限个案"向"基于全面数据"转变,教育决策也从经验型、粗放型向精细化、智能化转变。

对教育大数据的全面收集、准确分析及合理利用,已成为教育决策创新的重要驱动力。美国国家教育统计中心通过应用大数据技术,创建了学生学习分析系统。借助这一系统,政府能够对各类学校学生的学习行为、学业成就、生源规划、家庭背景等海量信息进行深度挖掘,并以此作为美国联邦政府及各州衡量教育发展、分配教育资源与促进教育改革的重要依据。

（五）驱动教育管理变革

当前,在学校和教育机构中,教育管理者由于无法及时掌握教学与管理的综合情况,因此难以对教育系统进行动态监管。随着大数据时代的到来,对教育大数据进行深入挖掘和分析,将数据分析的结果融入学校的日常管理与服务之中,是为师生提供精细化与智能化服务的基础。

以校园网络安全监管服务为例,美国康涅狄格大学利用大数据技术来分析校园网站、应用程序、服务器及移动设备等产生的日常数据,并通过对海量日志文件的数据进行深度挖掘,从而监测与定位用户的非法入侵、滥用资源等异常行为,并帮助教育管理人员全面掌握潜在问题与威胁,大幅提升校园网络系统的安全防护能力。

二、大数据技术与教育交集的领域

（一）革新教育理念和教育思维

随着大数据时代的来临,教育大数据正深刻改变着教育理念和教育思维方式。在新的时代,教育领域充满了大数据,学生和教师的一言一行,学校里的一切事物,都可以转化为数据。当每个在校学生用计算机终端进行学习时,包括上课、读书、写笔记、做作业、发微博、进行实验、讨论问题、参加各种活动等,这些都将成为教育大数据的来源。大数据比起传统的数字更具有深刻的含义和价值。例如,对于一张试卷、一次考试,考试得分为90分,它只是简简单单的一个传统的数字,但如果换一个角度来分析,把它作为一个数据来看待,就可以得到其背后所隐含的许多充满想象力的数据信息:可以是每一大题的得分,每一小题的得分,每一题选择了什么选项,每一题花了多少时间,是否修改过选项,做题的顺序有没有跳跃,什么时候翻卷子,有没有时间进行检查,检查了哪些题目,修改了哪些题目等,这些信息远远比一个 90 分要有价值得多。不单是考试，课堂、课程和师生互动的各个环节都渗透了这些大数据。教育将不再是靠理念和经验来传承的社会科学，大数据时代的教育将步入实证时代，变成一门实实在在的基于数据的实证科学。大数据使教育者的思维方式发生了深刻变化，传统的教育大多是教育主管部门和教育者通过教学经验的学习、总结和继承来展开的，但是有些经验是不具有科学性的，有时会影响人们的判断。在大数据时代可以通过对教育数据的分析，挖掘出教学、学习、评估等符合学生实际与教学实际的情况，从而有的放矢地制定和执行教育政策，并制定出更符合实际的教育教学策略。

（二）实现个性化教育

大数据带来的一个变化在于，使实施个性化教育具有了可能性，真正实现从群体教育转向个体教育。利用大数据技术，我们可以去关注每一个学生个体的微观表现，如他在什么时候翻开书，在听到什么话的时候微笑点头，在一道题上逗留了多久，在不同学科的课堂上提问了多少次，"开小差"的次数为多少，会向多少同班同学发起主动交流，等等。这些数据的产生完全是过程性的，其中包括课堂的过程、作业的过程、师生或生生互动的过程等，是对即时性的行为与现象的记录。通过这些数据的整合，能够诠释教学过程中学生个体的学习状态、表现和水平，而且这些数据完全是在学生不知不觉的情况下被观察与收集的，只需要一定的观测技术与设备的辅助，而不影响学生任何的日常学习与生活，因此，其采集过程非常自然、真实，也可以获得学生的真实表现。大数据技术将为教师提供最为真实、最为个性化的学生特点信息，教师在教学过程中可以有针对性地因材施教。例如，在课堂学习过程中，哪些学生注意基础部分，哪些学生注意实践内容，哪些学生完成某一练习，哪些学生可以阅读推荐书目，等等。不仅如此，当学生在完成教师布置的作业时，也能通过数据分析来强化学习。例如，在通过电子设备做作业时，某一类型的题目有几次全对，就可以把类似的题目跳过；如果某个类型的题目犯错，系统则可进行多次强化。这样不仅提高了学习效率，也减轻了学生的学习负担。

（三）重新构建教学评价方式

在教学评价中应用大数据，可以通过技术层面来评价与分析，进而提升教学活动的效果，从依靠经验评价转向基于数据评价。教学评价的方式不再是经验式的，而是通过大量数据的"归纳"找出教学活动的规律，更好地优化和改进教学过程。例如，新一代的在线学习平台具有行为记录和学习诱导的功能。通过记录学习者鼠标的点击能力，可以研究学习者的活动轨迹，发现不同的人对不同知识点有何不同反应，用了多长时间以及哪些知识点需要重复、哪些知识点需要深化等。对于学习活动来说，学习的效果体现在日常行为之中，哪些知识没有掌握、哪类问题最易犯错等成为分析每个学生个体行为的直接依据。通过大数据分析，还可以发现学生思想、心态与行为的变化情况，可以分析出每个学生的特点，从而发现优点、规避缺点，矫正不良思想行为。此外，大数据通过技术手段来记录教育教学的过程，实现了从结果评价向过程性评价的转变。

例如，基于网络学习平台或电子课本，能记录下学生完成作业的情况、课堂言行、师生互动、同学交往等数据，教师在期末时将这些数据汇集起来，就有了更加丰富的素材与数据依据，可以发现学生在学习成长过程中的特点，并能对学生的发展提出建议。同时，这些数据也可以促使教师进行教学反思，从而促进和优化教学实施过程。

（四）加强学校基于数据的管理

大数据对于学校管理具有重要的价值，有利于实现学校管理的精确化和科学化。学校管理离不开信息，学校是培养各类专门人才、传授知识和创造知识的场所，拥有众多的专业学科，与国内外联系广泛，每天进行着各种教学、科研及管理活动，蕴藏着十分丰富的信息资源。学校管理中的各种决策和控制活动，如培养目标的确定、教学计划的制订、教学组织指挥、教学质量控制、教学评估、教师管理、学生管理等，都是以大量的数据为基础的，并不断产生各种新的数据，大数据的处理和挖掘对于学校管理具有关键作用。例如，针对教务管理、行政管理、科研管理、人事管理、财务管理、后勤管理等各个领域，进行全校系统的规划与梳理，同时，针对重要的管理对象数据，从多个源头、不同方向对同一个对象进行数据记录，数据之间也可以互相印证，形成多源的管理对象大数据。

此外，大数据分析技术也为学校的网络信息安全管理提供了重要手段。例如，利用大数据来分析学校信息网络运行日志数据，学校信息安全管理人员能够据此审计网络环境，并观察到故障点的位置，从而升级或安装防病毒解决方案，或采取其他安全措施，以提升学校的信息安全防护能力。

第三节　大数据与高校教育管理

教育大数据的系统环境是什么？系统环境是指系统周围与系统有关的各种因素的集合，通常包括自然、社会、国际、劳动和技术等方面的因素。我们认为，对于教育大数据而言，教育大数据的系统环境包括教育大数据发展的社会环境、教育大数据的技术体系框架、教育大数据的应用服务以及教育大数据的载体及应用场景等。

一、教育大数据的发展与利用所面临的问题及对策

当前，我国教育大数据的发展与利用已具备一定基础，但与商业、医疗、环保等领域相比，还存在诸多问题。

一是大数据的结构标准不统一。近年来，伴随着云技术、物联网、大数据、泛在网络等新一代信息技术的持续发展，各地都加大了对教育信息化建设的投入，但由于采用的处理技术、应用平台各异，采集的数据格式不统一、标准不一致，数据库接口也不互通，数据多、来源多、类型多，形成了一个又一个条块分割的"数据孤岛"。

二是大数据的共享机制不明确。大数据的价值基础在于数据规模大、来源广、共享普遍，然而当前的教育大数据共享还普遍存在"不愿共享""不敢共享""不能共享"的难题，没有形成统一联动的共享机制，数据的归集、整合、清洗、比对等普遍滞后。其中有避免数据安全风险的因素，但更多的是源于大数据思维的欠缺。

三是大数据的应用不成熟。当前，在我国教育领域得到普遍认可的大数据应用屈指可数，如在学生画像、学业预警、精准资助等方面有成功探索，但仍然比较零散，数据规模也不大，模型构建与可视化呈现则处于起步阶段。

四是大数据发展制度的安排不健全。国家层面缺乏对教育大数据发展体制、机制、共享、技术、方法、应用与安全等方面系统规划的法规，还没有体系化的大数据集成、使用和管理机构。

五是大数据的人才支撑不充足。随着我国大数据产业的突飞猛进，数

据工程师、数据分析师等人才短缺问题日益凸显，这成为教育大数据向纵深发展的瓶颈之一。

六是大数据的安全隐私保障不完善。教育大数据涉及庞大的教育者和受教育者信息以及教育教学的方方面面，关乎国计民生，现有法律法规中关于教育大数据的规定并不明确，存在边界模糊情况，既不利于维护数据安全，也不利于数据充分共享。

加快教育大数据发展利用的对策建议如下：一是做好顶层设计，完善制度供给。大数据时代的教育现代化涉及教育理念、管理方式、组织结构等多方面的深刻变革，有必要将教育大数据的发展作为教育现代化的技术支撑纳入国家战略，并明确教育主管部门、教育机构、大数据企业等相关各方的责、权、利，从人才、资金、政策等方面给予系统支持，制定数据标准、数据共享、数据管理、数据存储、数据安全和数据应用规范，引导教育大数据产业的健康发展。

二是建立专门机构，实施数据治理。教育大数据是宝贵的教育发展资源，中国是教育大国，所产生的海量教育数据的潜在价值不可估量。应出台教育大数据管理办法，成立专门的大数据治理机构，履行法定职能，并制定规范标准，支持大数据的应用开发，保障教育数据的安全隐私，推动数据共享共建，引导大数据产业发展。

三是建设公共平台，推动数据共享。教育大数据的价值和前景基于海量数据资源的汇聚、挖掘和应用的，要打破各种信息壁垒和"孤岛"，推动信息跨部门、跨层级纵向贯通、横向集成、共享共用。数据共享是一项基础性工作，又是一项难度很大的工作。要实现数据共享，就须在数据收集、数据存储和数据分析等环节建立公共服务平台，这些平台都是投入巨大但收效较缓慢的基础工程。

四是注重人才培养，完善业态布局。专业人才缺乏是制约大数据发展的重要因素。目前，部分高校开始开设大数据专业，并以市场为导向开展校企合作，人才匮乏问题有望逐步缓解。基于此，应推动形成包括基础设施提供商、数据采集提供商、数据挖掘与分析提供商、数据应用服务提供商、数据存储服务提供商和数据安全服务提供商等的完整业态布局，从而推进教育大数据持续、健康、有序地发展。

二、教育大数据的应用服务：个性化学习环境

教育大数据的应用服务是将教育大数据分析的结果用于改善不同的教育业务，最终服务于教育的整体改革与发展。当前教育大数据应用服务主要聚焦在精准教学、科学管理、全面而有个性的发展评价、个性化服务以及基于全样本的科学研究等五个方面，服务对象主要包括教师、学生、家长、教育管理者和社会公众五类用户。

通过对教育大数据的分析，可以辅助教师更好地调整和改进教学策略，并重构教学计划，完善课程的设计与开发；向学生推荐个性化的学习资源、学习任务、学习活动和学习路径；帮助家长更加全面、真实地认识孩子，与学校一起促进孩子的个性化成长；帮助教育管理者制定更科学的管理决策；帮助社会公众把握教育的发展现状，享受更具有针对性、更适合自己终身学习的服务。

大数据分析系统以学生为中心，按照教、学、测三个环节来组织线上学习内容与学习过程，将学生、教师、家长和机构四类用户群有机整合在MEL学习管理系统中，各司其职，相互作用，形成了个性化的课堂教学、家庭辅导和自主学习管理环境。

（一）学习者模型的建立

实现个性化学习的关键是发现学习者在学习中的个体差异，并提供适应个体需要的学习。发现学习者的个体差异，就是要在计算机辅助教学中建立学习者的学习模型，并在此基础上建立相应的教学模型。在网络教学中，可以通过网络交互技术来记录学习者的学习信息，并将收集到的学习信息作为学习者的个人学习档案保存下来，作为为学习者提供学习帮助和学习策略的依据。

（二）学习过程的智能化控制

所谓教学过程的最优化，就是将社会的具体要求与师生的具体情况和所处的教学环境、条件以及正确的教学原则等方面结合起来，从而选择和制订最佳的工作方案（即教案），并在实际中坚决而灵活地实施，最终达到最佳的教学效果。

在网络教学中，学习者的学习大多是独自完成的，但学习者不能完全

自我控制学习过程，而且由于学习者与教师不是面对面的，通过电子邮件进行交流是有限的，教师对学习者学习过程的情况也不太了解，想要通过教师来完成学习过程的控制是不可能的。因此，通过完善网络教学系统的教学管理功能，让系统自动来完成对学习者学习过程的监控是切实可行的方法。

学习者是通过与计算机和网络的交互来学习的，学习者在学习过程中的大多数信息都可以通过一定的技术将其记录下来，这些记录下来的信息教学系统可自动进行分析，根据分析的结果，教学系统可将相应的学习情况即时反馈给学习者，让学习者了解自己在学习过程中存在的问题，以调整下一步的学习，从而有效地控制学习过程。另外，这些信息也可作为参考信息提供给辅导教师，让教师有了因材施教的依据。

（三）完善的学习评价与快捷的信息反馈

学习的目的在于促进学习者各种能力的提高。不同的学习者对学习目标的完成情况不同，通过学习提高的能力也不同，因此，应该给予学习者个性化的学习评价和学习策略建议。另外，学习评价不只是发生在一个学期末或一个学年末，在学习过程中，学习评价应该是经常有的。

在目前，对学习者的能力评价基本上还是通过对学习成绩的评估来进行的。在我国传统的教学中，对学习的评估主要通过作业和考试来进行，这种评估方式的缺点是缺少个性化的评价和反馈慢。

网络提供的教学是个性化的教学，利用网络技术可以自动记录学习者的学习信息，学习者可以随时通过网络进行学习测试，系统也可以即时评卷、即时将测试结果反馈给学习者。

（四）个性化的学习指导和帮助

由于每个学习者在知识水平、认知能力、学习风格和学习动机方面都是有差异的，因此在学习过程中所采取的学习策略也是不同的，而学习者由于自我控制学习的能力还不够，对于采取何种学习策略的认识也不是很明确，因此需要得到如何选择学习策略的指导帮助。只有采取与个人学习相适应的学习策略，才能获得有效的学习，从而实现个性化学习。

（五）个别学习与协作学习方式的结合

因材施教与个性化学习是建立在个别学习基础上的，但个别学习并不是一种孤立的学习。在学习中除了需要有个别学习的环境，还需要有一个协作学习的环境。网络快捷方便的通信功能为基于网络的协作学习提供了极好的技术支持，并提供了多种交流方式：实时视频交互、E-mail、BBS 讨论、Netmeeting 实时讨论、共享白板等。随着网络技术的发展，将会有更多的网上学习交流方式来促进网上协作学习的进行。

三、教育大数据的重要载体：自适应学习系统

（一）自适应学习

自适应学习是一种学习者在学习具体的内容时，经过自己独立地思考并动手操作得到知识的学习。自适应学习与传统的学习有差别，传统的学习是学习者被动地接受教师传授的知识，学习内容和学习过程基本都由教师控制，而自适应学习从学生的个体差异出发，使学习环境、学习内容和学习策略不同，且处在不同学习水平的学生都可以进行符合自身的个性化学习活动。自适应学习的特征是在进行自主化学习的过程中，学习者能依据自己的学习状况，实时调整自己的学习内容和学习方式，从而使自己的学习更具有针对性和高效性。通过上述分析比较可以总结出，通过自适应学习，学生可以真正实现个性化的学习，极大地弥补了传统教育中学生被动学习的缺陷。

（二）自适应学习系统

1. 自适应学习系统支持个性化学习的优势

近年来，借助网络技术进行教学活动已成为潮流趋势，也出现了一大批用于网络教学的远程教育系统。但是，通过实践发现其中存在许多的问题，如教师无法了解学生自学的过程，学生在利用网络学习时会被网络上的娱乐性信息所诱惑，而教师所提供的学习资源相对来说比较枯燥乏味，意志力和自觉性较弱的学生很可能无法完成学习。这就导致学习者在网络教育平台上的学习变成了一种被动学习，不利于学习者自主学习能力和创新能力的培养和提高，也不利于学习者积极地进行知识建构，容易使学习者在学习的过程中产生惰性。这些问题归根结底是因为这些在线教育平台没有考虑到学生的真正需求，所有的学生面对的是同样的学习资源，进行的也是同样的学习活动，忽略了学生已有的认知水平和学习风格的不同。总的来说，这些学习平台不能为学生提供个性化的学习指导，所以，在利用网络平台进行教育教学的过程中，最需要的是一个真正能够为学生提供个性化服务的系统。这个系统要为每位学生提供最优质的教育资源，并且能够分析出不同学习背景和认

知水平的学生的差异，为他们提供与自身情况相匹配的个性化学习服务，这就是我们所说的自适应学习系统。该系统能用来模拟学生的学习背景、学习风格、学习偏好和认知状态，且能够满足学生与系统互动过程中的个体需求。

2. 自适应学习系统

自适应学习系统的本质就是将学生置于学习过程的中心，将主动权交到学习者手中，并通过一定的机制动态调整学习内容，以满足学习者的个性化需求，从而改变学生被教育和被动接受知识的现状。

3. 自适应学习系统的通用参考模型

参考模型是包含对象的基本目标和思想的模型，可用于研究。参考模型用于创建规则，确定体系内各个部分的任务，以降低问题的复杂程度，同时易于比较与交流。参考模型用一定的准则来指导系统的开发，重视组织层面的要素，进一步说明了系统内各个部分交互的过程，所以探究参考模型对于设计和开发自适应学习系统有着极其重要的意义。

（三）基于自适应学习系统的个性化学习环境设计

构建个性化学习环境，最需要关注的是如何将学生置于中心地位，让学生根据自己的喜好和认知方式自主选择学习内容和学习策略，通过自我评估来发现和反思自己在学习过程中出现的问题，并根据问题来调整学习进度和学习方式。在个性化的学习环境中，第一，学生要有强烈的自觉意识和自我反省意识，还要有较强的学习能力，能根据自己的学习情况来调整自己的学习策略，使自己在这个学习环境中充分利用网络资源来提高学习效率；第二，网络教育平台要具有强大的交互性和智能性，一方面可以使学生在自主学习的过程中及时与教师和同学沟通交流，另一方面可以根据学生的需求提供个性化服务。基于自适应学习系统的个性化学习环境设计的原则，将自适应学习系统参考模型的核心部分通过技术支持转化成为学生提供个性化学习的系统。学生模型即代表学生，包括学生的学习行为、认知风格、学习水平、兴趣爱好等；领域模型代表与学科相关的领域知识，反映的是概念与概念之间的联系。自适应引擎即代表提供个性化服务的系统，能根据学生模型和领域模型动态地呈现信息。系统会通过分析学生模型中学生的个性化信息，按照自适应引擎中的规定，在领域模型中找到相应的学习对象，并借助一定的方式呈现给处于不同学习层次的学生，从而满足具有个体差异性的学生需求。根据这一原则，我们需要设计出一个学生、教师和系统相辅相成的个性化学习环境结构模型。

1. 课程资源

优秀的课程资源是学生进行有效学习活动的前提。教师上传到教育平台上的课程资源一定要经过精心制作和筛选，既要能引起学生的兴趣，又要涵盖全面具体的知识点。教师将资源上传到教育平台之前，应该将资源设置成不同的难度等级，学生在学习的过程中，系统会根据学生的表现动态提示学生是否要更改资源的难易程度，从而满足不同学习能力的学生。

学生在进行自主学习的过程中通常会用到三类资源。第一类是课程知识讲解视频和课件。就像当下流行的微课，在很短的时间内将学生所要学习的内容组织起来形成一个完整的体系，以视频的形式呈现给学生。课件是视频的补充和说明，是以文字的形式将课程的主要内容呈现给学生的。第二类是测试题和作业。这一部分的内容既是对学生学习结果的检测，也是系统分析学习过程的重要信息来源。只有通过检测，系统才能分析出学生对于学习内容的掌握情况，从而为学生推送具有个性化的学习内容。第三类是与课程相关的参考知识，如学科前沿研究和扩展学生思维的课外知识。通过这些知识的补充，学生可以更快、更深入地掌握课程的核心内容。

2. 学生学习过程的记录

在开始学习前，学生要先明确自己的学习目标，只有目标明确才能更有针对性地进行学习活动。目标的制定既要符合教师的教学目标，又要基于学生自身的学习状况和学习兴趣。学生在学习过程中，系统要为学生提供实时的个性化学习导航支持，以解决学生在学习过程中所遇到的问题，从而满足学生的个性化需求。如果有系统也无法解决的问题，学生可以通过与同学或教师的实时远程交流来解决。同时，系统会根据学生的学习行为来记录学生的在线学习时间、作业完成情况、测试成绩、参与互动学习的情况、学习工具的使用偏好等。

3. 数据的统计和分析

在线学习时间的记录从学生登录系统开始，到退出系统终止。教师布置作业要限定在某一时间段内，过了截止日期将自动关闭提交系统。每部分知识学习完之后，系统会提供相应的自测题目，用于检测学生的学习效果，系统会记录下学生每道题的答题情况。互动学习情况就是记录学生在讨论区与其他学习者的互动情况，包括自己提出的问题和回复他人的问题。系统会根据学生使用学习工具的频率，分析出学生对系统中学习工具的使用偏好。

4.动态更新学习内容

学生在完成知识的学习后，首先会进行测试题的检测，这些测试题都有不同的难度等级。如果学生第一次就通过了测试，系统就会自动弹出对话框，询问学生是否需要加大难度等级，学生可以根据自己的学习兴趣自主选择。如果学生选择"是"，系统会自动调出预设的难度更大的题目；如果学生选择"否"，则由学生自主选择接下来的学习内容。如果学生不能顺利完成测试，系统会弹出是否需要降低题目难度的对话框，由学生自主选择。总之，系统会给学生提供适合其水平的资源和题目，这样既加强了学生对知识的掌握，又不会打击学生学习的积极性。

系统会分析学生在线视频的观看时间和观看频率，如果某一个知识点的在线视频的平均观看时间超过了教师预先设定的标准，而且观看频率也很高，就说明该知识点的难度偏大，教师需要补充相关知识点的在线资源，以适应不同学习水平的学生进行学习；如果某一知识点的观看频率低，说明这一部分内容不能吸引学生的学习兴趣或者这部分知识不够重要，这时教师要及时与学生沟通找出问题所在，并调整相关学习资源。

5.为学生提供个性化指导

教师根据系统记录的数据，对学生的学习情况进行分析和总结。对于学习时间较短和学习频率较低的学生，教师要及时提醒和监督；对于测试题错误率较高的知识点，教师要在课堂上重点讲解；对于学生在讨论区讨论的问题，教师要及时解答；对于作业没有及时完成或测试成绩不佳的学生，教师要主动帮助，及时了解学生的情况并进行个性化指导。

第二章　大数据时代的高校思想政治教育

第一节　大数据与高校思想政治教育

与传统的大学生思想政治教育相比，大数据具有海量化、复杂化、动态化和数据化等特征，使大学生的思想政治教育理念、载体和内容都发生了较大的变化，同时也为大学生的思想政治教育带来了新机遇。因此，当前大学生思想政治教育研究者和实践工作者应准确地认识和运用大数据带来的机遇，积极变革思想政治教育理念和教育方式，从而增强大学生思想政治教育实效。

一、利于大学生思想政治教育思维和理念的转变

传统的针对大学生的思想政治教育研究，囿于客观条件的制约，研究成果与大学生的思想现状有着较大的差距。大数据时代的到来，海量的数据信息为大学生思想政治教育研究提供了丰富多样的资料，从根本上转变了思想政治教育研究者的研究思路和研究方法。

人的思想是十分复杂的，尤其对于思想极为活跃的大学生来说，简单地从某个局部对其思想行为进行定义是不科学的。所以，全面、整体、客观地把握大学生的思想行为动态显得十分重要。传统思想政治教育很难对学生的思想行为进行量化，研究的样本数量少，获取的数据信息少，难免会出现以偏概全的结果。在大数据时代，通过对大学生学习生活产生的数据进行挖掘和分析，就能较为全面、真实地把握学生的思想动态。

大数据在教育领域的变革，首先应该是教育思维和理念的变革。正如马克思主义所强调的发展是新事物战胜旧事物的过程一样，大数据作为一种新事物，它对大学生思想政治教育的创新和发展有一定推动作用，同时，对

转变大学生思想政治教育工作者的教育理念也具有重要意义。

二、利于大学生思想政治教育载体和途径的创新

大学生思想政治教育作为一种意识形态教育，其教育过程需要一定的教育载体来完成，教育目标也需要一定的教育途径来实现。传统的大学生思想政治教育载体主要是课堂教育，教育途径主要包括教师讲授、学生交流、社会实践活动等形式。可以看出，传统的思想政治教育载体固定单一，缺少灵活性；教育途径缺乏创新性，学生的接受度较低。因而很难使大学生的思想政治教育产生实效。

在大数据时代，大学生思想政治教育可以借助计算机网络技术来收集丰富的信息资源，并形成一个庞大的数据体系。其海量的信息源、快速的数据收集和处理能力等优势，比起以往的任何教育载体都具有根本性的跨越。微信、QQ、微博、慕课、学校官网等新媒体为大学生思想政治教育提供了载体。高校可以通过建立数据平台，利用数据平台及时了解学生的思想动态，以便有针对性地进行思想政治教育。

总之，高校大数据的产生，来源于学生学习生活的信息输出，数据的收集必须借助于一定的媒介。大学生思想政治教育工作者可以利用全新的数据载体来向学生传播社会主流意识形态，它打破了传统的时空制约，丰富了教育手段，为大学生的思想政治教育提供了全新的教育平台。

三、利于大学生思想政治教育内容和空间的拓展

高校大学生思想政治教育的过程是信息获取、选择、传播的过程，是用丰富、正确、生动的信息，影响与熏陶大学生的思想观念、价值观念和精神状态的过程。因此，大学生思想政治教育的关键在于对教育内容信息的及时获取。大数据时代极大地拓展了教育信息资源，丰富了大学生思想政治教育内容。

大数据的快速化和海量化特征决定了大数据时代大学生思想政治教育内容的不断丰富。大学生应用众多新媒体产生的海量数据，记录了他们的思想、行为乃至情感，其中蕴含了丰富的内涵和很多规律信息。传统的思想政治教育内容主要以教材为主，然而教材是对政治理论的集中整理，其所含信息往往存在滞后性。将大数据应用于大学生思想政治教育，可以第一时间收

集到大量即时的教育资源，丰富大学生思想政治教育内容。

大数据与大学生思想政治教育的有机融合，拓展了思想政治教育的空间。比如，通过对学生有关信息中的对应文字进行相应分析，可以准确找到词或词组最初出现的时间和后来成为所谓流行词的时间，以此可以找到学生思维扩散和思想传播的过程。把收集到的流行词数据化后，不但有利于思想政治教育工作者阅读文字，而且方便运用大数据软件进行分析。思想政治教育工作者不仅可以将收集到的学生信息数据化，也可以将社会主流意识形态数据化之后传播给学生。在大数据技术的运用下，可以将社会主义核心价值观的内容数据化和形象化，通过声、光、画等流行元素进行演绎，把抽象的理论具体化，最大限度地增强其对学生的感染力，从而达到思想政治教育的效果。

四、利于大学生思想政治教育实效性的增强

如何提高大学生思想政治教育的实效性是一切大学生思想政治教育理论研究者和实践工作者亟须解决的现实问题。大数据的各种特征使其成为高校思想政治教育工作者用来分析大学生思想和行为的显微镜，它可以较为准确地把握大学生的思想动态，并及时地做出回应，以最快的速度找到教育的切入点，从而提高思想政治教育的效率。

高校立足于大数据，以其特有的数据和技术优势为基础，对传统的大学生思想政治教育模式进行渐进性的变革，并不断培育和提高大学生思想政治教育者的数据思维，构建立体化、开放化的大数据思想政治教育平台，营造良好的数据文化，从而增强大学生思想政治教育工作的实效。同时，通过对思想政治教育内容的数据化和形象化，增强了其对大学生的吸引力和感染力，既提高了思想政治教育工作者的教学效率，又提高了大学生对思想政治教育内容的吸收内化效率。

五、利于大学生思想政治教育有针对性地强化

大学生思想政治教育的针对性是大学生思想政治教育的生命线，它是实现大学生全面发展的关键。大学生思想政治教育应该坚持"以人为本"的教育原则，尊重大学生的主体需求，不断探索和创新教育方式和方法。大数据时代的到来，令大学生的需求得到尊重和满足，使个性化思想政治教育成

为可能。

高校思想政治教育工作者可以通过大数据深度挖掘大学生的数据信息，及时反映大学生的不同需求，学校要根据大学生的需求提供个性化的建议和帮助，对大学生的思想行为进行合理的引导。比如，面对大学生就业问题，高校可以利用大数据收集和筛选出适合毕业生的就业岗位，把就业信息及时地向毕业生传递，从而提高大学生的就业率。高校管理者也可以利用大数据平台，与企业建立起人才供应桥梁，这样既可以满足社会的人才需求，也可以改进高校人才培养模式。

六、利于大学生思想政治教育预见性的提高

大学生思想政治教育是一个动态的教育过程，且具有未知性。传统的教育决策往往是在已有教育经验的基础上，结合国家的教育方针政策，最终做出相应的教育决策。然而，经验判断具有滞后性，尤其是在信息社会，仅凭经验难以科学地判断未来的发展趋势，此行为增加了教育决策的难度。

在大数据时代，大学生思想政治教育工作者可以利用大数据的挖掘技术对大学生产生的数据信息进行挖掘，这样可以轻松地掌握大学生在一段时间内的思想动态，并准确地掌握大学生的思想轨迹。思想政治教育工作者对大学生数据的挖掘不是停留在认识和了解的基础上，而是通过对大学生思想轨迹的分析，对其未来思想行为的发展趋势进行预判，做到未雨绸缪，并展开相应的针对性和预防性教育。

大数据的出现使大学生思想政治教育工作者可以变被动为主动，通过对大学生的日常学习生活所产生的信息进行跟踪、挖掘和分析，就可以较为准确地预测其下一步思想行为。如校园安全是大学生思想政治教育的重中之重，在大数据时代，高校思想政治教育工作者可以通过大数据技术对大学生的思想动机进行预判，针对具有暴力倾向的大学生提前做好应急预案，从而有效规避校园突发事件的发生。

第二节 高校思想政治教育的现代化转型

一、社会转型与思想政治教育的现代化转型

思想政治教育是社会的一部分，社会变化决定了思想政治教育的变化。

随着传统社会向现代社会的转变，思想政治教育也会发生转变。社会转型在本质上是社会结构的转型，同样地，社会结构的转型促使思想政治教育结构转型。思想政治教育转型的核心是思想政治教育结构转型。

（一）思想政治教育社会结构的改变

依据社会学社会转型理论，社会转型本质上是社会结构的转变。思想政治教育的现代化转型不仅是发展变化，而且是结构性的转变。自改革开放以来思想政治教育得到了很大发展，取得了十分可喜的成果，同时这种转变远远跟不上社会对思想政治教育的需要，也远远跟不上思想政治教育所面临的巨大挑战。长期以来，思想政治教育远远不能适应社会的变化，难以从社会挑战中走出来，与思想政治教育转型的滞后有很大关系。思想政治教育必须自觉地推进这种转型，使之迅速跟上时代变化和社会转型，以实现思想政治教育的主动。

（二）思想政治教育结构的转变

1. 思想政治教育的现代化转型

现代化转型同样是思想政治教育结构的转变。思想政治教育结构本身是一个需要探讨的课题。思想政治教育结构包括外部结构和内部结构两部分。思想政治教育是做人的工作，做人的思想的工作，这类工作不只是思想政治教育在做，其他社会活动，至少与人有关的社会活动都在做。有人的地方就有思想政治教育，人人都是思想政治教育对象，人人都是思想政治教育者，全社会要共同来做思想政治教育，思想政治教育又分为专职人员和兼职人员等。众多社会主体做思想政治教育所形成的关系，我们称之为思想政治教育的外部结构，其形成了思想政治教育的外部格局。

自改革开放以来，社会现代化造成社会多样化，这种多样化造成了思想政治教育多样化。各种社会主体在社会中的活动，名义上并不称为思想政治教育，实际上具有思想政治教育功能，有些实际上就是思想政治教育。新出现的社会组织和活动（精神文明办公室及其精神文明创建活动、志愿者组织及其志愿活动、民间社会组织及其公益活动等），政府的思想文化功能也在新社会条件下凸显出来，它们与原有组织及其活动（党委系统、工会、共青团、妇联等）共同构成了新的社会条件下思想政治教育的新格局。显然，全社会的思想政治教育格局已突破了过去宣传部门专门管理的局面，形成了多样化格局。

2.思想政治教育的内在转变

思想政治教育是一个系统，是由多种因素共同构成的整体。思想政治教育系统会在社会现代化过程中发生变化，包括要素发育、要素之间关系的调整及整体形态的变化。例如，思想政治教育工作者要素，思想政治教育专职人员群体过去只有专职政工人员，其主要是思想政治教育的实际工作者，现在已经由专职政工人员、教师和研究工作者三类人员所组成；又如，思想政治教育科学化获得长足发展，设立了思想政治教育学科，建立了思想政治教育人才培养体系，形成了思想政治教育专家，发表、出版了一批思想政治教育学术论著。思想政治教育要素之间的关系也在调整。首先是分化，整体性结构（要素）分化为功能分工明显的结构（要素），如对象、内容、机构；不同领域、不同层次与不同对象、不同内容的思想政治教育有了区分，不同层次、范围、对象、目的、任务，以及不同的地域、机构、社会组织的思想政治教育有了明显的区别。其次是调整关系，思想政治教育要素在思想政治教育系统中的地位和作用发生了变化。从思想政治教育的整体形态来看，思想政治教育知识已经由经验形态向科学形态转变，思想政治教育的学术性、科学性和现代性初步呈现，思想政治教育的科学性更加彰显，思想政治教育正在由传统形态向现代形态转变。

上述情况表明，思想政治教育必然要发生转变，而这种转变不是简单的变化和发展，而是转型。从思想政治教育与社会的关系来看，思想政治教育是社会的一部分，思想政治教育系统是社会系统的一个子系统，社会结构改变了，思想政治教育必然会发生改变；反之，思想政治教育不改变，就会受到来自社会其他方面的压力，甚至被社会所淘汰。思想政治教育自身也是一个系统，是结构性的组成。思想政治教育在社会转型的影响下改变，必然会促使思想政治教育结构发生改变，而且也必须是思想政治教育结构的改变，若没有达到结构的改变，思想政治教育仍然不能适应社会，思想政治教育所受到的挑战或压力就得不到解除。思想政治教育应主动认识和推进现代化转型，用现代思想政治教育来发挥思想政治教育的作用，并为社会提供智力支持、精神动力、思想保证和文化条件。

思想政治教育现代化转型随着社会现代化而产生，社会现代化属于社会变迁。社会变迁有两种类型：一种是发展性变迁，另一种是转型性变迁。在发展性变迁的情况下，社会变化基本上是由于社会变革所带来的显著、巨大的经济增长与发展所引发和促成的，是伴随着人们物质生活的不断充裕与富足而得以实现的，其表现在生产要素的更新和生活方式的转变方面，诸如技术的更新与传播、贸易与市场的扩展、人口的自主流动以及社会的不断开放，它更多的是一种自在自为的社会过程；在转型性变迁的情况下，社会变迁的根本成因在于社会结构和制度的转变与更新，在于各种社会关系和社会规则的转变与整合，表现在社会资源的占有与分配、身份地位和权力声望的社会构成的变化，尤其体现为价值意识即人的意识参与社会转变的社会过程。转型社会的变迁不仅要改造原有的社会组织格局，更是重新构建起新的社会组织格局，从而实现从旧秩序社会通过转型走向新秩序社会的变迁。这种社会变迁将是深刻的且具有根本性的变革，它所带来的影响也是广泛和深刻的。思想政治教育现代化转型属于转型性变迁，会带来非常深刻的变化，对此，我们应有预见和准备。

二、高校思想政治教育现代化转型的发展方略

经济全球化是当今世界经济发展的历史必然趋势，面对这一趋势，我们只有积极应对，参与到经济全球化的历史进程中才能应对其所带来的各种挑战。高校思想政治教育工作应当积极倡导面向未来、面向世界、面向现代化，革新完善教育指导方针，不断更新教育教学内容，创新教育教学的方式方法，以保持自身的生机与活力。

（一）大学生思想政治教育现代化转型的理念创新

理念的现代化是思想政治教育现代化实现的前提，那就是，理念决定实践的方向和性质。因此，思想政治教育现代化的首要任务就是对思想政治教育理念进行全面反思，去除那些在思想政治教育理念中存在的过时和保守的思想，并从僵化的观念束缚中解放出来，建立多维度的、开放的和创新的思想政治教育理念。

1. 树立开放性的教育理念

全球化加速了各国文化之间的碰撞，世界上每一天都有不同的文化被其他的文化所影响、所同化。在中国，辨别是非能力较差的青少年群体，很容易受到西方思想和文化的影响，一些西方国家通过电视、网络等多种手段，

悄悄地实行自己的价值理念渗透计划，意图成为"文化霸主"。同时，网络的发展也使各种良莠不齐的信息充斥其间，给国民带来了很多负面影响。而社会主义市场经济的发展，也使得思想政治教育工作日益暴露于一个开放的环境之中，开放的社会环境固然有着广阔的发展前景，但也需要我们好好利用，不然必将会给思想政治教育现代化的实现带来诸多障碍。

2. 树立以人为本的教育理念

思想政治教育是关于人的社会实践活动，既然是实践，那就一定要讲究科学的方法。以人为本的教育理念是时代发展的产物，它主张将受教育者放在第一位，将受教育者作为教育教学的出发点，顺应受教育者的天赋，并提升受教育者的潜能，完整而全面地促进受教育者的发展，尊重、理解、关心和信任的教育是必不可少的。

3. 树立动态发展的理念

实现思想政治教育现代化是一个动态的发展过程，其要求思想政治教育工作者用发展的观点去主动发现问题和研究问题，最终解决问题。传统的思想政治教育无法取得较好的实效性是由自身的封闭性和静态性所导致的，其没有明晰事物是变化发展着的这一哲学基本原理。故步自封是无法取得任何发展的，传统思想政治教育的针对性和吸引力不强，往往太笼统，没有针对性，只有以发展理念作为自己行动的指针，才能更好地做好思想政治教育工作，并增强其实效性。

（二）现代化思想政治教育转型的内容创新

1. 坚持正确的教育观

世界观、人生观和价值观就是人们思想的总开关，人们思想的先进性取决于这"三观"正确。三者是一个有机的整体，有什么样的世界观就有什么样的人生观和价值观，人生观和价值观是世界观的重要组成部分，又是它的具体体现。

大学时期正是大学生价值观形成的重要时期。高校思想政治教育必须面对新情况、新问题，正确把握全球化对大学生思想的影响，并采取相应对策来教育和引导大学生形成健康向上的世界观、人生观和价值观。在积极参与全球化的进程中，高校思想政治教育应旗帜鲜明地廓清文化全球化的危害性，对西方各种思潮、价值观念的涌入和渗透保持高度的警惕，要根据国际政治、经济与文化发展的最新特点和学生思想动态的实际，来加强马克思主义基本理论教育，培养学生正确认识西方的自由、平等、人权、法治等思想，正确区分资产阶级价值观和无产阶级价值观。进行弘扬科学精神的教育，树立科学理念，杜绝迷信活动和迷信思想的传播；加强社会主义核心价值观教育，对学生进行奉献精神教育，并培养学生的集体观念和全局观念；坚持理想信念教育，把树立坚定正确的政治方向作为思想政治教育的核心；贯彻以人为本的教育思想，根据大学生的身心规律和特点来塑造学生的思想品格与卓越人格，并最终使大学生形成正确的世界观、人生观和价值观，使大学生保持自身思想和道德的正确性和先进性。

2. 培育民族精神

时代背景的变化使我们感受到大学生民族精神的培养和爱国主义精神教育与以前有了很大的不同，在新的时代背景下对大学生民族精神的培养和爱国主义教育提出了新的要求。民族精神是一个民族在长期的生产和生活实践中形成与发展的为大多数成员所具有的内在品质、心理特征、精神风貌、价值取向和人生追求。青少年是弘扬与培育民族精神的重点人群，因为他们是祖国的未来，对于青年中受教育程度较高的大学生，更是弘扬与培育民族精神的重中之重。为了加强对大学生的思想政治教育，坚持引导大学生弘扬与培育民族精神，对大学生进行爱国主义教育、理想信念教育、艰苦奋斗教育及健全人格教育，从而增强大学生的民族自信心、民族自豪感和民族凝聚力，对其确立科学的人生观、世界观和价值观具有极为重要的现实意义。

3. 强化集体主义教育

有人认为，全球化是以市场经济为基本特征的，而市场经济强调的是市场主体的各自利益，为人民服务和集体主义的精神已失去意义；还有的人认为，为人民服务和集体主义是对党员和领导干部的要求，在市场经济时代，向广大公民提这样的要求，太脱离实际。这说明，部分大学生对为人民服务和集体主义教育的认识是模糊的。

为人民服务是社会主义道德建设的核心。人是社会的人，每个人必须在社会中才能存在和发展，因此，集体主义不但与社会主义市场经济相契合，而且还是社会主义市场经济的客观要求。为人民服务和集体主义是社会主义经济基础和发展社会主义市场经济的必然要求，当代大学生只有树立为人民服务和集体主义思想，才能在经济全球化的迅猛发展过程中，在社会主义市场经济条件下，自觉抵制极端个人主义、享乐主义等腐朽思想，把个人理想和抱负与国家、集体利益统一起来，在为国家和人民的奉献中，充分实现自我价值。

（三）高校思想政治教育现代化转型的方法创新

面对错综复杂的新形势、新问题，我国高校的思想政治教育如果简单地沿用以往的老方法、老套路，就难以收到良好的效果。因此，不断转变和创新思想政治教育工作的方式和方法，努力增强思想政治教育工作的针对性和实效性，才能使其紧跟时代的步伐，真正发挥教育人与引导人的作用。

1.促进自我教育

自我教育是思想政治教育的一种方法。所谓大学生自我教育，是指在大学生思想政治教育要求的影响和启发下，思想政治工作对象发挥自主因素进行自我认知、自我调控和自我发展的思想和行为的教育活动。自我教育理念下的大学生思想政治教育实践是一种创新实践，是教育理念的全新变革，是以学生为中心、以个体的发展和完善为目的的教育。探索一条以自我教育为核心的思想政治教育模式是一种方法上的突破。引导大学生进行自我教育，就是在政治和思想品德方面，帮助大学生学会正确地认识自己和评价自己，并培养大学生自我协调和自我控制的能力，进而把自己放在一定的社会关系中，在与社会的相互交往中，实事求是地评价自己，坚持对的，修正错的，使自身修养得到不断地升华。

2.多种方法相结合

（1）心理咨询法

其主要是指在思想政治教育过程中运用心理学的知识和方法，通过形象生动地表述，借助科技成果的帮助，使受教育者的心理产生影响，从而在认知和情感上发生变化，并消除心理障碍。心理咨询的结果就是帮助咨询对象重新认识自我、接纳自我与实现自我的发展，心理咨询运用激励的原则，在思想政治教育中发挥着重要的作用。改革开放后，随着经济、文化的交流以及外来思潮的涌入，一些大学生受到了不良的影响。由于自控能力差、思想意识形态尚未成熟，因此，在外来文化面前，一些人很容易被错误的思潮左右，他们有的厌恶学习、行为过激，甚至憎恶社会，对社会的安全构成了威胁，这些都是病态的反应。这时，采用心理咨询法，让大学生辩证地去看待问题，告诫他们不能因为一时的失利而产生错误的想法，从而有效地对他们加以引导，使他们回归到正确的轨道当中来，努力在社会主义建设中实现自我。

（2）冲突缓解法

其主要是指针对受教育者由外而内的矛盾和冲突，通过建立健全化解机制和宣泄渠道，使教育对象产生正确的思想认识和平衡的心理态度。冲突缓解法具体可以分为缓解和处理两种方式，其中缓解又可以一分为二，分别为事态缓解与矛盾缓解。事态缓解是指在任何冲突发生之前，都会有事前预兆提示，我们要在有征兆苗头出现的时候就将其解决，以免事态扩大、不可控制；矛盾缓解是指在冲突发生的过程中，采取疏导、分流、调整、疏通、宣泄、转移等方式来疏导对立情绪，以改善紧张局面。事态处理是指在矛盾情况发生后要果断采取措施，它要求严格的时间性，即在短时间内将问题处理和解决，这种情况往往针对那些有严重后果、不容耽搁的紧急状态，采用的方式多为切断源泉、紧急求助等。

冲突缓解法和心理咨询法是依据不同的困境产生方式而形成的有效解决方法。只有将两种方法进行有效的结合，才能更好地改善受教育者的心理状况，使其能够正确地对待困境并走出困境。

当代大学生是复杂的、不易捉摸的一类群体，自主、自立、轻易不会改变、坚持自我、钻牛角尖等现象都是现代大学生所特有的。当前大学生刑事案件时有发生，不得不引起我们足够的重视，这就给思想政治工作者带来了严峻的挑战，要督促他们采取合理有效的手段，对出现的问题及时加以控制。

（3）实践锻炼法

其主要是指教育者积极引导受教育者参与社会实践活动，受教育者在改造客观世界的过程中增强自己的主观意识，不断提高自己的思想觉悟和认识能力，以培养正确的世界观、人生观和价值观。实践锻炼法包括社会服务、技能参加、社会考察等活动。社会服务是运用自己的智力、体力和技能，为人们提供帮助并解决困难。社会服务活动的过程使服务主体能够更加充分地感受到社会的正能量，能够更好地帮助服务主体朝着正确的方向行进，这项活动在今后解决问题、处理矛盾、调整社会关系等方面都具有一定的促进作用。技能参加就是使人的体力与智力参与到自己对口的活动中并加以锻炼。在技能比赛过程中，能够使人得到综合能力的提升，并领悟到团队合作的向上精神，既能解决能力范围内所遇到的困难，又能有效帮助他人摆脱困境。社会考察是人们认识社会和探索社会的重要途径。在社会考察当中，我们可以受到多种多样的锻炼，可以得到各种各样的学习，这是一条最丰富的学习途径，能让人的能力得到全面的提升，思想得到更大的进步，让人在处理多变的问题时，能够正确、灵活应对。

（4）自我教育法

其主要是指受教育者通过自我学习、自我锻炼、自我反思的方式，主动接受正确的引导，形成良好的世界观、人生观和价值观。在思想政治教育过程中，学校教育是一种外在的培养形式，最终还是将实现自我教育的目标，内化成大学生自己的个体品质，才能在某种意义上发挥思想政治教育的真正作用。自我教育主要包括自主学习、深刻反思、严格自律等，要更好地实现自我教育，集体活动是一个很好的教育载体，通过集体活动，在集体中接受反思、接受教育，就能够时常全面地认识自己。通过自我教育这种方法，受教育者可以自觉地摒弃不良思想，自觉遏制不良行为的发生，并从根本上解决问题。

（5）显性方法

其主要是指具体施用在受教育者方面的活动。教育者为了受教育者的改变，采取直接面向受教育者的引导方式，通过最普通、最直接的言传身教，和大学生之间平等地互动，来达到思想政治教育的目的，大学生实现向好的方面改变；或者是和大学生参加某种活动，在参与过程中一起探讨活动的目的和意义，让大学生受益匪浅，使他们在社会活动中敢于担当责任，敢于面对问题，敢于合理解决问题，以实现自己的人生价值。

（6）隐性方法

其主要是相对显性方法的一种隐蔽的教育方式，它的教育活动形式不直接面对受教育者，而是教育者将有目的的教育内容运用到喜闻乐见的教育载体上，使受教育者间接地接受教育的过程。教育者在实施教育的过程中，可以带领大学生多看一些有教育意义的纪录片，让大学生在观看的过程中汲取影片中的教育成分，潜移默化地引导大学生正确认识问题和处理问题；此外，教育者在批评某些大学生的时候，尤其是那些深受错误思想影响的大学生，要采用正确合理的有效方法，可以把受教育的大学生与拥有正确观念的大学生放在一起，通过对两者思想观念的讨论评价，来达到教育的目的。

3. 运用新兴工具开展思想政治教育工作

（1）利用网络开展教育工作

网络的出现和发展虽然给大学生思想政治教育工作带来了难度和挑战，但同时，也为教育工作提供了更先进的条件、方法和渠道。通过网络，教育工作者可以快捷、准确地了解大学生的思想状况及关心的热点问题，并能及时与大学生进行沟通和交流。因此，高校思想政治教育工作应当充分利用网络资源，采用加强网络信息管理、开设思想政治教育网站、建立思想政治教育信息资料库、有效利用微信及微博等方式，循循善诱、正面引导，扩大思想政治教育的工作范围，提高大学生思想政治教育工作的影响力和渗透力。

（2）运用新媒体开展教育工作

目前，以互联网和微媒体为代表的新兴媒体已实现对大学生的全面覆盖与全程融入，上网已成为当代大学生一种重要的学习方式和生活方式，因此互联网络也为开展大学生思想政治教育工作提供了新手段、拓展了新空间。尽管当前高校已经认识到了网络这块思想政治教育新阵地的重要性，并且也建立起了各类内容较为丰富的网络大学生思想教育专题网站或者思政教育网络板块，但是这种网络教育更近似于一种单向的网络宣传的形式，而双向的互动交流则相对缺乏。高校需要继续高度重视网络思政教育阵地的作用，尝试改版和完善各类大学生工作网站，并充分利用微信、微博等新型传播媒介，要在要求全校政工干部在网络背景下不断研究新情况、解决新问题、总结新经验和发现新规律的基础上，积极利用这些新兴媒介和环境同大学生进行双向信息交流，加强信息反馈，主动占领这一新型思想政治教育阵地，从而提高思想政治教育工作的时代感与实效性。

因此，在全球化背景下，大学生思想政治教育关系到高等教育的改革发展，关系到人才培养的质量。高校思想政治教育必须以马克思主义立场、观点和方法为指导，并坚持正确的原则，明确基本思路，革新基本方针，更新教学内容，创新教学方式，努力构建新的工作机制和方法体系。

4. 打造特色校园文化并开展教育工作

大学生是我国思想政治教育受教育者的重要主体之一，构建有特色的校园文化，优化思想政治教育环境，对提升思想政治教育实效、促进思想政治教育现代化有着重要作用。教育工作者一定要站在新的高度，进一步增强做好德育工作的重大使命感、责任感和紧迫感，切实推动大学生思想政治教育再上新台阶。

为了积极推进和谐校园建设，坚持以人为本、德育为先和贴近实际、贴近生活、贴近学生的原则，充分发挥党政团干部、思想政治理论课教师、辅导员队伍的作用和党团组织、学生会、班级、社团等组织优势，通过开展丰富多彩的主题教育活动，不断提高思想政治教育的针对性、实效性和吸引力、感染力，并努力培养德、智、体、美全面发展的建设者和接班人。通过思想政治理论课，举办知识讲座、培训会、交流会、研讨会、形势政策报告会，开展社会实践和文体活动，张贴宣传画或宣传材料，开展心理健康咨询等多种形式，突出主题，让大学生在学习、生活等方面时时处处受到教育，努力打造良好的校园文化。

（四）高校思想政治教育转型的机制创新

1. 决策和管理机制创新

在思想政治教育过程中，思想政治教育工作者的工作决策和对受教育者的管理对整个教育活动有着非常大的影响，决策的合理与否以及管理的科学与否，都对思想政治教育的实效有很大的决定性作用，因此，必须实现思想政治教育决策和管理的现代化。其一，要建立决策和管理的控制机制。在思想政治教育过程中，要对思想政治教育过程中的稳定因素加以保持，对其中的不稳定因素进行分析研究，并使其能够稳定发挥作用。任何决策和管理都应该做到让思想政治教育的整个实践活动变得更具有稳定实效性，并控制好其中的每一部分功能。其二，要建立决策和管理的激励机制。思想政治教育工作者应当将激励融入思想政治教育的决策和管理机制中去，并且努力践行，提高受教育者的主动性和积极性。其三，要考虑决策和管理的系统性。在对思想政治教育实践活动做出相关的决策和管理之前，应当考虑到整个实践活动的整体性，发挥其整体功能大于部分相加之和的功能，使思想政治教育活动取得最大限度的实效。

2. 运行机制创新

思想政治教育的运行与结构机制决定了其教育活动的运行能否顺利、效果是否良好等，一个合理而科学的运行体系能够更好地发挥思想政治教育机制的系统功能。

（1）要优化运行主体

要加强思想政治教育工作者的理论功底，提高他们的思想道德水平，进而全面提高其综合素质，一个好的教育者是思想政治教育实践活动取得成功的一半，要发挥思想政治教育工作者的先锋模范作用，有利于更好地激励受教育者的积极性和主动性，并促使他们配合工作。

（2）要优化运行方式

思想政治教育工作者要坚持从实际出发，实事求是，在尊重客观规律的基础上发挥主观能动性，并站在受教育者的立场上为他们着想。同时，要打感情牌，增强与受教育者的联系，打造亦师亦友的关系，提升受教育者的归属感和认同感。

（3）要优化运行目标

从结果入手，将思想政治教育实践活动中其他无关的因素和虚幻的目标予以剔除，并明确目标的指向性，再从过程出发，充分考虑思想政治教育实践活动中的各项影响因素，抓住主要矛盾和矛盾的主要方面，以确保教育活动的顺利开展。

（4）要建立起预警和应急处理机制

思想政治教育的各个工作部门都应该成为受教育者思想动态和生活状态的动态监控点，及时收集并记录受教育者的信息，供思想政治教育评价部门做参考。应建立一支由分管领导牵头、其他部门为支撑及思想政治教育者为基础的信息预警体系，随时反映受教育者中的热点问题，及时发现影响安全和稳定的因素。与此同时，建立一支各部门共同参与且骨干积极配合的网络监控队伍，对受教育者的网络言论和动态进行实时监控和引导。

3. 成效评价机制的创新

思想政治教育活动能否取得预定的目标，需要靠教育活动的反馈和完整的评价机制来判定，后者对于思想政治教育现代化来说是非常重要的，因为取得思想政治教育效果是开展教育活动的最终目的，其目标是否实现及实现的程度如何，对后期思想政治教育活动的开展有着重要的标榜作用。建立一个现代化的思想政治教育评价体系，是使思想政治教育能够更科学、更严谨的客观要求。由于现行的思想政治教育评价体系面临着诸多困境与瓶颈的制约，我们应积极探索评价体系的重构问题。

（1）构建评价体系

①自查自评。教育者和受教育者要进行自查自评，按照指标体系和要求，根据自身的工作重点，有针对性地通过走访、座谈、问卷调查、阶段总结、自我反思等形式进行自查自评。定期向所在思想政治教育工作的领导小组提交一份自查自评报告。

②平时督查。加强对受教育者平时情况的督查，思想政治教育工作部门要按照指标体系和要求，加强平时的督促检查，对督查情况、落实结果与存在的问题要逐一详细登记，按时进行小结，并作为思想政治教育成效评价的重要依据。

③民主评议。思想政治教育工作部门要分别对教育者进行考核，同时要抽取一定数量的受教育者参与到这个评价过程，对各单位的思想政治教育工作开展情况进行评议。首先，学生工作部门应作为收集这些信息资源的主体，应当在综合分析的基础上，为其他工作部门创造信息的附加价值。其次，要建立科学的学生工作考核体系。学生工作应作为与教学、科研和社会服务等高校主体工作并列的内容，列入年度考核计划。这个考核计划主要是对学生工作队伍的工作进行考评，考评方式包括学生工作部门打分、相关其他部门打分、学生打分等，考核结果要计入相关院系年终考核总成绩。学生工作系统外的考核涉及学生教育、管理和服务的，学生工作队伍要派出同志参与，要组织学生一起评议，打分要占一定的比例，对于学生工作系统内同志的考评与聘用，应由学工职能部门直接负责，涉及院系工作岗位的，院系分管领导要共同参与。再次，激励广大教师积极投身于大学生思想政治教育，并且按照教育工作的需要加强自身修养，以不断提高自身的思想政治素质。最后，还要加强对大学生中各类杰出人才的培养和选拔工作，对于在各级各类学生组织中涌现出来的优秀学生干部，经各院系推荐及学生工作部门的选拔，留校作为辅导员，并纳入学校党政管理的后备干部人才库。进一步探索评先树优的激励机制，并建设新思路，充分发挥学生党支部和党员个人、三好集体、

三好学生、文明寝室等荣誉称号的榜样示范作用，使之成为激励广大学生追求上进的重要动力来源。

（2）科学的评价机制

①要高度重视思想政治教育工作。思想政治教育工作部门要坚持"育人为本、德育为先"的方针，牢固树立"全员育人、全过程育人、全方位育人"的理念，按照"常规工作抓规范、重点工作求突破、创新工作出特色、整体工作上水平"的工作思路，并坚持"平时考查和年终考核相结合、工作考核与民主评议相结合、自查自评与统一考评相结合、狠抓落实与积极创新相结合"，通过思想政治教育工作考核评议办法的贯彻落实，进一步完善"党委领导、小组协调、系部为主、部门配合、骨干引领、全员服务、主体自觉、师生互动"的思想政治教育工作评价机制，逐步建立起"指标明确、主体参与、着眼平时、注重建设、程序规范、突出实效"的思想政治教育工作考评体系，从而不断提高受教育者的思想水平。

②要切实加强常规性工作和平时督促检查。要正确认识和对待考评工作，考评是手段，促进工作是目的。思想政治教育工作部门要进一步规范日常工作制度，强化岗位职责，坚持抓好党团组织与干部队伍建设不放松，做到常规性工作不断线、无缺口，杜绝常规工作的随意性和盲目性。各被考评单位和人员要把精力更多地用到扎扎实实地做好日常的教育管理工作上，认真做好平时督查工作，及时发现问题、分析问题和解决问题，并准确记录督查情况与结果，以促进工作落实，为考评提供可靠依据。

③要努力抓好重点性工作和创新性工作。思想政治教育工作任务艰巨且责任重大。要善于抓重点，解决好难点和热点问题。深入开展中国特色社会主义理想信念教育，是当前思想政治教育的首要任务和重中之重，要采取有效措施抓紧抓实与受教育者切身利益密切相关的生活服务保障工作及权益维护，这是当前思想政治教育工作的热点，必须从育人的高度抓实、抓好。随着信息时代的到来和社会的日益开放，受教育者的成长环境日益复杂，思想政治教育工作所面临的课题也层出不穷，特别是理想信念教育、心理健康教育、网络思想政治教育等领域的问题给我们提出了新的挑战，对此必须加强调查并深入研究，在理论和实践上积极创新，要注意在创新实践的基础上总结升华理论性的成果，并将其应用到新的工作实践中，从而实现工作机制

的创新。

④要严格考核评议程序。严格按照考评实施办法做好考评工作，以确保考评的客观性和真实性，考评结果要公开，拟表彰的先进集体和个人要公示，以确保考评工作的公平与公正，考评工作人员要遵守考评纪律，本着实事求是的原则，客观、认真地对考评对象进行考评，不得借机报复，也不得徇私舞弊，一经发现，严肃查处。思想政治教育现代化不仅是思想政治教育自身发展的时代要求，而且是思想政治教育发展的本质需要，其离不开思想政治教育理念、内容、方法和机制现代化的实现。在理念上要坚持以人为本，树立开放和发展的理念，是思想政治教育现代化的重要前提；思想政治教育现代化的内容应当包括科学发展观、社会主义核心价值体系等教育内容。通过网络思想政治教育这一全新载体以及与其他学科的交融借鉴、打造校园文化等来实现思想政治教育途径的现代化。要建立完善的决策管理、运行和评价体制，对思想政治教育实行严格的控制和规划，从而实现思想政治教育机制的现代化。

第三节　大数据时代大学生思想政治教育的措施和机制

一、大数据时代大学生思想政治教育的措施

明确了大数据给高校思想政治教育工作所带来的机遇和挑战，也分析了大数据视野下国内外高校大学生思想政治教育工作的现状和存在的问题，这就给我们寻找应对大数据视野下的大学生思想政治教育措施提供了充分的帮助和支持。抓住大数据背景下的机遇，主动地迎接挑战，充分利用大数据技术，趋利避害，建立适应大数据时代发展要求的思想政治教育，争取思想政治教育的主动权，拓展大数据时代思想政治教育的有效途径，以取得高校大学生思想政治教育工作的更大进步与成效。

（一）完善大数据管理体制，营造健康的大数据环境

1.法律约束

法律约束是指依照国家制定的法律法规效力，对社会人的行为产生的制约机能，它是加强管理机制的一种重要手段。思想政治教育功能的发挥必须以资源作为供应并提供动力。法律的作用可以分为规范作用和社会作用，

规范作用是从法律来调整人们行为的社会规范这一角度提出来的，而社会作用是从法律在社会生活中要实现一种目的的角度来认识的。法律作为高校思想政治教育的重要资源，对思想政治教育有着重要的保障作用。通过法律手段，可以更加彻底地开发思想政治教育的资源，也可以提高教育者和受教育者对思想政治教育的本质性认识，进而有利于思想政治教育实践资源的获取和开发，并提高对思想政治教育本质属性的正确认识，获取社会广泛认同，从而提高思想政治教育的有效性。

随着大数据技术的不断发展，我国社会发生了翻天覆地的变化，在高校领域，一些不良信息对大学生的思想、道德、政治觉悟和价值观的形成产生了负面影响，更有甚者，在不良信息的唆使下，个别大学生被狭隘的眼前利益所驱使，铤而走险，走上了违法犯罪的道路，给自己的人生、家庭和社会造成了极大的伤害。在如此严峻的形势下，高校思想政治教育最原始的灌输和说服所产生的力量和效果都显得比较赢弱，只有依靠法治的力量，再强化以思想上的教育，双管同步齐下，才能抵御和澄清大学生在认识和思想上的混乱，有助于弥补思政教育依靠说教等方式所带来的执行力弱的缺点，促进高校思想政治教育的顺利开展。

法律约束与思想政治教育是一种相辅相成的关系，在引导人的行为和维护社会发展上，两者相互作用、相互补充、彼此支持。高校思想政治教育比较强调潜移默化，强调"觉悟"的作用，是一种以"号召"为主要特征的影响过程。在通常情况下，高校思想政治教育具有明显的有效性，这种有效性融入了大部分受教育个体中，但是对缺乏道德自觉和追求的人就很难起作用。法律则不同，它不仅能通过具有强制力的法律手段来惩罚那些具有道德不轨的人，保障道德规范的实现，还可通过授予荣誉称号、表彰、晋级等法律手段，来鼓励人们的道德追求，对于提高思想政治教育的实效性大有裨益。

政府立法与学校法规同行。通过政府的立法，可以规范大数据的行为，净化大数据环境，对于不文明或有伤道德的行为做出教育甚至是惩戒，引导大学生能够健康、合理合法地利用大数据。当然，单纯的政府立法是不够的，由于高校是社会和历史的一部分，不同的高校都有自己不同的传统和实际，所以在进行立法"一刀切"管理的同时，各所高校还应该因校制宜，不失时机地制定大数据管理条例和行为准则，用以规范高校思想政治教育工作。通过以政府立法为主，高校配套相关规定为辅，就能够全方位地构建起高校思想政治教育的法律屏障。

积极宣传政府法律，普及法律意识，让法治观念深入人心是高校思想政治工作者的责任和义务。在进行思想政治教育的过程中只有做到有法可依、有法必依，才能有效净化大数据环境，避免大学生因为网络使用不当而出现的违规、违纪现象的发生。在面对一些不文明行为或发现一些不良信息通过网络传播的时候，高校应该占领"舆论"制高点，利用法律武器，通过必要途径对不良信息实行有效管制和封堵，坚决杜绝不良信息和不良现象的传播与扩散，净化网络空间环境，为大学生的成长成才和树立正确的人生观、价值观提供有效的法律保证。

2. 行政约束

行政约束行为是指相关部门为保障社会和他人的安全，对具有某种可能危害社会、他人或本人安全情形的自然人所采取的短时间限制其人身自由的行政措施。十年树木，百年树人，培养出全面健康发展的为社会所需要的优秀人才，既是国家对人才的需要，又是高校的光荣使命。随着大数据技术的发展，现实生活中有许多不良风气侵蚀着大学生的思想，这些不良风气一方面影响着大学生科学的世界观、人生观和价值观的形成，另一方面也阻碍了高校全面、健康且稳定发展的步伐。因此，高校要运用一定的行政手段和行政措施来约束与规范大学生的行为，并以此来协调大学生与大学生、大学生与高校以及大学生与社会之间的关系，以确保大学生养成良好的思想道德品质和行为习惯。

大数据技术的发展使得高校思想政治教育工作的复杂性和艰巨性增加。在思想政治教育过程中，高校要建立健全突发事件应急管理机制，务必要做到组织机构健全、人员定岗定位、责任分工明确，只有未雨绸缪，才能最大限度地预防和管控危机，维护高校正常的教学秩序和生活秩序，并保持校园稳定。

高校采取行政手段一个很重要的方面就是担负起监控校园舆情的重要任务。这项工作的主要负责人应该是高校从事思想政治教育的行政管理人员，这就要求对学校舆情的监控，能够实现在第一时间准确地把握学生心理动态，防止群体性事件的发生，务必将一些危机事件的苗头消灭在"摇篮"

之中。应对与遏制不良信息的泛滥传播任重而道远，具体说有以下三个方面。

首先，建立高校舆情危机事件应急处理小组。大数据使人们在一个非常自由的环境下接收和传播信息，有用与无用的、正确与错误的以及先进与落后的各种信息充斥在大学生周围，对此要有清醒的认识，如果处理得不好，就会使大学生的是非观念模糊，社会责任感弱化，极易导致学校和社会政治的不稳定，从而增加了高校思想政治工作监管的复杂性和艰巨性。鉴于高校大学生的心理发展还处在不够成熟的阶段，在各种信息的撼动下，心理素质显得捉襟见肘，加之从众心理也比较普遍，很难理性地去处理一些敏感话题或者热点问题，容易导致事态的不可控发展，造成极坏的影响。高校通过建立舆情危机事件处理小组、制定校园舆情应急预案、建立大学生心理档案等措施，在面临应急事件时，能够在第一时间启动应急处理方案，对事发大学生进行疏通和引导。在事件还未爆发之前，要通过相应的思想政治教育网站和论坛，发布权威和正确的信息，在还原事件真相的同时，能够让大学生了解事态变化，稳定大学生情绪，从而稳定校园环境。同时，要借助社交媒体来了解大学生思想的动态发展，引导大学生正确地处理敏感事件，净化大数据环境。应急小组成员的筛选过程一定要本着慎重和认真的态度，选择高校中那些政治性强、思维清晰且处理事情理性的学生干部和学生党员。高校突发事件的发生发展是一个渐变过程，高校要提高应急组织机构人员的危机传播管理意识，以确保信息系统的畅通、及时、有效，加强管理人员的危机传播管理知识教育和系统培训。同时，建立健全组织体系，达到人员管理的常态化，这是高校行政干预的保障。

其次，高校要建立舆情监督机构。所谓监督，指的是及时发现和纠正计划执行进程中的偏差和错误。面对高校舆情，要制定必要的规章制度，以明确各个岗位人员的职责，建立健全岗位责任制，并定期或不定期进行检查，从中发现各种矛盾，找出原因，及时采取措施并予以纠正。监督也包括对教育、教学过程的监督，这个监督，不一定就是监督人和考核人，还包括对计划、制度本身正确与错误的检验和调整。监督的主要手段有检查、评比、总结、考核、教育和鼓励。为了及时发现问题、解决问题，少受损失，就必须建立灵敏的、准确的、有力的信息反馈系统。对于利用媒体所发布的信息，高校舆情监督机构应该进行细致、严谨地审核，加强有效信息的过滤整合，在有限的范围内加强内容的实效性，以提升每一条信息的质量和价值。这种舆情监督机构的建构，一定要明确人员分工，对于送审流程进行细致的规范，提高审核效率，确保出现问题后能够及时反馈，并有效改正，强化审核制度的执行力。

最后，发挥学生干部以及学生党员的主体性作用。学生干部以及学生党员在信息的传播、扩散过程中起着非常重要的作用，也是信息能否有效传播的重要一环，高校可以通过必要的行政手段，培养一支思想先进的学生干部以及学生党员队伍，通过发布符合主流意识形态的相关信息，与大学生进行沟通和疏通，防止某些机构或个人利用敏感事件造成社会动乱。

高校的思想政治教育工作不要一味地消极防守，要适时地主动出击，把握话语权。在这个过程中，还要不断强化这支队伍：一是要增强学生党员干部的主体意识，二是要提高学生党员干部的思想政治素养，三是要搭建学生党员干部的活动平台。

教育过程中的高校思想政治教育与行政管理是相辅相成、互相促进的统一的有机体，思想教育是行政管理的基础，而行政管理又是做好思想政治工作的有力手段。没有行政管理的思想教育是软弱无力的思想教育，没有思想教育的管理是盲目的管理；行政管理既代表了学生的根本愿望和利益，也代表学校的意志和要求。行政管理带有强制性，它是建立在合情、合理、合法的基础上，没有合理的行政管理，即使思想政治教育有些成效，也难以持久。思想政治工作加大了行政管理的力度和作用，行政管理又巩固了思想政治工作的成果，所以说，行政管理也是思想教育的一种形式，思想政治教育又是管理手段，二者相得益彰。

（二）打造一支优秀的思想政治教育工作者队伍

高校思想政治教育工作者作为大学生日常思想政治教育的基层指挥员，作为大学生健康成长的人生导师和知心朋友，是加强和改进大学生思想政治教育的中坚骨干。为此，高校应该不断健全和完善高校思政工作者的队伍建设机制，精心打造高素质的高校思政工作队伍，为加强大学生思想政治教育提供坚强的组织保证。

在大数据时代背景下，面对信息全球化的浪潮，高校必须以开放的心态高度重视互联网的信息传递手段。在大数据时代，随着网络的普及，高校思想政治工作者一是要在观念上摆正态度，紧随大数据时代的要求，掌握大数据时代的特点和传播方式，认真研究高校学生的思想动态、心理变化及对高校大学生思想政治和道德素质的要求；二是高校思政教育工作者要用积极开放的心态对待网络，认识网络带来的机遇和挑战，进一步增强用马克思主义占领高校思想文化网络阵地的政治意识，有效利用网络载体，积极推进高校思想政治教育进驻网络的工作；三是高校思政教育工作者积极学习大数据技术，明确思想政治教育者定位，发挥职位职能，积极做好校园网络监管与监控工作；四是高校思政教育工作者应该不断增强创新意识，不断探索，做到与时俱进。

1. 更新观念，明确大数据定位，用开放的心态对待新媒体

大数据时代的信息传输载体是新媒体，传统主流媒体尤其是极具强势地位的机关报、电台和电视台一直充当着舆论监督的"领头羊"。然而，随着社会转型期的到来和大数据技术的发展，传统主流媒体舆论监督的强势地位受到网络等新媒体的挑战，从舆论监督的引领者变为新媒体的跟随者。新媒体技术在教学中扮演着不同的角色：一是工具角色，作为一种教学工作实现的方式，新媒体技术能够为传统的教学课堂提供新颖的软件和硬件的配合，通过新媒体的使用，来达到提升课堂效果、渲染课堂氛围以及增加课堂感染力的效果；二是教师角色，利用新媒体技术手段，课堂的课前准备实现了人机结合，教师可以将系统知识借助新媒体得以实现，为学生做好提前备课；三是学生角色，人机互动是新媒体的特色，新媒体的交互性使得学生可以借助新媒体完成学习任务，使之成为学生学习的"知心朋友和协作者"。所以，掌握了新媒体技术便可以掌握思想政治教育过程中的诸多角色。

作为高校思想政治的教育者，在大数据时代，要善待新媒体。新媒体以其独特于传统媒体的优势，在诸多方面都有所体现。一方面，新媒体作为一种形式新颖的传播工具，可以开拓高校思想政治教育的平台，具有其他载体不可替代的作用，高校思政教育工作者可以此为载体，开辟思政工作新途径；另一方面，新媒体可以更加便捷地、全方位地了解大学生的心理状态，在高校思想政治教育过程中发挥着"知己知彼"的作用。高校思政教育工作者可以此来全方位解读大学生的心理发展历程，有效制定和完善大学生心理疏导与教育工作的新举措。

在大数据背景下，高校思想政治教育者要善用新媒体，就必须深刻理解和准确把握大数据的功能和规律，积极吸收和利用大数据的特点，做到因势利导，使其更好地服务于高校。一方面，高校思政工作者要重视大数据在信息传播中的地位，借助大数据工具创新工作方式、方法；另一方面，高校各部门在利用大数据手段上进入全方位、多元化的领域，高校思想政治教育者绝不能仅把自己看作大数据手段和宣传领域的一个发布者和参与者，更要把自己摆在一个思想潮流引领者的位置。只有这样，我们才能成为宣传领域的积极参与者和优秀教育者。

2. 积极学习大数据技术，明确思政教育者的职责，积极发挥职能作用

所谓高校思政教育工作者的"角色定位"，就是高校思想政治教育者在高校和大学生的学习生活中所扮演的角色和发挥的作用。高校辅导员与班主任构成了高校思想政治教育工作者的两大重要角色。辅导员制度是目前高校普遍采取的一种学生管理制度。新生入学时，从高年级的优秀教师中挑选专职或兼职人员来担任学生的辅导员，从事学生的思想政治教育、学生管理以及学生党团建设等方面的工作。辅导员的角色定位概括起来就是"双重身份，亦师亦友"，辅导员既是课程的教授者，又是学生的管理者，具有"学术"和"行政"两种身份；在处理与学生的关系时，他们既是教师，又是朋友；对于大学生而言，辅导员就像是引导者、规划者和思想者，引导大学生正确发展，规划大学生生活过程，并为大学生提供丰富的精神食粮。高校辅导员将思想政治教育融入日常工作中去，引导大学生树立正确的世界观、人生观和价值观。班主任制度也是普遍采用的一种学生管理制度。班主任是学校中全面负责一个班学生的思想、学习、健康和生活等工作的教师，是一个班的组织者、领导者和教育者，也是一个班教育工作的协调者。班主任的职业特点决定了其理应成为学生的道德楷模，其举手投足都要对学生起到表率作用。班主任的角色定位是班级学生的教育者和组织者，也是学生思想、学习和生活的指导者，要把教书和育人两项职能有机地结合起来。

所谓"职责定位"，就是高校思想政治教育者在大学生思想政治教育工作中所应承担的具体职责。辅导员在政治、道德、稳定、就业、助困、班级、活动和组织八大方面是主要工作职责，辅导员应侧重学生的思想辅导和日常管理与服务；班主任应侧重学生的学习指导。一支优秀的思想政治教育队伍

不但在思想上要过硬，而且要善于学习和利用大数据技术，将不断更新的大数据技术与思想政治教育结合起来，创造出内容丰富生动且形式多样的思想政治教育内容，不断适应新时期大学生思想政治教育的要求。

3. 完善自身心理素质，增强创新意识，不断探索，与时俱进

高校思想政治教育工作者的素质包括思想道德素质、科学文化素质、法纪素质、审美素质、身体素质和心理素质等，而心理素质是思想政治教育者素质的核心，在整个素质系统中处于重要地位。良好的心理状态有助于高校思想政治教育工作者进行思政教育。

社会的进步需要创新，高校的发展也需要创新。创新意识和创新精神构成了事业开拓奋进的基石，时刻保持创新意识、时时拥有创新精神、处处体现创新信念，这将是我们与时俱进的思想引擎。创新是一个民族进步的灵魂，是一个国家兴旺发达的不竭动力，也是一个政党永葆生机的源泉。大数据时代的高校思想政治教育工作者必须具备创新意识，所谓的创新意识包括高校思想政治教育观念的创新、工作方法的创新、宣传途径的创新和应对对策的创新等。

高校思想政治教育工作者必须紧紧把握"创新"走"与时俱进"之路，在这个过程中必须做到两点。一方面，要牢固树立"以生为本""为爱付出"的观念，"没有爱就没有教育"。爱既是一种教育手段，也是一种巨大的教育力量；其既是对学生应有的崇高感情，又是对学生高度负责的体现。在对学生进行教育的过程中，要把学生当作各项活动的最高主体，工作应做到心到、口到、眼到、腿到。另一方面，要坚持"育人为本、德育为先"，把思想政治教育摆在首要位置，要牢固树立"改革创新"的观念。一是要求高校思政教育工作者应该从学生的内在需求和社会需求出发，引导学生把个人的成才目标和学校的教育目标结合起来，为学生的成人、成才、成功尽最大可能创造条件；二是要从根本上增强思想政治工作的有效性，做到"有破有立"，要对现有的思想政治教育体系从理论到内容、从方法到手段进行一系列的改革创新。

大数据技术的发展给高校思想政治教育所带来的新情况与新问题需要我们做出新的概括和解释，这不仅是时代赋予高校思想政治教育工作者的新使命，也是创新和发展思想政治教育理论的新机遇。

（三）重视高校思想政治教育的"网上"建设，开辟新的思想政治教育舞台

在大数据时代背景下，"网上"思政建设变得十分重要。高校思想政治教育网站是做好大学生思想政治工作的重要阵地，也是使网络成为弘扬主旋律、开展思想政治教育的重要手段。

为了提高网络环境下思想政治教育的主动性、有效性和长效性，就必须建立一批具有活力的且能够起到示范作用的思想政治教育专业网站，通过建立各种不同层次的专业思想政治教育网站和强大的思想政治教育信息库以及相应的实用软件，构建起思想政治工作的网络体系。高校的"网上"政治教育还应该从以下四个方面入手。一是队伍建设。教育者是影响网络思想政治教育实效性的主导因素，要加大培训力度，不断提高综合素质，整合资源，建设一支包括思想政治教育理论研究者、思想政治理论课教师、学生党员骨干等在内的专兼职结合的稳定队伍。二是要准确定位。准确定位是正确安排网站内容，赋予其相应功能，并发挥应有成效的基本前提。网站是利用现代先进的信息网络手段来拓展思想政治教育的空间和渠道，要努力使网站成为集舆论宣传和提升素质于一体，服务大学生成才成长的平台。三是要优化内容。首先要加强思想性，提高渗透力，使网站朝着积极、健康、向上的方向发展，更好地促进社会的和谐与进步；其次要加强知识性，提高吸引力，高校应该积极挖掘其思想政治教育内涵，把网上的虚拟和网下的真实有机地结合起来，形成网上网下育人的合力，从而激发大学生思想政治教育学习的兴趣；最后要加强服务性，提高凝聚力。思想政治工作应从实际出发，并与解决实际问题结合起来。网站建设要为学生提供服务，形成教育学生的平台，从而提高思想政治学习的凝聚力。四是要加强交互性，提高亲和力。网站的交互性功能使得思想政治教育从说教的方式转变为对话的方式，在这种双向互动过程中，大学生的平等角色和主体地位得到体现，这会极大地吸引和增强大学生的参与意识。

（四）教育大学生自律自控，积极发挥学生的组织作用，提高正确运用网络的能力

自律是在没有人现场监督的情况下，通过自己要求自己，变被动为主动，自觉地遵循法度，拿它来约束自己的一言一行。自律并不是让一大堆规章制

度层层地束缚自己，而是用自律的行动创造一种井然的秩序，来为我们的学习生活争取更大的自由。自律在高校思想政治教育过程中具有积极意义。

高校大学生要做到自律应该从以下三个方面入手：一是强化自我责任意识，让大学生明白"没有规矩不成方圆"的道理，增强大学生的责任意识和规矩意识，让大学生明白必须对言论肩负责任，增加大学生的责任感；二是通过实践教育，提高判断力，通过设身处地地实践，了解事件所表达出来的深层次真相，提高自己的判断水平和明辨是非的能力；三是要积极提高自己的道德水准。只有自身形成抵抗负面信息的能力，才能在大数据时代独树一帜，洁身自好。大学生在信息的传播过程中，不传播淫秽、暴力、反动的信息，杜绝利用大数据技术侵害他人利益的行为，从而培养自己健全的人格。

高校学生组织是高校思想政治教育的重要渠道。随着网络技术的不断进步和教育体制改革的不断深入，大学生的学习和生活方式出现了新的变化，参与学生组织和学校活动，成了学生丰富校园生活、培养兴趣爱好、拓宽交友范围及丰富课余生活的重要方式。大学生组织日益成为高校中具有影响力的群体，并日益成为学生思想政治教育工作的一个重要途径和渠道。高校思想政治教育应该努力做到发挥学生组织的团队作用，积极利用大数据手段，来开展思政教育活动。例如，可以定期地利用学生组织来开展相关的思想政治教育活动，定期组织学生参观彰显社会正能量的场所等。

二、大数据时代大学生思想政治教育的机制

随着大数据时代的到来，传统的思想政治教育机制已经不能完全适应新的时代要求，构建符合大数据时代特征的大学生思想政治教育机制成为必然。大数据时代大学生思想政治教育机制的构建，必须符合大数据的特征，体现大数据的价值，能够使大数据在大学生思想政治教育中发挥潜在作用。

（一）预测预警机制

1.预测预警机制的内容

大学生思想政治教育不是孤立封闭的"院墙教育"，它必然会受到现实社会和网络社会各种因素的影响和制约。因此，大学生思想政治教育必须考虑社会环境，包括现实社会和网络社会的影响因素，并有针对性地构建和完善相应的预测预警机制。

大数据时代的大学生思想政治教育预测预警机制是指高校在收集到的

与大学生思想政治相关的海量数据的基础上，通过数据挖掘、分析、处理等技术手段，对与大学生思想政治有关的思想动态、言论、立场、行为趋向等因素进行客观、科学的评估，及时做出预测，并依据一定的程度发布不同等级的教育预警信息，采取必要而有效的教育行动和措施。这就需要构建大学生思想政治预测预警的指标体系，包括大学生的意识指标、生活指标和关系指标。

大学生的思想政治意识指标主要包括以下八个方面：①要了解大学生对日常生活中风俗习惯等情况的把握程度；②了解大学生对社会行为是非、善恶的判断尺度的把握情况，这是其行为基本准则的反映；③了解大学生对有关思想政治概念和范畴的认识与把握程度，从而判断其思想政治知识水平；④了解大学生对思想政治事件的认识与看法，把握其思维的特点；⑤了解大学生在典型现象与事件上表现出的心理感受和特点，把握其思想政治水平；⑥了解大学生对社会普遍遵循的思想政治规范形成的信仰状况；⑦了解大学生为实现一定的思想政治目的，克服困难的决心和毅力；⑧了解大学生对高尚思想政治境界的追求和向往情况。

大学生思想政治生活指标则包括以下三个方面：①了解大学生在面对多种冲突的行为与观念而需要做出抉择时，所经历的内心斗争和心理活动；②了解大学生对各种思想政治行为的对错进行的评价活动；③了解大学生积极自发地通过学习与锻炼，不断提升自身思想政治境界的活动。大学生思想政治关系指标主要包括人与人之间的关系以及人与社会之间的关系，了解大学生在社会行为中与他人通过交往形成的关系如何、与整个社会结成的关系如何，从而把握其思想政治境况。

2. 预测预警机制中的大数据分析原理

过去由于缺乏获取全体样本的手段，只有通过随机调研的方式来把握，这样一来，样本的抽取越随机，就越能把握问题的真实状况。但这种方式实现起来难度太大，不仅代价极高，而且耗费时间。云计算和数据库能够帮助获取更为全面的样本数据，实现起来就简单多了。过去使用抽样的方法，需要在具体运算上非常精确，时间代价也非常高；到了大数据时代，在保证不放大偏差的前提下，以最快的速度把握整个轮廓和发展脉络就比精确的计算更为重要，而且大数据不是利用逻辑推理方法，而是充分利用相关性分析，所谓"相关性"是指两个及两个以上变量的取值之间的本质联系。通过"相关分析"可以发掘数据集里隐藏的关联网,而反映相关性则需要通过支持度、可信度、兴趣度等参数。通过发掘两个及以上数据集之间的数理关系,通过某一个现象的关联物的发现进而建立相关关系,并在此基础上实现对当下的把握以及对未来的预见。传统的数据处理方法是通过建立抽象的理论模型来完成预测以及模型修正的,与之不同的是,大数据的相关分析是采用全样本分析,能够不受偏见的影响,从而避免偏差的出现。在大数据预测结果的基础上,决策者可以对大学生的思想政治状况进行准确预警,为高校相关部门提供参考,通过迅速、及时地反应,有效防止发生大学生道德危机。

3. 预测预警机制的实践

大数据的运用可以说是非常广泛的,不仅可以广泛用在教务管理、科研规划等业务层面的宏观规划与预测之中,还可以在学生个体思想政治危机这一微观层面发挥积极作用,其微观层面的作用主要通过对单个学生的需求进行评估和判断,以及时发现问题并处理。例如,可以根据校园一卡通的消费数据来把握不同学生的经济情况,如果一个学生的家庭比较困难,那么长期来看他的一卡通消费肯定会表现出省吃俭用的特点,这就需要教育者给予足够重视,通过学校资助系统对其生活困难问题进行有效解决。这既是以人为本的应有之义,也是避免心理危机和思想政治问题的"先手棋"。此外,还可以根据各个学期学习成绩的变化,来把握学生学习的波动情况,及时跟进,分析学生学习方面的变化是否由心理或思想问题引起。有些学校还通过大数据的采集、处理和分析,对学生的行为特征、招生与就业情况、教育质量以及舆情等其他各领域问题进行分析。

在大数据时代,传统图书馆也面临着冲击,大数据可通过对数据的分析和挖掘,对云服务端存储的各种数据进行把握,并分析学生的借阅习惯和偏好,通过对学生需求的预测,来帮助图书馆管理人员科学决策。同时,大数据的分析还可以帮助教育者利用智能决策等技术为图书馆建立科学及实用的风险评估模型,如数据图书馆馆藏信息安全评估模型,其主要优势是根据对软硬件资源、网络资源、信息资源、服务资源及知识资源等的分析状况,对可能出现的故障进行预测,并提前做好预防,避免遭受信息攻击和信息泄露。

（二）数据化管理机制

1.数据化管理机制的内容

（1）教育资源的数据化处理

数据存储以及计算的问题是一大难题，但是云计算很好地对其进行了解决，因此各高校为了提高教育资源的利用率，都在大力建设以"云"为中心的教育教学环境。大数据时代提出了一种全新的教育资源分析方法，就是利用内存检索技术、数据实时反应技术等 Hadoop 技术，构建一个基于云计算的大数据信息处理平台，对数据进行基于 MapReduce 编程的模型管理，使数据分析的效率得到大大提高。其工作原理是：首先收集各种碎片数据，主要是学生信息数据、教室信息数据、基础信息数据、学习信息数据、搜索信息数据等教育信息资源；过滤碎片数据，将连续的和低信息粒度的数据提炼出来之后形成优质数据，然后交于上层并进行数据分析，通过这个数据处理平台就可以对学生的学习行为、协作能力、课后行为和娱乐行为进行分析；运用分类算法、回归算法、聚合算法等数据挖掘算法，挖掘已经进行了数据分析之后的数据，以找出数据背后所隐藏的、有价值的信息，为做决策提供参考，如给学生提出最适合他们的指导意见。此外，还可以通过数据分析来评估教师当前的教学效果以及学生的学习效果，并预测未来的教与学的效果，在对预测结果进行分析与挖掘之后，给师生提出最佳策略。可以说，在大数据时代对数据的挖掘依然是结合云计算，采用数据挖掘技术对教育资源进行挖掘之后，揭示隐藏的但又确实对教师和学生非常有价值的信息，并以此提出预警和指导。

（2）教育资源的数据化服务

高校资源服务随着云计算和大数据技术的兴起以及师生对知识需求的变化而变化，如高校教育资源的服务方式、模式和途径变化就非常典型。未来高校将通过数据的汇聚、过滤、分析和挖掘等操作为教师和学生提供服务，因此这些服务将更具有针对性。首先，在大数据的背景下，师生只需要关注其最终结果而不必知道其原因。高校数据处理中心只需运用大数据技术分析和挖掘各种碎片数据，以研判采取某种教学方式对教学效果或学习效果的影响，如果得到正反馈，那么决策者要做的就是决定是否要采用这种教学方式即可。其次，大数据时代下的资源服务将会更加主动，更加贴近师生的实际需求。当前，各高校在"智慧校园"的背景下纷纷整合资源系统，提高了资源的应用效率，这样高校师生就可以尽可能地应用资源，同时也可以为资源平台建设、服务评价等交互式工作提供协助，而系统通过收集师生在平台上留下的"痕迹"，动态地把握他们的资源需求，并及时满足其个性化需求。因此，师生的认可度将得到极大提高，而资源中心也会因此增强主动服务的意识。

2.数据化管理机制的作用

首先，对于高校管理者来说，数据化管理可以给高校管理者提供清晰的管理依据。数据化有助于其厘清管理思路，使工作目标化、制度化，并减少人为过失，形成科学的管理行为。

其次，对于高校的教育工作来讲，数据在教育工作中无处不在，数据化促使教育者有条理地记录、分析和处理日常教育工作，要养成良好的工作习惯，让高校的教学过程更具有条理性，同时还可以让高校在数据的基础上做出决策，为高校管理方式、方法的改善与创新提供依据。

最后，对于高校发展来说，数据化管理有助于高校管理的精细化，有助于教育目标分解的细化和落实，让高校的发展改革规划能有效贯彻到每个环节并发挥作用。只要数据采集是真实、准确的，相关的数据研究和分析就会有说服力，从而有利于决策者做出最优的判断，并制定最科学的发展规划，优化工作流程，建立数据标准，改善教育结构，最终助推高校的改革和发展。

（三）开放性机制

1.政府的数据资源开放机制

想要对所有的数据资源进行整合，就必须是建立在数据公开的基础之上。政府作为数据资源的掌控者，所谓的数据开放，就是指政府将各种生活、社会、国情等数据资源向公众公开，这样有助于政府对信息及数据资源进行有效利用，有助于政府在国家的管理方面更为有序、细致，也有助于增强政府科学决策的能力。

2.高校的数据资源开放机制

随着经济及科技的发展，21世纪注定是信息数据膨胀且知识需求不断加大的时代，所有的进步与发展都离不开知识的支持，而大数据、云计算以及互联网必定会是教育改革的重要推动力量。近年来，在知识的传播方面，教育的有关资源经历了逐渐公开的过程，这在以前是不敢想象的。我们相信，未来的教育模式必将颠覆传统，网络教学将成为主流，教育资源丰富多彩，学习者可以针对自身需要进行选择性学习，教育不再有年龄的界限，教育突破距离的界限，而不只局限于学校等。

经过长期的建设，在现阶段，我国的高校信息化基础设施建设已经取得了良好的成果，建立起了以"人、财、物"为主要核心的业务系统。但是由于我国的历史原因和教育行业的特殊性，导致这些业务系统并不是在同一时间、同一环境背景下建成的，其甚至在开发语言和后台的数据库中都是完全不同的，因此这些数据都是分散、重复或相对孤立的。这一情况正是现在各高校所持有数据的现状，但是随着社会的快速发展，高校的业务开展对数据的依赖程度越来越高。随着各种业务系统与数据需求的不断增加，系统间的数据共享与交换的需求也越来越突出，不同系统之间要实现数据的交互需要传统的 Excel 表来导入和导出，这种方法不仅烦琐而且容易出错，不能很好地保证其准确性。要做好数据资源的开放与共享，首先必须将所有的高校数据资源进行整合，确定需要整合的资源类型，在考虑业务变化的同时也要考虑到未来数据应用的趋势，并了解学校未来的发展方向及在信息化和数据化建设过程中的定位，这样才能做到有效整合；其次将集成后的数据库作为中心节点，不同的业务系统的工作都围绕着中心节点开展，从数据的集成到数据库的建成等方面全面加强；最后从数据库的集成中心下发到公共数据库中为大家所用。所以，数据集成平台在"智慧校园"的建设中有着重要的作用，这一部分是所有系统的信息传输与信息交换的总线。通过数据的集成平台来实现数据的及时交互与传输，按照学校业务系统的需求将所需的数据分发到各自的子系统业务中，从而实现业务的综合管理。作为当前高校各类数据整合的中心，公共数据库也是高校数据云服务平台的运营中心，其内容主要包括教育部、信息产业部等行业标准在内的标准模型，公共标准及能够满足教学管理执行的标准模型，教师、学生、教学管理、领导机制、师资队伍、培养模式等在内的全部数据模型。在公共数据库、历史数据库与数据仓库的基础上，学校能够按照实际的业务工作需求，建立起相应的数据综合查询、统计分析、决策支持等功能，为学校的用户提供综合性的数据服务。例如，为师生提供基本信息查询服务，为院系和部门的工作人员提供本部门的信息查询服务，为院系和学校领导提供决策制定的辅助服务，这样就能让学校的不同用户对自身的基本信息情况有所了解，进而掌握学校的宏观整体情况。

（四）评价机制

大学生思想政治教育评价机制是根据一定的评价标准，在系统收集资料和信息的基础上，对学校教育工作者的教学方法、教学效果与水平、学生的思想政治行为与基本情况进行评定的一种方式。通过评价机制能够较为全面、整体地了解学校乃至社会的思想政治发展水平，对于学校思想政治教育目标的调整、教学方式的改进等都具有重要的意义。教育评价机制作为整个教育活动中的一个关键环节，对教与学均具有导向性作用。

1.评价机制的新要求

目前，各高校均积累了大量的教育数据，但是由于过量的冗余数据和数据的不一致，使得教育数据没有充分地发挥其优势作用，在教育决策与评价过程中无用武之地。在大数据时代，大学生思想政治教育评价需要运用多种评价指标，使多个评价主体对教育的全过程进行全方位和整体性的评价。在进行评价时，涉及的内容包括学生的学习情况，教师的教育情况、研究情况等方面，通过对这些方面的数据进行积累和挖掘，提炼出有用的信息，从而对影响学生与教师正常发展的因素进行分析，并提出有效提高教育效果的对策办法。但是，目前的教育评价机制在数据的综合使用方面都比较单纯，不能综合内部与外部的数据进行统一的分析，也不能有效地抽取教育数据形成统一的格式。现阶段的教育评价技术，其主要的缺点在于数据的多维分析，而数据仓库的出现对于消除冗余数据来说是非常有效的，通过这一技术能够将真正有用的数据信息保存下来，剔除那些冗余、无用的数据，在数据仓库中更加合理、有效地处理数据。随着教育评价主体更加的多元化，不同的主体都希望从各自的角度来进行数据的分析，针对这一情况，现有的教育评价技术的效率其实是比较低下的，而通过数据挖掘技术进行的数据分析可以从多角度、多维度进行数据的查询与分析，并将所需要的信息及时展现出来。数据仓库提供的联机分析处理工具，可以提供各种分析处理功能并将数据可视化，将教育评价的结果直观地提供给评价人员，评价人员也能够自主地选择需要研究的数据，不同的分析角度与分析结果可以让他们对数据的分析更加深入。

2. 评价机制的内容

大数据决策支持系统是建立在数据仓库基础上的，伴随着联机分析处理技术的发展而发展起来的，这种新系统可以解决原来系统在处理过程中出现的问题。大数据决策支持系统还可以进行综合决策，它可以提出一整套的解决方案，这种解决方案也运用了数据挖掘技术和联机分析处理技术。数据挖掘技术和联机分析处理技术能够多维度地对数据信息进行分析，并通过建模将数据知识化，从而发挥其在影响空间和聚合空间中的重要作用。另外，数据仓库可以为联机的数据分析提供可靠、有效的数据保障，为决策的制定提供科学合理的依据。正是由于这种内在的联系，才能促使数据的挖掘与分析相互配合，为决策的制定提供坚实有效的技术保障。数据仓库以数据组织和存储为主，联机事务处理系统中的数据库能够提供大量的真实可靠的数据，可以促进决策的有效制定，而这些大量的真实可靠的数据正是建立数据仓库的物质基础。数据仓库对其中的事务性数据可以及时地提取、转换和综合，并重新形成面向全局的数据库，为决策的制定系统提供有效的数据存储的组织环境，为决策的制定提供统一的数据模型。数据的联机分析多用于多维度的分析，通过多维分析快速、有效地提取数据，为用户分析问题提供一种更加人性化与自然化的观察方式，从而全面、系统地研究各种影响因素的本来面目，为决策的制定提供依据。

在大数据时代，大学生思想政治教育评价机制的发展不仅表现在评价的过程中，而且表现在大学生通过信息化设备的个性化发展上。与学生思想政治活动有关的大数据在网络空间中随处可见，通过大数据技术方法的运用为大学生的个性化思想政治评价提供了可能。正是在这种评价的客观性与科学性的基础上，才能根据学生的特点判定出其思想政治活动状况和思想政治行为实施情况，使教育者从中洞察学生的道德思维，并相应地调整教育活动。

基于对教育大数据进行分析后产生的学生的个性化思想政治评价，主要包括：大学生学习思想政治知识的效果如何，这方面主要是对学生在学习之后取得的成绩、积累的思想政治知识结构和学习思想政治知识态度等方面的陈述性知识进行评价；大学生对思想政治概念掌握的情况如何，这方面主要是对学生思想政治概念的理解、能否正确使用、是否有深度的认知等方面进行评价，因为如果教育没有考虑到学生之前已经掌握的知识，那么这些知识一般来说只能用来应付考试，只有学生从自身的角度意识到掌握思想政治概念的重要性这一问题，他们才会逐渐完成从知识的获得到知识结构的建构的变化；大学生对学习到的思想政治知识能否进行迁移，这方面主要是对学生的知识应用能力和迁移能力进行综合性评价，主要包括学生解决问题的能力和创造性思维的能力，通过对学生在复杂情况下解决问题的能力进行评估，来判断学生是否具有较高的解决问题的能力。对大学生的学习能力进行评价，其评价指标主要是学生的心智，评价学生是否有更好的学习能力，其评价内容包括学生的学习能力、学习动力与学习毅力，并在此评价的基础上为学生的自我导向与学习技能的获得提供参考与借鉴。

3. 评价机制的功能

大学生的思想政治教育评价机制具有引导决策的功能。运用大数据技术对大学生各方面的具体信息进行科学的统计与分析，通过教育效果的评价找到教育工作中存在的不足与问题，并指明今后教育工作应该改进的方向，从而为教育的决策提供科学合理的依据。

大学生的思想政治教育评价机制具有对大学生的思想政治行为进行鉴定的功能。运用大数据技术收集和处理的信息，通过教育反馈，可以使教育者更好地了解大学生的思想政治意识水平、思想政治倾向等具体表现，这样就能对大学生的行为、思想政治认知水平和思想政治行为进行科学的鉴定，从而引领大学生思想政治朝着正确的方向发展。

大学生的思想政治教育评价机制具有教学改革的指导功能。可以通过对教育评价指标与结果的分析对改革教育进行指导，并对指标体系中的权重比例进行分析研究，从而对教育改革起到指导性作用。

对大学生思想政治教育来说，其主要是通过对思想政治教育的评价来对大学生的道德水平进行评估，从而为大学生思想政治的进一步发展提供参考。所以，在道德评价的过程中，作为评价的主体不仅要客观公正，而且要认真细致，通过对思想政治评价结果的分析和梳理，对大学生思想政治教育过程中遇到的问题进行分析，不断修正，改进思想政治教育方式，不断提高学生的思想政治水平，从而让大学生在评价中不断提高，并从评价中了解自身的不足与缺点，为大学生思想政治的健康发展明确方向。

大学生思想政治教育评价机制在进行大数据的分析时也面临着各种挑

战。首先，由于评价过程是综合了多种因素进行的，其本身包括非常复杂的内容，能否对这些因素进行科学的评价，在大数据背景下进行数据的分析是挑战之一；其次，数据的复杂性，从客观的角度来说，在大学生的成长过程中能够对他们的成长产生影响的事件有很多，怎样将这些事件梳理清楚也是一个巨大的挑战；再次，时间的长期性，由于在思想政治教育的过程中，要厘清教育的规律是非常困难的，而那些成功的案例也不是能够百分百复制的，这就说明教育评价体系本身可能存在一定的缺陷；最后，交互性，从根本上来说，思想政治教育是一个相互交流的过程，在交互的过程中有可能会涉及个人隐私的保护与内容收集方面的矛盾，这一挑战也是目前亟须解决的。

（五）保障机制

在未来，大数据必将从概念走向应用，从尝试走向普及，其价值也将逐渐得到认同。有着数据资源和人才资源优势的高校，应该建立大学生思想政治教育的保障机制，使大数据的分析和使用发挥其独特的优势。

1. 与大数据背景融合的教育环境的保障

大数据、云计算与智能终端共同形成了新的教育环境，这不仅给大学生思想政治教育提供了前所未有的新的工具，也给高校的改革和发展带来了机遇，为大学生思想政治教育提供了新的动力。在未来的科技化社会中，将会实现万物相连，包括人与人、人与机器以及机器与机器的连接。

在我国的高等院校中有着海量的大数据信息，我们站在学生的角度来分析可以发现，大数据包括学生的联系方式、生活住宿、饮食消费、学习娱乐、课外活动等各方面的信息；从教师的角度来说，大数据的信息包括教师的教学任务、教学课件、发表的论文专著、参与的科研项目等基本信息；从学校管理者的角度出发，可以发现大数据信息包括的内容有学校的资产、师资力量、招生就业信息等。随着新一代互联网技术的快速发展，高校中学生、教师与管理层所遇到的信息会越来越多，如各种社交信息、搜索信息等；从全国范围来看，很多国内一流高校都开始了大数据信息的收集与分析工作。

随着我国高校校园信息化的建设进程日益加快，伴随着新的业务和服务系统更容易出现新的"数据孤岛"，所以要建立起与大数据时代相匹配的教育大环境，从而保证在大数据时代高校的管理和运行能够更加科学合理。

通过加强数据的标准化建设，在全校范围内推行统一编码，将数据整合与流通方面的潜在威胁排除。在业务管理工作中，可以通过学生入校后生活与学习主线的建立将学生的相关数据全部串联在一起，从而形成条理清晰的数据链；在教学资源方面，建立起知识化的资源管理模式，将不同类型的资源整合后进行统一管理；在网络行为方面，选择以数据化作为重点，建立起以"人"为核心的数据搜索和存储模式。我国高校需要对数据的变化情况加强关注，并发现数据的变化规律。另外，由于传统的业务和服务系统一般只注重短期和实时的数据对业务工作的支持，而在数据的关联性方面较为缺乏，但是在同一条主线背景下的数据，一般都能正确地反映出学生在某种特定条件下的变化与发展趋势，通过对这一数据背景的分析，能够及时、有效地发现问题，并针对这一问题提出具体的解决办法，从而优化服务与业务系统。在大数据的分析过程中，还需要对教育工作的思路与实践进行深入的理解，一般来说，最初级的数据挖掘工作只能解决大约四分之一的问题，而真正重要和核心的问题需要对数据进行细致的分析与研究后才能解决，这就要求高校数据的处理人员需要有专业的技能和较好的业务能力。我国高校应当注重对数据的分析与挖掘，从大数据中挖掘和提炼出对学校发展有用的信息，为学校的决策提供依据。建立起大数据环境对高校的信息化建设有着非常重要的作用，同时其也是高校在未来大数据时代发展的基础。在未来，大数据在高校的普及与应用将会进一步促进教育环境的完善，并为高校的发展提供导向性的支持。

2. 与大数据特征切合的教育制度的保障

（1）加强顶层设计

在信息社会中，高校的信息化与数据化制度建设是一项长期系统的工程，这项工程的建设需要高校对各项业务进行系统整合，需要通过全校资源的调动才能完成。所以，现代高校的信息系统建设工作已经不是某一个独立的部门能够完成的，它的建设需要全校调动各项资源，从学校顶层开始进行设计，依次推动落实，需要全校各个系统都积极参与和协调才能完成大数据在教育中的分析与应用。通过对全校有效资源的整合，建立起完整统一的职责职能体系，有力推动信息系统的建设，并做好大数据的处理与应用。

高校对大数据进行分析应用，首先需要从建设目标方面设计系统，其次在思想上要足够重视，既不能影响学校本身的正常教学与管理工作，又要达到大数据时代的教育创新目的，这一过程涉及学校整体的管理、教学的各项工作，需要做好系统的设计。在早期，高校的信息化工作人员都有一种基本的认识，即所有的数据都是有用的，但是如何去用这些数据在当时并没有明确的路线，所以，在大数据的规划管理与分析应用中必须有早期的设计与规划。随着大数据时代的到来，高校在系统信息的规划建设过程中就需要加强系统性建设，确定有哪些类型的数据需要长期保存、哪些数据的使用年限可以缩短、哪些是重点数据需要进一步分析、哪些数据的质量必须有所保证。所以，数据的长期规划在高校信息系统的建设过程中是非常重要的，只有良好的数据管理制度才能在数据标准、数据积累、数据管理等方面建立起系统的网络体系，并促进大数据时代的数据交流。数据只有在流转中才能体现其价值，而只有有价值的数据才能受到使用者的关注，这就要求数据的使用者主动去维护数据，以保证数据的真实有效。信息化部门需要为高校不同层次的用户定制数据分析的层级，建立起"个人—院系—学校"的数据管理与运行制度，以确保信息化发展的良性循环。

（2）确立数据交换与共享制度

长期以来，政府教育机构之间、政府教育机构与高校之间、不同高校之间以及高校内各业务部门之间的数据一直处于相对独立的状态，形成"信息孤岛"或"数据孤岛"，如与学生有关的思想政治教育、教务管理、学生的奖勤助贷、学生学习、学生心理、学生身体素质等有关方面，因为系统建设缺乏统一规划，采用不同的专业化管理软件，造成了相关的管理信息系统和数据资源类型各异、来源不一，导致大量可共享的数据重复录入，缺乏教学活动、教育资源、教学管理与教学评价的有机整合，造成了教育工作效率的低下、相关数据利用率低等状况，一些急需此类数据的部门或教育者不能及时掌握这些信息和数据，就不能提高教育的针对性。因此，教育部要求按照"两级建设、五级应用"的模式来建立教育管理信息的数据交换与共享体系，这个体系的建设重点是国家教育管理核心业务信息系统以及省级业务系统，通过两级系统的建设，使得业务管理信息系统中的基础数据能够随时进行更新。建立数据交换和数据更新的安全认证，建立"省、市、校"多级审核备案机制，以确保交换或更新的数据真实可靠。各级教育行政部门和学校依托核心系统和通用系统要按照向上级管理系统的数据标准回传数据。

（3）建立决策系统

在大数据时代，海量的数据都要通过信息管理系统来运行，而运营系统也正是为了提高工作效率和工作质量而设计开发出来的。虽然这种系统并不是主要为数据的分析而设计的，但在这一系统中，所有的业务过程都可以被记录下来并形成数据存储起来，这些数据便于查询，所以运营系统一般采用关系型的数据库来存储数据，以便数据的查询与统计。在这一系统中主要用来进行信息转换的方式是形成报表。而大数据时代建立的决策分析一般都是建立在数据仓库基础之上的，通过对数据的挖掘、分析等方法来实现决策分析，这些业务系统都属于业务智能系统，用于提供决策的基础参考。在决策分析系统中，其中最主要的就是数据仓库、数据挖掘、数据交流与数据的可视化技术。数据仓库一般作为决策分析的基础，通过对仓库中海量的数据进行分析来形成核心框架，形成多源数据存储中心。在大数据时代，数据都来源于不同的信息系统，通过统一的格式与定义将这类信息经过清洗、转换等过程，加载到数据仓库中。实际上，数据仓库是大数据的资源集散地，在数据仓库中将数据资源进行集中，这样就能保证数据资源的价值。而数据的联系主要是指对数据进行透视性的探测，技术人员通过在后台建立起多维数据模型，形成"数据魔方"，保证用户在前台使用时能够实现所需要数据的及时切换，并从不同的维度开展数据分析，从而获取全面、有效的数据。而数据的挖掘则主要指的是对数据资源的开发与利用，发现隐藏在数据仓库中的数据之间的关系、历史变化规律以及数据模型规律等，通过对这类数据进行分析来进行预测，并做出决策，最终将繁杂、枯燥、难以理解的数据通过可视化的过程呈现给用户，让业务智能与风险决策成为人人都能够使用的工具。

（4）制定数据安全制度

一般来说，现实中的事物都有正反两面性，大数据技术同样如此，既有巨大的潜在价值，也有巨大的潜在风险。在现有的信息安全制度基础上，必须制定针对大数据的信息安全管理制度，以提高其应对风险的能力。在个人隐私方面，教育者首先可以通过对大数据的挖掘来找到其中的有用信息。教育者可以通过大数据的挖掘与分析来得到有关学生个人隐私的信息，因为在现代社会环境中，从政府部门的依法监管到网络公司、电信运营商的无形监督都无处不在，只要我们上网、上社交媒体或打电话就不可能逃脱监控。比如，任何人都可以通过分析其他人的网络行为，发现他们的想法，从而预测别人未来可能做出的行动。然而，通过现有的技术手段来应对大数据时代的信息安全，所起到的效果显然不是很好。另外，教育者还可以通过对数据的分析来实现对学生的行为与动机的预测，其中就有可能会涉及司法公正与个人隐私的保护。在大数据时代，教育者可以通过对数据的分析和统计为教育的决策者提供科学的参考和依据，从而做出正确的决策。但是，如果过分依赖数据则会导致另一个极端，那就是被数据所统治。在大数据时代，开放的社会倡导数据的开放与共享，但是这一情况也会带来一定的风险，即数据的垄断。在数据自身的安全方面，涉及数据安全的密码学、信息安全计算、系统数据存储、终端确认、数据挖掘、数据来源与通道等，这些都具有很强的专业性。随着大数据的数量不断增加，大数据信息的保护越来越重要，对数据存储的物理安全性的要求也会越来越高，这就对数据的容灾性提出了更高的要求。所以，在大数据时代，信息的安全防护需要从制度、法律、政策等方面进行变革和创新。

3. 大数据管理与运用的教育队伍的保障

当前，我国高等教育信息化的基础设施建设的硬件方面已经取得了较快发展，与信息技术相关的人才的培养正在飞速发展，关键技术的应用的信息化标准建设也取得了明显的进展，高等教育数字化与信息化在总体水平上已经迈上了推广并普及的阶段。大数据时代背景下进行的高校信息化建设，在其实践当中所遇到的最大困境并不是来自技术层面，而是受到了掌握高技术人才队伍的限制。

因此，越来越多的大学领导者已经达成了这样的共识，并且在全世界范围内积累了越来越多的成功经验来创建与大数据这个背景相适应的大学信息化管理体制：将战略规划逐步统一，共同建设教育资源并将资源进行共享，建立协调部门工作之间的机制，重组高校的管理体制，使之更加高效能地工作。其中，以 CIO 为领导的大数据管理与运用的教育队伍，成为大数据时代大学生思想政治教育的保障机制中的一部分。信息主管也被称为首席信息官或信息总监，是专门负责处理与组织中的信息技术系统相关的各方面事务的高级管理人员。

以 CIO 为领导的高校大数据教育队伍的主要职责有以下八个方面：

一是要统一管理本校的各类信息资源，负责制定全面的大数据建设与管理制度，这个制度必须结合自己学校的实际情况，包括数据质量标准规范和数据挖掘的程序，在这些技术和制度的基础之上综合管理全校的信息数据；

二是要负责管理本校的与大数据或者海量信息有关的技术部门与服务部门，统一规划本校的大数据系统建设方案；

三是要参与本校的与大数据系统的建设、项目的开发、系统的整合等有关的决策工作，建立这样一支教育队伍的目的在于它将会为高校领导层的各类决策提供基于大数据技术方面的支撑，从大数据时代所具有的特征这一角度出发，提出本校在未来如何更好地发展的建议，以保证本校所做出的决策是符合时代发展的新要求的，是可以提高本校的工作效率的；

四是要负责科研管理的信息系统、负责决策支持的信息系统以及教学管理信息系统和后勤的管理信息系统，并能够通过云平台将这些系统整合成为一个无缝集成的综合管理信息系统；

五是要负责共享和协调信息系统部门与其他部门之间的数据和任务；

六是要负责本校网络基础架构的设计、管理校园网的建设以及校园网资源的共享，为全体师生提供网络服务；

七是要制定本校的与数据共享和信息交流相关的政策和机制，以此来保证所掌握的信息数据不外流，而且是绝对安全的；

八是还要负责制定相关信息库系统开发所需的目标、标准、指标和体系等。

第三章　大数据时代的高校教学管理

第一节　大数据时代的信息化教学设计

信息化教学是我国当前教学方式的主要发展方向之一，大数据技术的数据分析与预测便利了信息化教学。教师应以学生为中心开展教学，充分发挥大数据技术的优势，构建有助于学生自主学习的教学设计，开展教学活动，充分调动学生学习的积极性，并以学生的学习数据为依据，对学生的学习进行合理干预，以实现学生学习的"私人定制"，为学生提供精准的学习服务，从而满足学生的中长期发展需求。在进行信息化教学设计时，教师需要考虑的主要问题是：如何设计好学习任务单，如何设计便于学生自主学习的教学视频，如何在课堂上指导学生开展深度学习，如何设计科学合理的评价方案等。

一、信息化教学设计的概念

信息化教学设计是充分利用现代信息技术和信息资源，科学安排教学过程的各个环节和要素，为学生提供良好的信息化学习条件，以实现教学过程全优化的系统方法。其目的在于培养学生的信息素养、创新精神和综合能力，从而增强学生的学习能力，提高他们的学业成就。信息化环境下的教学设计是运用系统方法，以"学"为中心，充分利用现代信息技术和信息资源，科学地安排教学过程中的各个环节和要素，以实现教学过程的优化。

这两个定义基本相同，都包含了以下四个方面的含义：

第一，强调充分利用现代信息技术和信息资源；

第二，以"学"为中心；

第三，用系统方法作为教学设计的指导思想；

第四，强调科学安排教学过程中的各个环节和要素。

二、信息化教学设计的基本方法

（一）教学设计的一般过程

教学设计一般包括五个重要环节：教学目标分析、学习者特征分析、教学流程设计、学习环境与资源设计和教学评价设计。

1.教学目标分析

教学目标决定着教学的总方向、学习内容的选择、教与学活动的设计、教学策略的选择等。

新课程标准强调，无论是哪一门学科，都要在课程的总体目标上落实认知与技能、过程与方法以及情感态度与价值观这三个维度的目标。教学目标一旦确定下来，就要用可评价的方式将教学目标描述出来，以便指导教学流程设计、教学评价设计等环节。

在分析教学目标时，要抓住以下四个方面：

第一，阐明学习行为的主体；

第二，用行为动词和动宾结构短语来表述教学目标；

第三，说明达到该目标的条件；

第四，对于和目标相关的行为状况有一个判断的标准。

2.学习者特征分析

教学设计的最终目的是有效地促进学习者的学习，学习者一般都会把自己原来所学的知识、技能与态度带入新的学习过程中。因此，教学设计是否与学习者的特点相适应或在多大程度上适应学习者的特征，是衡量一个教学设计成功与否的重要指标。

对学习者的特征进行认真分析是实现个别化教学和因材施教的重要前提。在分析学习者特征时，既要考虑学习者之间稳定的、相似的特征，又要分析学习者之间变化的、不同的特征。在教学设计实践中不可能考虑到所有的学习者特征，也不是所有的学习者特征都具有设计意义，并且有些特征是可干预的，有些特征是不可干预的。对于教学设计实践而言，应主要考虑那些对学习者的学习能够产生最为重要的影响，并且是可干预、可适应的特征要素。

3. 教学流程设计

教学流程设计包括教学活动的设计、教学策略的选择、教学媒体的选择及教学情境的设计。

（1）教学活动的设计

教学总是以一定的活动方式展开的，教学目标的达成也是在一个个教与学活动的过程中实现的。

（2）教学策略的选择

教学策略的选择和活动设计是教学设计中的核心环节，也是最能体现教育教学观念的一个环节。教学过程中运用的教学策略多种多样，主要有讲授法、启发式教学法、先行组织者策略法、演示法、谈话法、讨论法、操练法、示范—模仿法、操作—反馈法和协作法等。

（3）教学媒体的选择

信息技术环境下的教学设计离不开多媒体的支撑，要根据教学过程中的各个环节选用合适的教学媒体。

（4）教学情境的设计

学习总是与一定的"情境"相联系的，在"情境"中，只有那些生动、直观的形象才能有效地激发学生的联想能力，唤起学生原有认知结构中有关的知识、经验和表象，从而使学生利用有关的知识与经验及表象去"同化"或"顺应"学到的新知识。在教学设计与实施的过程中，要尽可能创设真实、完整的教学情境。

4. 学习环境与资源设计

环境与资源能为学生顺利开展学习活动提供支持与保证，教师要善于给学生提供适当的硬件、软件环境以及各种与学习有关的资源。环境与资源对于任何学习活动来说都必不可少。

5. 教学评价设计

教学评价是指以教学目标为依据，制定科学的标准，并运用一切有效的技术手段，对教学活动过程及其结果进行测定和衡量，并给予价值判断。

教学评价主要有导向功能、鉴定功能、监督功能、调节功能、诊断功能和激励功能。

教学评价按照不同的分类标准，有不同的评价类型，其中常见的分类方式有按照评价功能，分为诊断性评价、形成性评价和总结性评价；按照参与评价的主体不同，分为自我评价和他人评价。

在实际的教学工作中，可以开展不同形式的评价，如在"教"前进行诊断性评价，在"教"中进行形成性评价，在"教"后进行总结性评价，并且在教学的任一时期都可以根据实际需要开展自我评价与他人评价。

（二）信息化教学设计的基本策略

教学实践表明，学生即使掌握了大量的知识，也并不意味着他们能够把握何时、何地该如何应用所学知识去解决真实情景中的问题，因为学校情境中的问题及其评价标准与真实世界情景中的有很大差别。将信息化教学设计中的课堂教学与真实事件或真实问题相联系，是信息化教学设计的必然选择。因此，信息化教学设计最基本的策略是教学情境的创设、信息资源的设计、学习支架的设计和学习评价。

1. 教学情境的创设

建构主义认为，个体、认知和意义都是在相关环境中交互和协作完成的，不同的环境能够给学习者带来不同的活动效果。教学情境的创设是信息化教学设计最重要的内容之一，通过与实际经验相似的学习情境的创设来还原知识的背景，并恢复其生动性、丰富性，从而使学生能够利用原有认知结构中有关的知识、经验及表象去"同化"或"顺应"学习到的新知识。利用现代化信息技术和信息资源创设接近真实情景的方式有很多，其使用的方法也因不同的学科和内容而有很大差异。根据创设的作用和一般方法的相似性可以分为创设故事情境、创设问题情境、创设模拟实验情境与创设协作情境四种。

2. 信息资源的设计

信息化教学设计的另一个基本策略是信息资源的设计。在信息化教学中，教师不仅要拥有更多的知识，还应该具备设计、开发、利用和评价信息资源的能力。为了避免学生低效的探究活动，在学生自主学习的过程中，教师应该适时地提供帮助，当学生遇见新的或困难的学习任务时，教师应为他们提供各种学习材料，其中包括教师演示文稿、学生范例、单元问题、学习指南或向导，这些大多是以电子文档的形式出现，并由此构成了丰富的信息资源。学生借助于教师开发或链接的信息资源，通过调查、搜索、收集及处理信息后获得知识和技能，并提高信息素养。教师在信息资源设计的过程中要注意做到以下三点：

第一，突出信息的实用、有效的易获取性；

第二，合理运用多种信息表达元素；

第三，合理利用冗余信息。

3. 学习支架的设计

学习支架是根据学生需要为学生提供的一种临时性的支持，其目的是帮助学生完成凭自己的能力不能独立完成的任务，并获得进一步的发展。当学生能够成功建构自己的知识体系或独立完成任务时，学习支架就会被撤销。在这个过程中，教师逐渐把调控学习的任务完全转移给学生自己，学生逐渐学会为自己寻求和搭建合适的支架，最终成为独立、自主的学习者。在信息化教学中，学习支架对提高学生的学习效果和培养学生的自主学习能力具有非常重要的意义。

信息化环境中的学习支架是指教师通过信息媒介为学生的学习提供支持。教师通过信息媒介把学习目标、学习任务等呈现给学生，学生在信息化环境中接受教师所提供的指导和帮助。例如，教师为学生提供学习资源、为学生提供学习工具等，学生可以利用教师提供的一些工具与教师和同学进行交流，并展示自己的学习效果或表达自己的看法，教师也可以对学生间的交流进行引导和对学生的学习效果做出反馈。与传统教学中的学习支架相比，信息化教学中的学习支架减少了教师的直接干预，更有利于培养学生的自主学习能力。

4. 学习评价

信息化学习评价应着眼于促进学生素质的全面发展，改变以往只注重总结性评价的方式，坚持形成性评价和总结性评价并重的原则，使教学评价成为学生认识自己、激励自己的教育方式和教师改进教学的反馈方式。这样不仅有利于学生综合素质的发展，提高学生分析问题和解决问题的能力，而且倡导了灵活多样的、开放的、动态的考试方式，注重给予学生更大的自主选择空间，可以减轻学生的压力，以此来激励学生学习，并帮助学生有效调控自己的学习过程，使学生获得成就感，增强自信心，增强合作精神，从被动接受评价转变为评价的主体和积极的参与者。

第二节　大数据时代的信息化教学模式

一、信息化教学模式的概述

大数据环境下的信息化教学模式研究是一个复杂的系统工程，信息化教学是动态化的教学过程，其发展受到诸多因素的影响，应与时俱进地探讨信息化教学模式的实施路径，对信息化教学模式的研究和推广将是推动高等教育信息化进程的必由之路。

（一）教学模式认知

当前，教育技术领域研究的一项重要命题就是如何应用现代教育技术来创新教学模式。在传统教学理论中对教学模式有过研究，但是随着信息化教学的开展及现代教育技术学科的发展，人们更多地想从技术应用的视角来创新教学模式。对于教学人员来说，创新教学模式就必须全面把握教学模式的内涵和构成要素，才能以此为依据来指导实践创新。

1. 什么是教学模式

简而言之，教学模式是指在一定教育理论的指导下和丰富的教学经验的基础上，为完成特定的教学目标和内容而建立起的稳定且简明的教学结构理论体系及实践活动方式。对于教学模式概念的理解要从教学模式的本质特征出发，把握教学模式理论与实践的统一及内容与形式的统一，其主要体现在以下三个方面。

第一，从教学理论层面来看，教学模式是一种教学结构理论。首先，教学模式接受教学理论（思想）的指导；其次，教学模式揭示了某一教学活动所赖以建立的理论基础，对人们从理论上认识和把握教学模式起重要作用。

第二，从教学实践层面来看，教学模式是具体可操作的实践活动方式。首先，教学模式是教学实践（经验）的基础；其次，它揭示了与某一教学活动相适应的教学方式、程序与步骤，为人们在实践中运用教学模式提供了具体指导。

第三，教学模式是教学理论与教学实践的中介和桥梁。一方面，教学模式是对教学实践（经验）的概括化、抽象化和简约化的描述，可以上升到理论层次；另一方面，尽管教学模式带有理论的概括性、抽象性和简约性，但它又不像一般理论那样抽象，而是具有一般理论的具体化、程序化，能以明确的、具体的方式和手段来指导实践。

2. 教学模式的基本构成

（1）理论基础

理论基础是指教学模式所赖以建立的教学理论和思想。任何一种教学模式都是以一定的教学理论为基础，并在一定的教学思想指导下提出来的，离开一定的教学理论，教学模式就难以形成，离开一定的教学思想，教学模式便难以存在，而且不同的教学理论又会孕育出不同的教学模式，不同的教学思想又会指导教师选用不同的模式并进行不同的操作。

（2）教学目标

教学目标是指教学模式所能达到的教学结果，是教育者对某项活动在受教育者身上将产生什么样的效果所做出的预估。任何教学模式都是为了完成特定的教学目标而设计和展开的。教学目标在教学模式的构成要素中居于核心地位，对其他因素具有制约作用，也是评价教学的标准和尺度。

（3）操作程序

操作程序是指教学在时间上展开的逻辑步骤及每个步骤的具体做法等。任何教学模式都具有一套独特的操作程序和步骤。由于教学过程的设计与实施要综合考虑学生、内容、方法、媒体等多方面因素，因此，操作程序只能是基本的、相对的，而非僵化的和绝对的。

（4）实现条件

实现条件是指为完成一定的教学目标，使教学模式发挥效用所需的各种条件。教学模式的实现条件包括多个方面的内容，如教师、学生、教学内容、教学手段等。认真研究并保证教学模式的实现条件，可以更好地掌握和运用教学模式，并成功地达到预期的教学目的。

（5）教学评价

教学模式运用得如何是需要评价的，因而教学评价是教学模式的一个重要因素，其包括评价方法和评价标准。由于各种教学模式在目标、操作程序和策略方法上的不同，评价方法和标准也存在着差异，所以一种教学模式一定要规定自己的评价方法和标准。

上述五个因素具有不同的功能，它们彼此联系、相互蕴含、相互制约，共同形成了一个完整的教学模式。理论基础是教学模式得以建立的基础；教学目标是教学模式的核心，制约着其他因素；操作程序是教学模式的环节和步骤；实现条件保证着教学模式的有效发挥；教学评价对教学过程进行着反馈和监控。

（二）信息化教学模式认知

随着教学改革的不断深入，信息技术与课程整合已成为教学研究的热点。信息技术与课程整合是指在课程教学过程中把信息技术、信息资源、信息方法、人力资源和课程内容有机结合，共同完成课程教学任务的一种新型的教学方式。信息化教学模式是信息技术与课程整合的结果，其实质是要在先进的教育思想和教育理论的指导下，把以计算机及网络为核心的信息技术作为促进学生自主学习的认知工具与情感激励工具，以此来丰富教学环境的创设工具，并将这些工具全面运用到各学科的教学过程中，使各种教学资源、教学要素和教学环节，经过组合与重构，相互融合，并在整体优化的基础上产生聚集效应，从而达到促进传统教学方式的根本变革（也就是促进以教师为中心的教学结构与教学模式的变革）和培养学生创新精神与实践能力的目标。

信息化教学模式是根据现代化教学环境中信息的传递方式和学生对知识信息加工的心理过程，充分利用现代教育技术手段，来调动教学媒体和信息资源，构建一个良好的学习环境，在教师的组织和指导下，充分发挥学生的主动性、积极性与创造性，使学生能够真正成为知识信息的主动建构者，从而达到良好的教学效果。信息化环境下的教学既是对传统教学的继承，同时也是对技术环境下教学新模式的探索与建构过程，是各类教学模式的结构成分与技术应用条件的"整合"过程。教师是教学模式的实践者和创造者，丰富多变的实践情境是教学模式创新的源泉，信息技术为教学模式的发展提供了丰富的资源、工具以及交流与合作平台。

二、基于问题的探究式教学模式

教学要注重学思结合，倡导启发式、探究式、讨论式及参与式教学，帮助学生学会学习。大数据时代下的探究式教学符合当前课程改革中倡导的以学生为中心，提升学生的探究能力这一要求，能有效促进学生的全面发展。

（一）基于问题的探究式教学模式认知

基于问题的探究式教学避免了传统的课堂教学将知识从生活中分离出来的弊端，让学生在真实情境中学习，将知识和技能直接转变为解决现实问题的能力，使学习变得更有意义。"探究"是通过质疑寻求真理、信息和知识的过程，探究式教学就是让学生投入问题活动之中，让学生在真实的背景中解决问题。探究性教学模式的学习对象（即学习主题）是教材中的某一个或某几个知识点，且任何教材都是由一节节的课程内容组成的，而每一节课程内容又总是包含着一个或几个知识点，这就表明，信息技术与课程整合的几乎所有日常教学活动（包括各种不同学科的常规课堂教学活动）都可以采用这种模式。目前，基于问题的探究式教学模式已经成为能满足各学科常规课堂教学需要的，最有效也是最常用的课内整合模式之一。

基于问题的探究式教学模式是指在教学过程中，让学生在教师的指导下，通过以"自主、探究、合作"为特征的学习方式对当前教学内容中的主要知识点进行自主学习、深入探究并进行小组合作交流，从而较好地达到课程标准中关于认知目标与情感目标要求的一种教学模式。其中，认知目标涉及对学科相关的知识、概念、原理与能力的理解与掌握，情感目标则涉及感情、态度、价值观与思想品德的培养。在实施信息技术与课程深层次整合的过程中，各学科知识与能力（如阅读、写作、计算、看图、识图、实验以及上机操作等能力）的培养以及健康情感、正确价值观与优秀思想品德的形成，都可通过该教学模式逐步实现。

（二）充分体现了学生在学习过程中的主体地位

基于问题的探究式教学模式因为采用"自主、探究、合作"的学习方式，所以在教学过程中要特别强调学生的自主学习和自主探究以及在此基础上实施的小组合作学习活动。由于在此过程中，学生的主动性、积极性乃至创造性都能普遍地得到比较充分的发挥，因而这种教学模式不仅可以对知识技能的理解与掌握较为深入，而且更有利于创新思维与创新能力的形成与发展。但是，为了使探究性教学真正取得成效，除了要充分调动学生的主动性、积极性，还需要有若干富有启发性问题的启发与引导，更要有相关探究工具、教学资源和策略的帮助与支持，而这些都离不开教师的主导作用。由此可见，探究式教学模式要想真正成功实施，光有学生方面的主动性、积极性是不够的，还需要有教师方面的引导、帮助与支持。换句话来说，基于问题的探究式教学模式的成功实施涉及两个方面：一方面既要充分体现学生在学习过程中的主体地位，另一方面又要发挥教师在教学过程中的主导作用，离开其中的任何一方，探究性学习都只能无果而终。因此，"主导、主体相结合"是探究性教学模式最本质的特征。

三、任务驱动教学模式

任务驱动教学模式借助于信息技术环境被广泛应用于多种学科的课堂教学中，改变了传统的课堂教学结构，使学生在亲身体验和实践任务活动中，实现了知识内容的自主习得和知识意义的建构。任务驱动教学是在建构主义学习理论的基础上被提出来的。建构主义学习理论强调，学生的学习活动必须与任务或问题相结合，以探索问题的形式来引导和维持学习者的学习兴趣和动机，并创建真实的教学环境，让学生带着真实的任务去学习，以使学生拥有学习的主动权；学生的学习不单是知识由外到内的转移和传递，更应该是学生主动建构知识经验的过程，通过新知识经验和原有知识经验的相互作用，来充实和丰富自身的知识和能力。

（一）什么是任务驱动教学模式

任务驱动就是将所要学习的新知识隐含在一个总体任务与多个子任务中，学生通过对教师所提出的任务进行分析和讨论，来明确任务涉及哪些知识点，并指出哪些是重点、难点，在教师的指导和帮助下，围绕着一个共同的实际任务活动中心，在强烈的问题动机的驱动下，通过积极主动地运用学习资源，进行自主探索和相互协作的学习，并在完成既定任务的同时，引导学生产生一种学习实践活动。从学习者的角度来说，任务驱动是实施探究式教学模式的一种教学方法，适用于学习操作类的知识和职业技能。任务驱动教学使学习目标十分明确，适合学生特点，使教与学变得生动有趣且易于接受。任务驱动教学的主要特点之一就是围绕着任务展开教学，所以任务的设计与编写非常重要，既要注重方法和知识体系，又要注重融入职业技能的文化性、综合性和其他学科知识。

所谓任务驱动教学模式，就是学生在教师的指导下，紧紧围绕着某个共同的任务，在强烈的任务动机的驱动下，自主探究、协作学习，从而在任务完成的过程中实现学生对所学知识的意义建构，并提高学生分析问题和解决问题能力的一种教学模式。

在这种教学模式中，教师通过巧妙地设计教学任务，将学生要学习的新知识隐含在一个或多个任务之中，学生通过对任务进行分析和探究，来寻求完成任务的途径和方法，最后通过任务的完成实现对所学知识的意义建构。同时，学生在任务的驱动下和学习的过程中，培养了创新意识和创新能力，并提高了分析问题和解决问题的能力。

（二）以学生为主体

在教学实践中，学生的主体性主要表现为自主性、创造性和协作性。任务驱动教学模式有助于发挥学生的主体性，具体表现为以下三个方面。

1. 提高学生自主探究的能力

任务驱动教学模式都将学生置于与当前学习主题相关的，尽可能真实的学习情境中，以便有效激发学生的学习兴趣，驱使学生主动探究和发现问题，完成有关知识的建构，从而增强学生自主探究的意识和能力。

2. 促进学生创造能力的发展

任务驱动教学模式使学生从实际出发，提出问题、分析问题、解决问题，并在解决问题的过程中建构知识和掌握技能。在完成任务的过程中，学生可以根据自己的理解自由选择解决问题的方法和途径，通过多角度、多方位地思考，可以有效地促进学生创新思维能力和创造能力的发展。

3. 培养学生的协作交流精神

教师设计的任务既有学生能够独立完成的任务，又有需要学生协作完成的任务。所以，学生在完成任务的过程中，需要和教师、同学进行协作与交流，不断调整和完善自己的观点，以促进任务的有效完成，同时，还能进一步培养学生的协作精神。

（三）任务驱动教学模式的结构

1. 创设情境，确定任务

从建构主义学习理论的观点来看，学习总是与一定的"情境"相联系的，因为在"情境"的媒介作用下，那些生动、直观的形象才能有效地激发学生的联想，并唤起学生原有认知结构中有关的知识、经验及表象，从而使学生利用有关知识与经验去"同化""顺应"所学知识，进而发展能力。因此，教师需要创设与当前学习主题相关的，尽可能真实、生动、开放的任务情境。

在情境的烘托下，教师要选择与当前学习主题密切相关的真实事件或问题（任务）作为学生学习的中心内容，使学生明确所要完成的学习任务及任务所包含的学习目标。

2. 共同讨论，分析任务

教师在确定学习任务之后要与学生一起讨论和分析任务，提出完成学习任务需要做哪些事情、需要解决哪些问题。这些问题可以在教师的引导下由学生提出，也可以结合实际情况由教师主动提出，但必须采用由粗到细、逐步求精的方法。需要指出的是，对于某些任务而言，在本阶段不可能把所有的问题都一次性提出来，学生也许只能在探究的过程中逐步发现，甚至许多知识都是以前没有学习过的，教师要引导学生完成新旧知识的衔接和拓展，这也正是解决这个任务的关键所在。

3. 探究协作，完成任务

针对学生发现的问题，教师要引导学生提出解决问题的各种可能的想法，并使学生形成正确地解决问题的思路和计划。在这期间，教师不能直接告诉学生应该如何去解决所面临的问题，而是应该向学生提供解决该问题的有关线索，如向学生提供各种认知工具和学习资源，或者向学生提供工具和资源的获取途径和方法。如果学生需要在课后完成任务，教师也可以借助E-mail、QQ、MSN、BBS等信息交流工具给学生提供必要的指导和帮助。在强调发展学生自主探究能力的同时，教师应鼓励学生之间进行合作、交流和讨论，通过不同观点的交锋，补充、修正和加深每个学生对问题解决方案的理解。

4. 评价反思，总结任务

任务驱动教学是具有反思性质的活动。在任务完成后，学生应以自我为参照进行评价，如"学会了什么""明白了什么""掌握了哪些方法""还需改进和注意的地方"等。学生除对个人的探究行为和结果进行自评外，还要对与他人的协作交流活动进行评价，并总结经验和不足。通过反思，学生可以获得知识，并完善个人的知识体系。

教师要对整个任务做出评价：一是对学生完成当前任务的过程和结果的评价，二是对学生自主探究和协作交流能力的评价。值得注意的是，教师在总结任务的同时要给予学生中肯的评价和鼓励，使每个学生都能体验到成功的快乐。

从实施程序上来看，任务驱动教学模式和探究式教学模式都是由任务或问题出发，由教师引导学生进行自主探究和协作交流，使学生在解决问题的过程中获得知识的建构和综合能力的培养。但相对而言，任务驱动教学模式更强调任务的真实性、趣味性和综合性，更注重围绕着任务中心来激起学生完成任务的内驱力。

第三节　大数据时代的教学模式的创新

一、基于项目的教学模式

基于项目的教学模式近年来受到各国及各地区教育者的关注。其是以研究学科的概念和原理为中心，以制作作品并将作品展示给他人为目的，在真实世界中借助多种资源开展探究活动，并在一定时间内解决了一系列相互关联问题的一种新型探究性学习模式。

基于项目的教学模式的最大特点是旨在把学生融入有意义的任务过程中，让学生积极地学习、自主地进行知识的建构，以实现学生生成的知识和培养起来的能力为最高成就目标。其实质上是一种基于建构主义学习理论的学习模式，强调学习应在合作中进行，在不断解决疑难问题中完成对知识的意义建构；强调对学生动手能力的培养，强调经验、学生和活动这三个中心，在活动中培养学生的能力；采取"做中学"的方式，通过各种探究活动与作品的制作来完成知识的学习，基于项目的教学模式强调现实、强调活动，与美国杜威的实用主义信息化教学概论是一致的；不是采用接受式的学习，而是采用发现式的学习，学生对问题形成假设，提出解决问题的方案，然后通过各种探究活动以及所收集的资料对所提出的假设进行验证，最后形成自己解决问题的方法。在这一系列的学习过程中，学生不断"发明"知识，并累积和建构新的知识。

基于项目的教学模式主要由内容、活动、情境和结果四大要素构成。

（一）内容——学科的核心观念和原理

基于项目的教学模式研究的主要内容是现实生活和真实情境中所表现出来的各种复杂的、非预测性的、多学科知识交叉的问题。

第一，内容应该是现实生活中的问题。首先是关于现实生活中的一些真实的问题；其次是完整的知识而非知识片段，即强调知识的完整性和系统性；最后是值得学生进行深度探究，并且是学生有能力进行探究的知识。

第二，内容应该与个人的兴趣一致，这样才能使学生对他们感兴趣的话题和所关心的事情进行学习。其中包括对复杂的话题和论点形成自己的观点，关注与他们兴趣和能力相一致的问题，并从事当前、当地与他们兴趣相关的话题研究，从他们的日常经历中获得学习的内容。

（二）活动——生动有效的学习策略

基于项目的教学模式的活动主要是指学生采用一定的技术工具（如计算机）和一定的研究方法（如调查研究）对解决所面临的问题所采取的探究行动。在基于项目的教学模式中，活动具有如下特征。

第一，活动具有一定的挑战性。

第二，活动具有建构性。基于项目的教学模式允许学生建构知识并生成自己的知识，所以他们很容易对知识进行记忆和迁移。

第三，活动应该与学生的个性一致。

（三）情境——特殊的学习环境

在基于项目的教学模式中，情境有如下作用。

第一，情境能促进个人与个人之间以及个人与社会团体之间的合作。基于项目的教学模式比其他学习模式更能给学生提供丰富的、更具真实性的学习经历，因为它是在社区环境中进行的，在这种情境中，学习和工作需要相互依赖和协作。这种环境同时也能促使学生避免人际冲突并且学会解决人与人之间的冲突。在没有压力、真诚合作的环境中，学生对发展他们的能力充满了自信。

第二，情境鼓励学生使用并掌握技术工具。项目情境为学生学会使用各种技术（如计算机技术和图像技术）提供了一种理想的环境，这样就提高了学生的能力并使他们为自己将来走向社会做好准备。

（四）结果——丰富的学习成果

基于项目的教学模式促使学生掌握了丰富的工作技能并将这些技能运用到终身学习上，该项目的重点是获得特殊的技能，如传统的写作技能、语言技能和评判性思维的能力。同时，该项目的特有作用是使学生更多地去倾听和评价他们所不赞同的观点，总结他人的立场，对他人的立场进行有效地评价，并实践自由发言的民主原则。

二、基于网络的协作学习模式

（一）协作学习

协作学习是指通过小组或团队的形式组织学生进行学习的一种方式，是学习者在共同的目标和一定的激励机制下，为获得最大的个人小组学习成果而进行合作互助的学习方法。其模式是指采用协作学习组织形式来促进学生对知识的理解与掌握的过程，其通常由四个基本要素组成，即协作小组成员、辅导教师、协作学习环境和协作学习过程。协作学习是一种信息交流过程，学习者在学习过程中将探索发现的信息和学习材料与小组中的其他成员共享，甚至可以同其他组或全班同学共享，为了达到个人和小组学习目标，可以采用对话、商讨、争论等形式对问题进行交流与沟通。协作学习强调整体学习效果，同时关注学生个性的自我实现，每个协作成员都是学习过程中的积极参与者，教师设置的小组共同目标保证和促进了学习的互助合作，鼓励学习者各抒己见，并以小组的总体成绩来评价每个成员的成绩。协作小组中的每个人都对他人的学习做出自己的贡献，个人学习的成功是以他人的成功为基础的，因此，小组成员不仅要对自己的学习负责，还要关心和帮助他人学习。

（二）基于网络的协作学习

基于网络的协作学习（CSCL）是指利用计算机网络以及多媒体等相关技术开展的协作学习，是一种特殊的协作学习，在这一学习过程中，多个学习者针对同一学习内容通过计算机网络平台来建立交互和合作，以达到对教学内容比较深刻地理解与掌握。在基于网络的协作学习中，计算机网络具有快捷性、交互性、超时空性以及对资源的可共享性。

（三）基于网络的协作学习模式的建构

网络信息具有非线性的组织形式、多媒体化的表现方式、大容量的信息存储、便利的交互性等优势，这些都有助于学生认知策略的形成，因此在建构基于网络的协作学习模式时应充分考虑和利用网络技术的这些优点，尽量把网络的优点和协作学习的优点结合起来，要考虑到各种教学因素（如学习者、任务、情境等），还要考虑到网络的干扰因素。

三、基于资源的主题教学模式

基于资源的主题教学模式是指学习者围绕着一个主题，遵循科学研究的一般规范和步骤，通过充分发掘和利用各种不同的资源，在教师的帮助下进行的一系列探究活动。基于资源的主题教学模式的目的是让学习者提高问题的解决、探究、创新等能力，促使学习者的学科素养和信息素养同时得到提升。它包括两个方面的概念，即基于资源的学习和主题学习。基于资源的学习是通过充分发掘和利用各种不同的资源而展开的一种学习模式。我们都知道，没有资源的教与学是不存在的，而我们为什么要强调"基于资源的学习"呢？原因有三：一是资源的多少，二是使用信息资源能力的大小，三是使用信息资源是否有意识。信息技术，特别是网络技术的发展，以及信息资源的急速膨胀，在浩如烟海的信息中找到对自己有用的信息，并对这些信息进行处理已成为现代人的一种基本能力。如果说，以前一个人成功与否主要看获取信息的多少，现在就是看一个人的信息处理能力高低了。如今人们对信息的获取机会趋于均等，获得信息量多不再成为优势，而关键是看他的信息处理能力。基于资源的学习是培养学生信息处理能力的一种行之有效的方法。主题学习就是围绕着一个主题，遵循科学研究和一般规范步骤，学习者为获得问题解决能力和创新能力而展开的一系列探究活动。主题学习是针对学校教育学科的独立而提出的，因为一个主题可以与多门学科相联系，能消解学科之间的孤立，使学科走向融合，同时主题学习打破了课堂教学的局限，激励学生走出课堂、走进社会、走进自然。

所以，我们探讨的基于资源的主题教学（RBTL）模式其实是基于资源的学习（RBL）和主题学习（TL）相互整合而形成的新型教学模式，是围绕着主题展开基于资源的学习过程。在这个过程中，既强调资源的获取、选择、利用和评价，又强调学生实际能力的提高，特别是解决问题的能力、创新能力以及信息素养等能力的提高。从而使学生在主题学习的过程中既达到解决问题的目的，又实现信息素养的提升。

基于资源的主题教学（RBTL）是以主题开发为前提，以活动探究为核心，并通过评价和反思不断优化整个学习过程的一个系统过程。其中包括三个主要环节：主题开发、活动探究和评价。

（一）主题开发——RBTL 的前提

主题是基于资源的主题教学模式中的核心概念，是指整合教学目标的、跨学科的学习内容或学习任务。在整个 RBTL 过程中，活动都是围绕着主题展开的，主题开发的优劣直接影响着教学效果。为使学习者在学习过程中占据主动地位，应调动学生学习的积极性，提倡主题由师生共同开发，并要求主题要具有亲和力、跨学科性、开放性、挑战性和实践性。同时主题还应当整合知识技能、过程方法和情感态度与价值观目标，以使学生在学习过程中获得知识、培养能力和发展情感水平。

（二）活动探究——RBTL 的核心

主题一旦确定，学生便可在教师的指导下进入实质性的学习过程，其具体可分为以下六步。

第一，明确问题，阐述问题情境。主题在确定时只是一个比较笼统的概念，因此需要将其转化为一个或多个待解决的、具有可操作性的问题或任务。在这一过程中，需要从多个方面不断地追究问题所在，描述问题产生的情境，恰当地呈现或模拟问题情境，并描述问题的可操控方面，使学生进入问题情境、拥有问题意识，为之后的进一步探究做好准备。

第二，形成假设，确定探究方向。在自己或他人经验的基础上，就问题的答案和问题解决的原则、途径和方法提出设想，然后进行论证。在论证的过程中，可能需要不断修正或改变原来的设想，以形成新的假设。

第三，实施与组织探究活动。这一步骤是整个教学和学习过程的核心，是培养学生知识技能、过程方法、情感态度与价值观的关键，教师可以根据学习目标组合多种活动进行教学，让学生获得直接的学习体验。

第四，收集与整理资料，找出资料的意义。大部分活动实施起来都是一个收集与整理资料的过程。资料的收集和整理是有目的的，只有了解资料的意义，才能使资料产生最大用途。

第五，形成问题解决方案。由于解决问题需要学习者建立多个问题空间，问题解决者必须将问题空间之间的认知或情境联系点结合起来，因此应确定并阐明问题求解者的多种意见、立场和观点；生成多个可行的问题解决方案；收集充分的证据来支持或反驳各种观点，以支持自己或他人的论点；讨论和阐述个人观点，评价各种解决方案的可行性，以便最终在最佳的行动方案上达成一致意见。

第六，探究结果展示和交流。要根据探究内容展开相应的展示和交流活动，主要有报告、角色扮演以及辩论三种方式。

（三）评价——RBTL 的保障

RBTL 评价提倡综合性评价与过程性评价，倡导评价内容的丰富性与评价方式的多样性。在 RBTL 活动过程中，开展充分、恰当的探究有利于培养学习者的综合素质，如问题意识、科学素养、信息素养、创新能力、实践能力、自主／协作能力和反思能力等。在教学效果的价值取向方面，RBTL 评价比较关注学生问题意识、探究能力和反思能力的发展。

第四章 大数据时代的高校教学质量管理

第一节 高校教学质量管理概述

纵观世界各国的高校教学事业的发展，我们可以发现，大多数国家的高校教育普遍得到了长足的发展。在当代社会中，高校教育的发展越来越国际化、世界化，学生以及教职工的流动性变得更大了，这也就给资格证书的一致性和课程的国际化提出了更高的要求。

在当前阶段下，世界上一些国家的政府为了削减用于学校教育方面的财政拨款，调整了相关的拨款方式，促使其国内各级、各类学校不得不想方设法地去拓展学校发展资金的来源与方式。从本质上来说，这种变化常常随着政府控制学校教育的机制而变化，其意味着更多的学校自主权、更激烈的竞争以及更加频繁的效能核定。在大多数国家里，教学质量管理及其评价的引入，被看作这些变化中的重要部分。

就学校自身而言，世界各国都有自己独特的学校教育体系。由于学校之间存在着层次之分，教学质量自然而然会引起人们的重视。特别是当前信息高度发达，教学资源的共享程度日益加强，学校之间的竞争也日趋明显，争取生源的现象日趋普遍。因此，各级、各类学校普遍把教学质量摆在工作首位。

一、教学质量管理

所谓教学质量管理，就是指对形成教学质量的全过程以及各个环节进行管理，同时将有关人员组织起来，另外还要将影响教学质量的多种因素进行调控，从而保证在形成教学质量的过程中减少差错，并且逐渐提高教师教和学生学的质量。

进行有效的教学质量管理是提高教学质量的一个重要途径。在当代社会中，越来越多的人开始认识到，教学质量不是通过较高的考试分数而来的，而是教师教出来的、学生学出来的。从这个角度来看，对于整个教学过程的管理就显得尤为重要。教学过程以及青少年身心健康发展的客观规律表明：如果平常对教学工作不够重视，不注意对教学质量形成过程的科学管理，而是不计后果地进行假期补课和加班加点，那么其不但会极大地加重师生的负担，还会对师生的身心健康造成不良影响，也无益于教学质量的真正提高。

客观来说，教学质量的形成与产品质量的形成有着本质上的区别，考试也不能等同于产品的事后检验。然而，工作质量决定产品质量的基本原理对生产和教学则是通用的。从这个角度来看，教学质量管理的重点应当放在平时形成教学质量的全过程以及各个环节之上，而不是单纯放在考试上。

二、教学质量管理的内容

教学质量管理是一个复杂的系统。具体来说，要做好教学质量管理工作，就必须做好以下八个方面的工作。

第一，要对学校各个职能部门、各个教研组及各个班级的教学质量管理实施状况进行定期或不定期检查，以便对影响教学质量的各种因素进行有效的调控。

第二，在教学质量管理的具体实践操作中，必须做到及时发现、总结、交流和推广先进经验，同时表彰先进模范，督促后进。

第三，对于形成教学质量的情况，需要做到心中有数，依靠数据说话，而不能仅仅停留在用个别的案例来说明问题的水平上。

第四，在每学期开学前，教学质量管理人员要在总结上学期经验的基础之上，提出下一学期各科教学质量的具体要求，并制订相应的实施计划。

第五，在每个学期末，每个教师都应当根据学校的要求进行教学质量分析；分管教学工作的相关单位及各教学单位每学期至少对一门课程的教学质量做典型案例分析，还要在总结经验的基础上，研究相关的改进措施。

第六，进行相关教育宣传，积极做好思想工作，发挥全校教职工的智慧，增强他们的教学质量意识，做到每位教师都关注教学质量管理，并且能够积极主动、认真负责。

第七，建立健全教学质量管理体系，由各校分管教学工作的校长（副校长）负责，将形成教学质量的人员集中组织到教学质量管理体系当中来，从而各尽所能，各司其职，让信息渠道保持畅通。

第八，在教学质量管理的过程中，可能会发生一些矛盾，相关领导及部门必须负责协调各方面之间的关系，并处理好工作当中的各种矛盾。

三、高校教学质量管理模式

一般来说，按照不同的质量目标、质量标准、质量方针以及实施策略等，可以将高校教学质量管理模式分为不同的类型。当前，各级各类学校的教学质量管理模式主要有教学目标管理模式、全面教学质量管理模式、走动式教学质量管理模式等。在实际的教学管理过程中，学校管理者应当从本校发展的实际情况、本校教学所遇到的实际问题及本校发展战略等出发，选择适合本校实际情况的教学质量管理模式。

（一）教学目标管理模式

所谓教学目标管理模式，就是指以学校教学所预期的最终成果为标准，并以目标责任制的方法对学校的教学工作质量进行科学的考核和有效的监督，从而激发学校管理者和广大教职工的工作积极性，最终提高教学质量的管理模式。教学目标管理模式的核心是设定教学目标。对于一所学校来说，教学目标管理工作主要包括以下九项：论证决策、目标分解、定责授权、咨询指导、检查控制、调节平衡、考评结果、实施奖惩和总结经验。

（二）全面教学质量管理模式

全面教学质量管理的基本含义是全体人员参加质量管理，实行生产全过程的质量管理，并对产品的各个方面进行质量管理，因此也称为"三全"质量管理。全面质量管理高度重视人力资源的开发和利用，强调在尊重人的前提下，注重战略规划、全员参与、团队精神和协调工作，其目的在于通过让顾客满意及本组织所有成员受益而达到长期的成功。

在当代社会中，随着社会的不断进步与发展，全面质量管理理论已经被应用到了教育领域。于是，全面教学质量管理模式就出现了。

（三）走动式教学质量管理模式

所谓走动式管理，就是指管理者不应当仅仅局限于办公室的空间，而应当深入基层，到处走动，以了解更丰富、更直接的员工工作问题，并及时找出解决所属员工工作困境的策略，最终提高组织的工作绩效。

从整体上来看，学校教学管理系统是一个层级的结构，上情下达与下情上达都要经过一系列复杂的组织环节，而信息每经过一个环节都可能会有所衰减。走动式教学质量管理有助于弥补正式组织中信息传递时所出现的信息衰减等问题，并且能够帮助学校管理者在第一时间发现学校教学中存在的问题，从而通过及时沟通尽早发现并解决问题，最终提升教学质量。

第二节　大数据技术下高校教育教学质量的发展

一、大数据对教学管理职责的影响

（一）大数据对教学方针和目标的影响

一所高校的教学方针是确定学校教育事业发展的方向，指导整个教学工作的战略原则和行动纲领，它具有全局性、变动性、现实性、阶段性等特征。围绕着"落实立德树人根本任务，发展素质教育，推进教育公平，培养德智体美全面发展的社会主义建设者和接班人"这一教育方针，教育行政管理部门乃至各个高校也都确立了不同阶段的发展目标与教学方针。

1.大数据对教学方针的影响

大数据对教学方针的影响主要体现在以下三个方面。

（1）大数据引发了新的教学模式

在传统课堂教学中，学生获取知识的途径主要是在课堂上，由教师向学生传授知识。这种传统的教学方式受到时间和空间的限制，对于学生的自主学习来说是一种约束。随着科学技术的发展，在线学习逐渐进入人们的视野中，这种教学方式突破了时间和空间的限制，为学生提供了更加自主地学习空间，有利于学生的自主学习。学生不仅可以随时随地进行学习，而且还可以享受到世界一流大学的课程。这种新的教学模式并不只是简单地使学生观看教学录像而进行学习，而是以 10 分钟左右的片段式多媒体视频作为主体，然后使学生完成相应测试，促进学生对之前内容的回顾与理解。这种教学方式并不是单向的，而是交互式的，有助于集中学生的注意力，提高学生的效率，而且这种短周期的学习模式也能够使学生更加具有成就感，激发其学习兴趣。另外，传统的在线教育只是单向地向学生灌输知识，而这种新的交互式的教学模式，它引导学生积极思考，能够自己整理知识，了解知识之间的关系，并将它构建出一个知识架构。在线学习平台会将学生在线学习的行为记录下来，当这些数据累积到一定程度之后，通过对学生群体的学习行为模式进行挖掘，对这些数据进行分析、统计和归纳，最终总结出学习规律。这种开放式的网络教学平台有利于学生与学生、学生与教师以及教师与教师之间的交流。学生之间可以互相探讨、交流合作；教师可以通过对学生学习情况的分析，了解哪些地方是学习的难点，对于不同的学生要进行因材施教；教师与教师之间也可以对所讲课程的重难点进行互相探讨，以改进教学方式。

（2）大数据转变了教学观念

随着信息技术的发展，在线教育逐渐规模化，随着在线教育的规模化，传统课程教学的规模逐渐减小，成为在线教育的辅助方式。这种以在线教育为主，传统课程教学为辅的教学组织形式就是翻转课堂。这种新的教学组织形式改变了之前传统的教学观念，教师不是在课堂上向学生灌输知识，而是由学生在课下通过网络在线进行学习，然后在课堂上，教师对学生所学知识进行复习、讨论与答疑解惑。随着这种教学组织形式的展开，高校教学将面临更加严峻的挑战，高校教师的角色也开始发生变化。由于通过网络在线可以获得全球化的教育资源，很多教师可以获得更进一步的发展，有利于教学的进行，有一部分教师可能会转变为助教，为学生提供辅导，还有一部分教师会从基础教育中脱离出来，不再从事学生的教育工作，而是开始从事科学研究相关工作，不断强化高效的研究职能，促进科学研究的快速发展。

（3）大数据促进了个性化教育

所谓个性化教育，实际上就是因材施教，根据学生的个性、学习情况、兴趣爱好等，为之制定好适合的教育目标、教育计划、教育方法等，然后根据这些进行教育，向学生提供教育资源、学习管理策略、知识管理技术等，帮助学生实现自我成长、自我实现和自我超越。随着时间的推移，这种个性化教育是教学模式改革的必然趋势，大数据的发展也为之提供了强有力的保障。

2. 大数据对教学目标的影响

在对学生的教育过程中，教学目标有着很重要的作用。教学目标是指教师所期待最终达到的教学成果，教学活动是以教学目标为导向的，一个明确的、合理的教学目标能够合理规范教师的教学行为，提高教学的效率。在大数据时代，信息技术的不断发展催生出各种不同的新型教学形态，这些新型教学形态的发展，对教学目标产生了一些影响。目前传统课堂的教学目标已经不能满足大数据背景下课堂教学的要求。

教学目标强调的主体是学生，只有学生的行为发生了与教学目标的规定相应的变化，教学任务才能完成。根据布鲁姆教学目标分类理论，教学目标分为认知、情感和动作技能三个方面（领域），每个领域又分为多个层次。因此，一个合理的教学目标的确定首先要适合学生的认知水平；其次要选择合理的教学方法，适合学生的心理特点，并结合教学实际，合理地实施教学。传统的课堂教学大多是采取"先教后学"的方式，教师往往很难事先了解学生的学习能力、知识背景以及他们的智力与非智力因素等。因此，教师在制定教学目标时往往具有一定的盲目性，会导致目标设计得不合理、实施操作困难，不能达到预期的效果等。在大数据背景下，特别是基于互联网技术的"云课堂"的不断发展，使"先学后教"的教学方式逐渐被教师和学生所接受。在这种教学方式下，课前自主学习、课中合作探究学习及课后巩固练习答疑已常态化。教师通过教学平台采集的数据可以了解教学对象课前预习的情况以及对相关知识的掌握水平，通过对数据的分析，教师可以制定更加高效的教学目标：首先，可以使教学目标更加具体化，并细化到认知领域、技能领域、情感领域等各项要达到的目标；其次，可以使教学目标更加实际化，在了解学生的实际能力水平和特点的基础上，合理地确定教学重点，从而提高教学效果；最后，还可以使教学目标分层化，在正视每个学生个体差异的基础上，使教学目标体现出合理的层次性，使每个学生都学有所得、学有所长。

（二）数据对教学管理者的影响

高校教学管理的目的是依靠高效、有序的教学管理促进教学运行，进而使教学质量得到提高。目前，我国大部分高校的教学管理正逐步迈向信息化和智能化。在大数据时代，信息数据激增，高职院校教学管理的难度也随之增加。研究和实践大数据在高校管理中的应用，人始终是最关键的因素，高校的教学管理人员应意识到技术和教育之间的联系，主动应用大数据技术，推动教学管理变革，从而实现教学管理的创新发展。

教学管理工作作为高校教育教学的核心，其地位不言而喻。当今是大数据时代，随着大数据技术的不断发展，数字化校园也在不断建设之中，高校教学管理的难度也在不断增大，这对教学管理者提出了更高的要求。高校教学管理者是指在高校各级教学管理机构中从事教学管理工作的人员，从广义上来说，任课教师也属于教学管理者，他们是具体教学活动的组织者和实施者，在教学活动中发挥着主导作用。

1. 良好的思想政治素质

在学生的教学管理之中，高校的教学管理人员发挥着不可或缺的作用。他们要具备良好的思想政治素质，这样才能更好地对学生进行教育管理。必须具备的思想政治素质的主要内容是指要具有正确的"三观"、坚持正确的政治方向、始终具有崇高的思想境界。

2. 高尚的职业道德操守

职业道德与人们的职业活动紧密相连，无论做什么职业活动，都必须有职业道德，这是一个职业人所必需具备的素质。只有拥有良好的职业道德，才能维护好大家的共同利益，同时也有助于协调集体之间的关系。在教学管理工作中，由于其与学生、教师以及其他职能部门都有着密切的联系，且其工作具有保密性与时效性，还有对诸如学籍信息、成绩信息等敏感信息的安全责任，这对教学管理人员来说都是不小的精神考验。因此，高度的责任心以及实事求是、处事公平、谦虚严谨、严以律己的职业道德和职业操守是教学管理人员所必备的基本素质。

3. 科学、系统的业务能力素质

在教学管理工作中，业务能力素质是核心，也是最终教学管理工作能够顺利完成的关键。其中，高校教学管理人员的业务能力素质主要有教学管理能力、业务知识、文化知识、教学研究能力等。

4. 良好的信息素养

信息技术的发展以及大数据时代的来临，给高校教育教学带来了不小的冲击，高校的教育与教学活动也在不断地改革创新。目前，高校的教学管理正在朝着合作、开发、虚拟化等方向不断地改革，高校的教学管理人员必须不断地提高自己，学会各种现代的信息技术，不断提高教学管理的效率。

信息素养是一个综合性概念，是指人们在解决问题时利用信息技术的能力，既包括对传统文化素养的延续和拓展，也包括对信息源及信息工具的了解和运用，并具有对信息进行筛选、检索、评估、组织、处理的能力等。高校教学管理者是教学管理的主体之一，必须具备较高的综合素质。在信息化和网络化的今天，培养和提高教学管理者的信息素养尤其重要。

5.正确的服务意识

随着时代的进步，高等教育逐渐步入大众化，这种教育管理已经无法满足现在人们的教学需求，必须对它进行改革。目前，在高校的教育管理中，要坚持以学生为中心，进行人性化教育，为学生和教师服务。教学管理人员要具备服务意识，以确保学生与教师进行良好的沟通交流以及学习工作的正常进行。在教学管理工作中，要树立起服务的意识，并确保教学质量。

（三）大数据对教学管理途径的影响

1.管理模式的变革

在大数据时代，在教育管理者履行教育管理职能的过程中，将会更加重视管理的权变性、整合性、区分性、前瞻性以及及时性等特点，以适应教育管理模式的变革。

（1）管理结构趋于扁平化

由于传统高校采用层层分级的管理方式，因此，教师、学生等具体的执行者很难直接接收管理层下达的一系列指令。学校的教学调整和计划改变，在层级管理模式下，因为受通信工具的局限和束缚，所以主要通过高校行政部门的层层传达来完成，这也就导致了在信息流通和时间利用上的损耗和浪费。管理层也因为受到通信方式落后的影响，管理的范围得到了一定的限制，很难直接进行有效的管理，所以想要保证管理的质量，只能采取层层负责和上级对下级的监督管理方式。现如今，我们已经处于互联网时代，随着时代的发展和技术的进步，以及移动终端和互联网交流平台的快速普及和广泛构建，各种先进的交互技能大大削减了人与人之间相互交流与沟通的时空跨度，并且高校的众多教育管理人员能够进行更加有效的管理。

高校存在的垂直单向管理结构问题，在互联网和大数据两者的完美结合下得到了很好的改善和解决，将以前高校的单线流动管理信息成功拓展为双向信息互通，使得高校的学生和校内教学服务人员可以直接接收到管理信息，为高校的管理工作提供了更加高效、便捷的运作条件。互联网信息平台一方面加强了管理信息在管理人员之间的流转速度，减少了时间和信息的损耗；另一方面快速提高了教学管理的效率和质量，有效弥补了高校传统教学管理模式中垂直管理结构中存在的诸多弊端，如信息单方面下达、信息公开度不高等。

大数据时代的教学管理更趋近协商式管理，这也使教学管理更加民主。大数据技术的发展使教学管理平台的功能更加完善，开发和利用有价值的数据，除了能够为学生提供更多参与管理的机会之外，还能为学生提供更多表达诉求的机会。高校以前单向传输的管理过程在各种先进的信息化手段影响下得到了改变，使管理者和被管理者之间实现了双向的民主相互协商和沟通，并最终使管理成效得到不断且快速提升。

（2）管理部门的职能范围需重新划分

教学管理的信息化程度越高，大数据的运用在高校管理方式中的重要性也就越发突出。教学各个管理层对大数据进行充分、灵活地利用，可以使得效率和质量得到高效管理，从而让学生在非常有限的时间与资源内得到更好的服务和管理。

现如今，我们已经处于大数据时代，在这一时代能够通过搭建信息化管理平台，对传统高校管理模式中出现的一系列问题，如机构重叠、人员冗杂等进行有效的调整和弥补。高校的教学管理可以通过对管理系统的分析和处理后海量数据的充分、灵活运用，一方面不仅可以保障高校的教学秩序，另一方面也可以让管理和实际需求充分结合在一起，在明确各部门职能范围的时候，充分按照高校实际发展和管理工作的各项需求进行重新划分。学生从依据大数据分析结果重新划分的各职能部门获取服务的目的性和高效性也可以得到更多的凸显。

（3）使教学管理质量评价体系更加科学

互联网的充分运用在一定程度上使信息传递的速度加快，管理工作建立合理、高效质量评价体系的前提和基础就是信息的快速、高效传递。大数据除了重在海量数据进行一系列的多维和深度挖掘之外，还在于对数据的科学分析和研究，从而发现海量数据背后的隐含关系和隐含的重要价值。一方面有助于在小样本数据或者片段化信息的基础上使数据管理质量推测快速转向证据性决策，并且这些决策还是在全方位和全程化数据的基础上进行的；另一方面不仅可以使教学质量评价信度得到提高，还可以在效能方面得到有效提升。

（4）管理的决策更符合"市场化运营"的观念

当前世界的竞争从实际意义上来说就是人才之间的相互竞争，充分符合市场的各种需求，简单来说就是符合社会与企业的各种用人要求，其是人才的首个判定标准。在高校教学管理上，通过对各种先进大数据技术的灵活运用，能够快速促进高校掌握社会与各用人单位对人才的各种强烈需求，其不仅对外界市场信息有充分的了解和认识，还对未来人才市场的发展趋势和方向有前瞻性的把握，从而对高校的教学管理工作，如专业设置、课程体系的一系列调整等提供相应的参考、借鉴和学习的机会。高校通过各种便捷、高效的信息化平台工具来获取各种实时信息，不断对高校教学管理方式进行更新，使高校和不同用人单位的具体要求结合在一起，从而培养出更多符合不同市场需求的优秀学生。

2. 管理方法的变革

（1）数据筛选，应用大数据帮助高校学生完成选课

目前，大多数高校实行学分制或者学年学分制，为学生创造了更多自主学习机会。学分制的实施除了很好地适应高校人才培养的趋势之外，也顺应了高校课程体系构建的趋势，与此同时，也使学生个性化学习的强烈需求得到充分满足。

注重发挥大数据的作用，能更好地为培养复合型与创新型人才服务，并为学生选课提供便捷服务。一方面，大数据的应用为学生选课提供了便利。为了满足学生的选课需求，高校必须搭建相应的选课系统，建立完善的选课制度。高校教务管理系统在各种先进大数据技术的支持下，学生可以通过对大数据的有效筛选，选择自己比较偏爱或者喜爱的课程。高校要对专业课程设施进行完善和调整，同时还要开设体育类、艺术类等相关课程，并且这一类的课程不仅要数量充分，还要有一定的吸引力，以便于充分满足学生个性化选择的不同需求。另一方面，能够为学生选择课程提供更好的决策性服务。高校的教学管理部门在选课之前会借助先进的大数据分析系统，对教学课程、教学内容等进行一定的分析与筛选，从而在选课之前让学生得到比较偏爱课程的众多信息，最终为选课提供非常合理参考价值和意义。

（2）数据监测，应用大数据多维透视教学状态

随着时代的发展，数据信息量急剧增长，因此需要不断地研究、探索和挖掘数据之间存在的潜在联系，从而将大数据真正的价值和意义发挥出来。其中，高校基础数据信息节点是教师、学生等；高校基础信息源是招生、评课等信息。高校在将原有的分散数据进行统一归集的同时，对教学过程中所涉及的数据进行充分采集，并且对数据分类的时候按相应的主题系统分类和集成，以及在组建数据库的过程当中按照多维模型来构建，只有这样才可以真正翔实地记录高校所有的教学过程、教学环节与教学活动。在大数据背景下，高校对教学数据库的使用，除了充分满足状态数据的一系列采集上报，以及数据的质量评估之外，还要为学生未来的学业发展和学校丰厚的内涵建设提供更好、更多的服务。

（3）数据对比，应用大数据来预警学生学业

高校教学管理把学生是否可以按期毕业的机制，从事后告知变为事前警示，通常情况下我们将其称之为学业预警。高校要想做到预警，不仅要对学生的学习情况有及时、全面的掌握和认识，还要有效对比学生实际学习情况和各阶段设定的学习目标，从而可以发现两者之间存在的差距，以便于最终判定学生学业是否真正达到毕业的标准。高校的学生学业预警在传统方式下的分析与判断，主要是教学管理部门充分按照学生各学科的成绩来进行，不仅工作量大，时效性还非常差，极不利于高校快速、及时和全面地掌握学生学业的具体情况，学业预警的效率和效果都很难得到大幅度的提升。高校学业预警工作通过大数据灵活运用，为其顺利开展提供了很大的可能性。

建立学生学业预警系统，高校可以对学生课堂出勤、实践活动等一系列数据进行实时采集，以及对学生的学业状态及时、快速和全面地了解和掌握。高校通过对实时采集数据的一系列处理之后，除了和各专业学生的毕业条件进行有效对比与分析之外，还要进行一定的预测与判断，只有这样才可以真正得到学生学业的完成趋势，并且高校通过对数据的对比和预测，对学生提前预警，以便让学生在以后的课程当中更加努力地学习，最终达到毕业条件，顺利毕业。

与此同时，高校的学生管理人员也能借助数据挖掘，对学生在近一段时间课堂内和课堂外的诸多表现情况、思想等进行有效的归纳和总结，以便

于对有可能出现的不正当行为提前并且及时采取各种有效干预措施。

（4）数据挖掘，应用大数据提升教师的教学质量

教师教学质量的提升与人才培养质量的提升和高校的创新发展息息相关，因此每个高校都将其作为教学工作的重要目标之一。在传统教学管理模式下，主要通过三种途径展开：一是教学督导相关部门组织人员对任课教师的评价，二是学生对教师的教学评价，三是同科教师和教师之间的互相评价和听课。对教师教学评分的时候充分按照考核评价标准来进行，最终使高校教师的教学成果实现量化的考核和量化的评价。高校教学督导部门在大数据时代，可以通过评价的途径，将采集到的众多评价数据与数据分析相结合，通过对这些数据进行挖掘，以发挥更大作用。在以前的传统教学中，教师非常容易形成固定的思维模式，在开展和组织教学活动的时候经常按照固定的教学内容和方式，在现代教学中通过对大数据的应用，可以促进教师在教学的过程中专门针对不同的教学对象更加合理地安排教学内容，并采用更适合的教学方式，为教学注入新鲜活力，这对提升教学质量具有重要意义。

（5）数据分析，应用大数据辅助教学管理决策

教学管理决策就是为了达到教学的某个或若干个目的，而对教学管理未来实践的方向、目标、原则和方法所做的决定。好的教学管理决策是取得良好教学效果的先导。在传统教学管理模式下，局限于教学管理决策主体自身的素质和能力、教学管理决策环境的复杂性以及教学管理决策系统工作模式等，致使盲目决策、随意决策的现象时有发生，将很多问题暴露出来，如信息反应迟滞、科学性极度缺乏等。随着大数据的出现以及其广泛应用和普及，使教学管理决策者能够有效预防教学工作中出现的众多问题与不足，从源头上解决教学管理问题。为了使高校在教学管理中更好地开展决策，以及及时、快速改进存在的诸多问题和不足，提升和促进人才培养的质量，大部分的高校均引进或者建立了高校人才培养工作状态数据采集平台，对学校数据进行不间断、实时、全面的采集，如教学改革、教师队伍建设等。并且除了对平台中抽取的大量数据进行一定的管理和整合之外，还对其进行一定的分析，之后再对分析的数据进行充分的利用，发现高校教学管理中存在的潜在问题与有重要价值和意义的规律。在展示的时候通过可视化的方式来进行，从而使高校管理层在做出相关决策的时候，提供和支持更好、更科学的

依据。高校通过各种努力构建的教学质量综合评价平台，建立的评价体系不仅需要具有开放性，还应具有一定的综合性，同时建立更加科学的评价标准和科学的决策标准，使教学评价过程有理可循，更好地服务于大数据支撑的教学管理决策。立足于大数据的教学管理决策除了在公信力方面非常强大之外，在说服力方面也同样强大，其不仅可以进行科学、合理的评价管理，还可以使决策具有科学性，使教学管理部门在进行重要教学管理决策的时候更加具有时效性和针对性。

二、大数据与教学输入系统的影响

人才培养方案是学生入校后教学管理的第一个质量把控节点，人才培养方案的科学制订与修订对教学输入系统发挥作用有着重要影响。

（一）由传统的随机样本预测到全体数据预测的转变

随着时代的发展和数据处理技术的进步，我们已经处于大数据时代。在这一时代，抽样分析需要的数据是全体的数据，也就是"样本＝全体"。人才培养目标和社会需求的契合度在传统职业教育人才培养方案的制订中，实际上主要是借助样本数据基于较为传统的统计学预测的。样本数据在大数据思维中必定会存在误差，并且预测结果也会在样本数据的误差下受到一定的影响。预测结果虽然对整体来说影响不大，但是对个体来说会产生非常大的影响，更有甚者会对个别专业或者学生群体产生极为不利的影响。大数据的优势就是运用建立数据池等众多方式，其收集的数据往往比较全面，基础建模以数据池为主，在分析和挖掘数据的时候具有一定的针对性。采用此种处理方法在具体实现的过程中虽然也会遇到一系列的问题和挑战，但是和随机抽取的样本数据相比较，其准确率得到了大幅度的提升。

（二）由传统的结构化数据到非结构化数据的转变

数字化技术虽然快速发展，但是当前我国高校数字化管理系统大部分采用的是关系型数据库，简单来说就是结构化数据存储方式，只能处理结构化数据。目前，人才培养方案的制订需要考虑的影响因素逐渐增多，在方案制订过程中试图扩大数字化管理系统数据规模的时候，大量数据的混杂必然会牵扯极为混杂数据的存储。处理结构化数据在大数据思维当中是信息缺乏与模拟时代的重要标志，现如今在获得的海量信息当中，仅仅有的数据就是结构化数据，只有真正地将混乱的非结构化数据接受，才能在观察事物的时候真正做到全面、完整和立体。大数据思维除了要求接受数据的混乱之外，还要接受数据的非结构化。

（三）由传统的因果关系到相关关系的转变

在传统观念当中找到事情发生的根本性原因，在通常情况下被认为是社会建立的重要基础。众所周知，大数据思维不仅成功突破了"是什么"的束缚，还突破了"为什么"的限制，在探索数据间关系的时候，更多考虑的是包含了因果关系的相关关系，即在没有确定事物间关系的时候，并不能简单确定其因果联系，而是在数据挖掘与分析的基础上，判定其是否相关，再进一步探究相关关系的类型。因此，大数据重在寻找数据间的关联，并利用这种关联来探究解决问题的途径。

三、大数据与教学资源管理的影响

（一）高校教学资料的常见内容与形式

无论是高校教学资料的形式，还是高校教学资料的种类和内容，都在我国高校教育体制改革的推进，以及各种先进信息技术发展的深入影响下，呈现出数字化、全面化等特点，这对于高校的教学资料管理工作也提出了新的要求。目前，高校的教学资料主要包括以下内容和形式。

1. 教学行政管理资料

教学行政管理包含很多的教学制度管理类资料，如我国制定的众多教育政策法规以及相关主管部门发布的教学管理制度、文化等。

2. 专业建设资料

专业建设包含很多方面的资料，如专业的教学计划、课表等。

3. 课程建设及教材管理资料

课程建设资料包括很多资料，如课程的标准、教案等资料；教材管理包括很多资料，如高校所有专业不相同学期的教材选用计划、教材采购计划等资料。

4. 考务管理资料

考务管理包括很多资料，如监考任务通知、考场情况记录等。

5. 学籍管理资料

学籍管理包括很多资料，如高校所有学生的名单、学业成绩表等。

6. 实践教学管理资料

实践教学管理包括很多资料，如高校内和高校外的实践教学资料、毕业实习过程的资料等。

7. 教学科研管理资料

教学科研管理包括很多资料，如高校的教学科研申报资料、教学科研审批资料等。

8. 教学检查管理资料

教学检查管理包括很多资料，如高校的常规教学检查资料、中期教学检查资料等。

（二）大数据对高校教学资料的新要求

随着大数据时代的到来，数字化、信息化和网络化不断发展，科学技术不断进步，人们对于信息、数据的重视和渴求，来自最原始所记录的教学档案，越来越受到从事教学管理人员的认可和重视，也对教学资料的管理提出了更多的要求。

1. 教学资料载体的数字化

随着计算机技术的不断发展完善，高校教学资料的管理工作也开始大量运用各种先进的信息化技术。我国高校传统的资料归档保存载体形式主要是纸质文档。随着大数据技术的发展以及应用，我国高校的教学资料管理工作也开始逐渐向数字化形式转移，如音频、视频、电子文档等，虽然这使得高校的资料管理工作的效率得到大幅度的提升，但是这也对高校的资料管理工作提出了更多、更高的要求。

2. 教学资料检索的智能化

在大数据时代，对教学资料中各种数据的检索与对比分析需求将比基于大数据的教学质量管理的以往任何时期都多，甚至已经常态化。现如今，随着我国高校教学资料数量以及种类的不断增多，传统的手工检索将会变得更加力不从心，除了使高校教学资料、资源配置和利用的工作难度大幅度增加之外，还和大数据技术以及信息技术的快速发展严重脱节、极不匹配，可以说已经无法有效适应高校现代教学的进一步改革，以及高校教育事业快速发展的众多要求。

3.教学资料交流的便捷化

传统纸质资料信息交流和反馈上的劣势所导致的高校校际，甚至校内各教学部门之间在教学资料信息的相互沟通和交流存在非常大的困难，这些都是有目共睹、显而易见的。因此，没有任何的沟通和交流，就无法真正做到取长补短，同时，这也和我国目前十分注重和强调的各学科、专业和知识之间相互渗透和融合的教学背景格格不入。当前，我国的高校应该在培养复合型优秀人才的大时代背景下，借助校际和校内教学资料进行相互的沟通和交流，这样不仅对教师相关课程的教学计划的调整非常有利，最大限度地减少和避免教师的重复性教学。除此之外，在不增加学生学习负担的前提下不断加强其在专业知识交叉与融合方面的讲授，从而最终达到使学生学习多门学科知识的最终目的。众所周知，教学相长，因此其对教师在自身专业素质方面的快速提升也有一定的帮助。

（三）大数据背景下的教学资料管理措施

1.增强教学资料档案的管理意识，建立完善的高校教学资料管理机制

教学资料不但记录了高校管理工作的内容概况，还真实反映了高校的教学管理水平。因此，无论是在总结教育工作方面，还是在掌握教育经验方面，教学资料都有着重要的作用。特别是在大数据背景下，对以往教学资料的统计和分析，从另一层面看实际上已经成为高校教学部门进行教学管理，以及教学研究活动非常重要的依据和参考。与此同时，作为高校的重要信息资源，其不仅可以改进和完善教学工作，还可以促进教学的相互交流和沟通，以及快速提高教师的教学质量和效率。因此，从教学管理的各级领导到具体编制以及使用教学资料的各专业师生，都应该学习和树立教学资料管理档案意识，以确保所有的教学活动都有计划、有实施、有记录、可追溯。

2.建立教学资料信息化管理平台，实施规范化、标准化和数字化管理

随着信息化教学方式的普及，高校教学资料的数据量和相关人员越来越大、越来越广，以及更新的频率逐渐加快，仅仅依靠人工已很难做到高效化管理。因此，高校在引入网络管理系统之后，在管理教学资料的过程中通过对其的灵活运用，和以前传统教学资料管理相比有着非常明显的优点和优势，如可靠性高、保密性好等。高校通过对网络管理系统的灵活运用，一方面可以使资料管理效率得到大幅度的提高，另一方面可以使高校的教学和资

料管理变得更加方便，逐渐向科学和正规化方向发展。可以说，其是高校顺利实现教学信息化的必要条件。

3.制定教学资源的管理规范与数据标准

目前，高校的教学资料大多是以数字化形式呈现和保存的，以往的纸质教学资源也在逐步向电子化转换。基于规范管理教学资料，特别是实现电子教学资料的目的，需要制定电子教学资料管理的数据格式标准和管理规范。尤其是在使用教学资料管理系统的过程中，各种数字化的教学资料一定要有一个统一的存储格式和标准，同时还需要编写电子检索方式，以便于数据库检索，确保教学资料能够真实、完整、安全、高效的在教学资料管理系统中存储与呈现，且能够根据需要以不同的格式和指标要求对资料进行调用。

4.提升教学资料管理与使用人员的信息化水平

众所周知，无论是教学资料管理人员的综合素质，还是教学资料管理人员的信息化素养，都在一定程度上和高校教学资料管理工作的质量存在非常紧密的联系。目前，我国大部分高校教学资料的管理工作人员，尤其是二级学院教学部门的教学资料管理工作人员大多数是兼职人员，专业不对口、计算机及网络知识薄弱等情况比较普遍。因此，一方面，要提高管理人员职业的道德、理念与纪律修养，就需要始终坚持树立教学资料为教学工作服务的重要指导思想；另一方面，高校要不断加强教学资料管理工作人员在业务方面的培训，除了让他们拥有更加专业的知识以外，还要具备在计算机知识、多媒体等技术以及信息处理分析方面的能力，最终提高教学资料管理工作人员对教学资料的一系列采集、编研等工作的水平，使教学资料在教育教学服务工作中发挥更大的作用。

5.推进教学资料的利用与共享

教学资料管理者要更新观念，加强各类教学资料的编研和整理工作，提高资料的利用价值；要充分利用计算机网络，对高校教学资料的现代化管理进行充分的研究和探索，将被动服务向主动服务的方向转变，并且把高校已经有的资料全部转化为数字化的数字资料，不仅要建成各类全文数据库，还要建成多媒体数据库，最终高校通过构建的资料管理服务平台与网络，为教师和学生提供更多、更好的服务，以便于快速推进高校教学资料充分利用和共享的时代步伐。

（四）大数据对教学支持系统管理的影响

随着计算机和互联网技术的发展，利用物联网、云计算、大数据等新一代信息技术来组织教学活动、帮助学生开展个性化和协作式的学习已经成为高校教学改革的热点。教学支持系统作为教学资源的内容对象与学习者沟通的途径，实现了媒介的功能，发挥着越来越重要的作用。

1. 大数据对教学支持系统管理的新要求

（1）更加注重以学习者为本、为学习者服务

以教育教学资源的建设与整合为先导，开展支持服务方式多元化的探索，是当前高校基于大数据支持建设教学支持管理系统的必由之路。当前，高校特别是高职院校生源的多元化趋势日趋显著，学生的个性化学习需求越来越迫切，传统的教学管理方法已经无法满足服务教学的需求。为实现个性化学习，落实教学过程，就必须做好支持服务工作，充分利用教学支持系统管理，来实现信息传递网络化、办学形式开放化、教学手段现代化、学习形式多样化以及考核管理规范化。把督促人与关心人结合起来，把激励人与服务人结合起来，从而充分调动学习者的积极性、主动性和创造性，不断提升学习者的学习能力，以达到提高教学质量的目的。

（2）更加注重开放互通与资源共享

在网络时代，各高校不再是独立的个体，而是按照所在区域、学科领域、服务领域等叠加组合构成的群体。各高校在一定的范围内实现包括师资、教学设施、图书资料、课程等资源的开放共享，既满足了学生学习和发展的需求，也在一定程度上提高了办学质量。要实现校际的资源共享，教学支持系统管理不仅要能够实现对课程、专业、师资、设备等有形资源的管理，还要能够实现对校园文化、教学理念、学术传统等无形资源的推广。

（3）更加注重数据安全

目前，教学支持系统所采用的传输媒介决定了在进行教学、科研及管理等活动时所使用的信息将在极富开放性的环境中传输。高校在互联网的基础上建设与使用教学支持系统的过程当中，要不断增强高校在网络预警突发事件方面的能力，以及有效地确保高校网络数据的安全性等网络安全问题，是高校在这一过程当中必须优先考虑的问题。

2.教学支持系统的信息化建设

随着互联网技术的普及和移动互联网时代的到来，利用最新网络技术开展教学成为全球高校提升教学质量和提高办学竞争能力的必然选择和共同趋势，采用教学支持系统的教学管理与传统教学管理有本质上的不同。

（1）设备管理系统

设备的信息化管理随着 Internet 和 Web 技术的快速普及和广泛应用，以及高校校园网络的进一步发展，在高校教学科研设备的管理当中已经成为一种主流方向。现如今，我们处于互联网和大数据时代，无论是在教学上还是在科研上，均应该充分利用好这些设备，不断提高使用效率。将这些设备的功能和效果更好地发挥出来，对不断加强高校在专业学科方面的快速建设，确保教师在开展和组织各种教学活动和科研工作的时候能顺利进行，全面提升高校的整体水平，均有着十分重要的作用和意义。

（2）教职人员管理系统

以大数据为基础，通过科学的数据处理和分析，实现有效地精准管理是目前高校对于教职人员管理的诉求和目标。高校通过对大数据的灵活运用，一方面可以使高校的决策过程变得更加科学化，另一方面也可以使服务管理与信息反馈变得更加个性化和及时化，从而构建更加全面、科学的教职人员管理系统目标。这些从一定程度上来说都是高校完成精准培养和精准管理的正确、合理、有效途径和方法。

（五）大数据对教学环境管理的影响

1.大数据对教学环境建设的新要求

（1）随时随地可利用的基础设施

基础设施的信息化建设是构建信息化学习环境最基本、最重要的部分，网络连接、硬件设施和软件设施，这三者缺一不可。在网络连接方面，高校的教学质量管理在大数据的基础上，除了在教室、宿舍等具备网络连接之外，还要确保校园内无线网的全部覆盖，让学生真正做到随时随地学习和相互交流与沟通。在硬件设施方面，高校要充分保证多媒体教室的顺利建设，不仅要为各个办公室配备台式计算机，同时学生还要具备可上网的设备，如笔记本计算机、智能手机等，以便于更好地确保师生以及学生和学生之间快速、及时地相互沟通、交流和联系。除此之外，不同空间的及时沟通、交流和联系，或者不同空间、不同时间的沟通、交流和联系，不仅需要相应的软件，还应该有满足各种不同需要的应用程序。如 QQ 与微信作为通信工具可以让人们及时、快速地联系，微博可以让人们利用比较零散的时间来获得信息与交流等，因此要有效保证这些交流软件或者平台的建设。由此，我们可以看出来，高校配备的各种高端硬件设备以及构建的各种优质的软件资源不仅可以促使高校教师教学过程高效、高质量地完成，还可以促使学生学习过程快速、高效地完成。

（2）高质丰富的数字化学习资源

学习资源在信息化教育中具有不容小觑的地位，没有优质学习资源的信息化学习环境形同虚设，因此，高校在建构多媒体数字化学习资源的时候，内容的丰富以及高质量是极为重要的。高校在设定学习资源形式的时候，可以按照教师教学的内容与对象特点来进行，如文本、音频等。需要注意的是，任何一种形式的资源都应该可以将多种设备兼容，与此同时，高校丰富的数字化学习资源还有数字图书馆、虚拟课堂等。站在应用层面来看，高校的数字化多媒体资源需要依托一个集成的学习平台来开发和使用，这就需要由相关专业的教师和信息技术人员组成团队来协作完成，同时还要保证资源的安全性以及隐私性，不会被别人轻易篡改和滥用。

（3）适应信息化教学的教师团队

在信息化的学习环境中，教师面临着巨大的挑战。其一，转变以往传统教学观念。教师在设定教学目标的时候，除了让学生对基本知识和基本技能有全面系统的掌握之外，更重要的还是要对教学模式进行勇敢的创新，让学生学会和掌握自主学习和思考的相关经验和技巧，从而促使学生在自主探究方面的能力和相互协作学习方面的能力得到快速的提升和发展，并通过信息化手段来提高学生的学习热情和信息素养，锻炼学生信息检索和收集信息的能力。因此，教师在教学的过程当中需要将扮演的"教育者"角色向着"指挥者""引导员"等多个不同的角色转变。其二，不断的对自身知识结构进行完善，使信息技术教学的应用能力得到快速的提升。随着互联网技术的发展，教师在信息技术的大时代背景和环境下，需要紧随时代潮流对自身知识进行及时、快速地更新，一方面要有非常丰富的专业基础知识与实践教学经验，另一方面还要学习和掌握全新的信息技术教学方法，最终在实践中不断提高在信息技术应用以及教学资源开发方面的能力。除此之外，教师还要对学生在信息化学习环境中的具体学习情况进行及时、全面地跟踪和掌握，并且给予一系列正确、合理的指导与评价。

综上所述，将教师在信息化学习环境当中的"主导"地位充分展现出来，就需要对各种要素之间的紧密联系做出最为恰当的处理，以及在每一个环节构建与实施的过程当中给予正确、合理和科学的指导性意见。

（4）有正确信息意识的学习者

学生在信息化学习环境当中同样也会面临很多的问题和挑战。首先，学习者要树立正确的信息意识，知道需要哪些信息、从哪里获取信息、怎样使用信息等。同时，面对纷繁杂乱的信息，需要具有辨别信息真伪的能力，学会对信息的正确筛选。其次，学生需要了解和掌握一定的信息技能。一方面学生需要对互联网知识与计算机知识有充分的认识和了解，并且需要熟练掌握和运用这些最基本的操作和通信的技巧；另一方面学生不仅需要学会搜索自身需要的知识，还需要学会对自身所需的各类知识进行归纳、分析、整理和记录，了解各种学习平台、通信软件以及网络资源等。

2. 大数据与教学管理系统的革新

在大数据时代，高校教学管理信息化建设有着更丰富的内涵，数据挖掘和碎片化、移动化学习等已成为高校教学管理信息化平台的建设方向。

（1）教学管理全程的信息化

基于大数据的教学管理系统，除了需要全程执行教学管理的资源调配之外，还要在整个过程当中全面执行教学运行的资源调配，科学、合理地调度教学管理系统中的"五大要素"（学生、教师、课程、教学场地和教学时间）。与此同时，教学管理系统还可以对学生的学业情况以及教师教学的质量和资源使用情况具有实时的监控能力，并且还可以对异常情况提供非常及时的预警与监督。高校在革新教学管理系统的时候也要把人性化设计的众多思想引入系统当中，专门针对高校的管理工作人员、任课教师以及学生等三大使用群体的各种不同需求，设计出来的用户操作界面不仅要简单和方便，还要合理和实用。

（2）实现数据共享，实现多部门数据的一致性

教学管理系统是全校学生、教师、场地等数据的汇集点，其数据的来

源和输出可能涉及教务、学工、计财、人事、后勤等部门，因此，教学管理信息系统的底层数据设计应当完全符合国家、教育部和行业数据的交换标准，还要满足高校数字化校园建设的统一规划要求，从而为基础数据交换提供基础条件。

（3）信息安全

高校教学管理系统需要提供非常完整的数据备份解决方案，并且还要提供恢复软硬件的解决方案，以便于更好地备份高校教学信息平台的海量数据，以保障高校珍贵的数据不会丢失和遗漏。尤其需要注意的是，高校教学管理系统使用的加密技术方案要非常的成熟和完善，只有这样才可以提供强有力的保障，使高校的教学运行数据具有安全性，尤其需要对用户的信息认证以及成绩数据进行加密，从而有效保障珍贵的数据不被非法窃取。

（4）提供方便和友好的用户使用体验，实现自助式的教学管理

公众信息发布功能是高校教学管理系统必须具备的，其能使高校教学管理系统实现真正的透明化与公开化。高校通过提供的各种在线自助式服务，最大限度地减少和避免师生填写纸质申请表的数量，全面实行和实现在线审批以及全程的无纸化电子办公。由此可以看出来，高校日常性的教学管理事务和师生在网上自助办理事务变得非常简单和便捷。

大数据给学生学习带来全新变革的同时，也快速促进了高校教学管理的进一步创新。高校在这样的大数据背景下，应该不断更新教学管理思想观念，顺应时代潮流和发展趋势，着重强调和注重对大数据作用的有效发挥，在思考和解决各种问题的时候应该用大数据思维来进行。高校要不断加强对硬件设施的建设，将先进的物联网技术以及云计算平台的各种作用充分发挥出来，并重新梳理和优化高校的教学管理规章制度和服务流程。除此之外，高校要完善、促进和提高现有教学管理的各种措施以及工作人员的素质，注重和强调对大数据的进一步筛选、对比、挖掘与分析，在促进高校教学管理规范化的同时，也推动高校教学管理的科学化，真正实现办事流程的透明化和公开化，从而使大数据为高校教学管理提供更多、更好的服务，不断促进和推动高校教学管理创新以及工作水平的快速提升。

第三节　大数据时代的高校教学质量管理体系

对于高等教育而言，借助大数据的支持来构建高校教学质量评价体系既是必然趋势，也是当务之急。高等教育在发达国家和地区的高校已经陆续建立了基于大数据的高校教学质量评价体系，对高校的教学管理与教学质量改进进行反馈与监控。在拥有海量数据的今天，想要从海量数据中筛选并挖掘出与教学质量有关的信息，就需要首先明确基于大数据的高校教学质量评价体系的基础是什么，并进一步探究如何利用大数据来构建高校教学质量评价体系，以及实现这一评价体系的路径。这些都对高校提出了前所未有的挑战，也是本节力图回答的关键问题。

一、基于大数据的高校教学质量评价体系的基石

以学生为中心的高校教学质量评价体系离不开数据的支持，海量数据又需要以学生为中心并作为引领，因此，"以学生为中心"和"以数据为依托"是构建基于大数据的高校教学质量评价体系的价值引领和技术支持。

（一）以学生为中心

基于大数据的高校教学质量评价体系应当坚持"以学生为中心"的价值取向。在大数据时代背景下，海量数据为高校进行教学质量评价提供了多样化的选择空间，但与此同时也为高校对教育质量的相关数据进行筛选与挖掘增加了一定的难度。期待利用大数据技术开展更加科学、可靠的质量评价和质量改进活动，但更应把握数据选取、挖掘、分析的根本方向，不能盲目地迷失在数据的海洋中。因此，首先应该将以学生为中心作为构建高等学校教学质量评价体系的价值选择。

以学生为中心是国际高等教育评估与质量保障的主流趋势。以学生为中心，即以学生的学习和发展为中心，实现从以教为中心向以学为中心转变，从传授模式向学习模式转变，从而提高学生的学习质量，提升学习效果，使学生在知识、能力和综合素质上获得全面提升。高等教育在由精英阶段向大众化、普及化阶段发展的过程中，高等教育质量观也开始由关注高深学问转向关注人的发展，并关注高等教育质量的最直接利益相关者"学生"的价值

诉求。

（二）以数据为依托

要实现以学生为中心的高校教学质量评价体系又必须以大数据为依托，才能保证评价的科学性与有效性。大数据是依托互联网技术而存在的海量、复杂且变化的信息资产，通过对大数据进行挖掘与分析，揭示数据背后潜在的关系，从而为管理决策提供更加科学、理性的判断依据。在高等教育领域，借助大数据技术对高校人才培养的各个环节进行评价与监控已成为必然趋势，通过教学评价来实现学习变革的时代已经到来。评价作为教学过程中的重要组成部分，对学生的学习起到越来越重要的作用，大数据可以为教学质量评价提供更多有助于学生学习的数据支持，最终改变学生的学习方式，提升学习效率。首先，利用大数据技术能够将多方的反馈信息进行集聚，注重来自具有不同背景和经历的学生反馈；其次，利用大数据技术可以满足学生多样化的学习需求，为学生制订个性化的学习方案；最后，利用大数据技术可以通过概率预测等方法和技术手段来优化学习内容、学习时间和学习方式。通过上述收集、反馈、分析与学生学习过程有关的数据，可以实现对学生学习效果的预测以及对教学方式的改进，使以学生为中心的高等教育质量观不仅停留在理念层面，同时落实到实践层面，并对人才培养的各个环节进行改进与提升。

二、基于大数据的高校教学质量评价体系的实现路径

在大数据时代背景下，要着力于实现数据收集的常态化、数据应用的多样化和数据管理的制度化，以科学有效地利用好大数据技术，构建基于大数据的高校教学质量评价体系。

（一）数据收集的常态化

基于大数据的高校教学质量评价体系必须依赖于日常教育教学数据的收集，从而使数据的收集逐渐成为高校日常管理的一部分。从以往的高校教学质量评价活动来看，对学生学习结果的评价呈片段化与偶然性，学期课程测试或是专门机构采用标准测试的方法并不能准确反映学生在经过一段学习之后的增值情况和增值过程，而且这些评价既不能形成真正意义上的反馈，也无法帮助学生了解自己对教材的掌握程度，或是为教师和学校管理人员提供教材选择以及环境构建方面的参考。

获得连续的、伴随式的评价数据是突破这一屏障的关键。通过采用收集与学生日常课堂表现相关的数据，对学生进行评价的方法称为课程嵌入式评价，这种评价方法由于大大提高了学生评价的准确性和有效性而逐渐获得教师的认可。课程嵌入式评价是课程教学中的一部分，教师通过系统化的方式确定课程目标，并制定出符合课程目标要求的评价量规，并根据学生的表现对学生的学习结果是否达到课程目标做出等级判断。用于记录和分析学生学习结果的材料形式多样，既可以是测试、研究报告、论文等纸质材料，也可以是汇报演讲、小组讨论等视频材料，教师对学生进行的课堂评价调查、自我评价调查以及包括教师访谈在内的一切材料都可以作为评价学生学习结果的依据。课程嵌入式评价能够检测与追踪学生发展情况，确定学生知识、技能在哪些方面发展得快，而在哪些方面有缺陷，让学生主动反思自己的学习过程，了解自己的长处和弱点。另外，结合课堂视频来分析技术的应用，课程嵌入式评价不仅能对学生的学习结果进行评价，而且可以通过研究教师教学活动对学生学习结果变化的影响来判定高效的教学行为，从而改进教师的教学效能。评价结果的准确和价值越来越依赖于大数据的收集，实现数据收集的常态化是能否实现评价目标的关键。

（二）数据应用的多样化

大数据之"大"，不在于其表象的"大容量"，而在于其潜在的用于全面对数据进行分析的"大价值"。除了对数据进行描述性的统计报告之外，体现数据价值的关键在于以多样化的方式应用数据。如可以利用数据为学生学习状况提供预警。随着开放教育和弹性学制的不断完善，学生有了多种接受高等教育的方式，对学生转学、休学或弃学，对学校的日常教学质量与管理有着不可估量的影响。数据的多样化应用同时也提高了教师和教学管理人员对教学质量评价参与的自觉性和主动性，数据不仅能作为评价材料，也能作为评价结果，不断地应用到评价之中。

（三）数据管理的制度化

数据信息作为循环的载体持续不断地参与到高校的管理与决策过程当中，需要高校对数据的收集、分析、应用与反馈形成制度化管理。一方面，实现数据管理的制度化需要动员高校各个部门共同参与，并明确各个部门在数据管理中的职责，从而形成周期性、持续性的数据循环过程。数据设计阶段通常发端于教学研究中心或是教师发展中心，依照心理学、教育学、社会学等理论基础设计出评价数据的内容和方法；数据收集阶段依赖于学校信息技术部门、图书馆服务以及其他学生测试和调查管理中心；重组和分析数据阶段需要得到院校研究部门的支持；数据的反馈和使用阶段涉及学校管理中心、学术委员会以及院系管理部门，从而制定相关政策并进行项目改进。另一方面，对数据本身的质量管理也应该成为高校应用大数据关注的重点，如在数据采集阶段对源头数据进行必要的稽核和验证；在数据存储阶段按数据活跃程度来实现多级存储、分散存储，以降低访问压力；在数据应用阶段保持数据来源、口径、指标定义的一致性等，这些都需要形成制度化的管理模式。当下，已经有越来越多的高校通过建立数据质量管理标准和体系，以制度化的管理来保证数据在高校中最大限度地发挥其作用。

第五章　大数据时代的高校学生管理

第一节　高校学生管理的内涵

随着我国社会经济的不断发展和教育体制改革的不断深入，高等教育事业迎来了一个快速发展时期，高校学生管理工作也进入了一个新的发展阶段。近年来，随着高校扩招后学生人数的增多以及学生群体特点的不断变化，传统的高校学生管理模式已很难适应新形势发展的需要，必须用新的视角加以审视。

一、高校学生管理的含义

高校学生管理是高等学校领导和管理人员，为了实现高等学校的学生培养目标，按照国家的教育方针和各项政策法规，科学地、有计划地组织、指挥和协调学校内部的各种因素——人力、财力、物力、时间、信息等，并对其进行预测、计划、实施、反馈、监督等的一门管理科学。高校学生管理作为学校管理的重要组成部分，具有十分广泛而深刻的内涵。首先，它要研究管理对象（即青年大学生）的生理、心理特征，知识、能力结构，兴趣爱好及社会氛围对他们的影响，并掌握他们的思想变化及教育管理的规律；其次，它要研究管理者本身（即学生工作专职人员）必备的思想、文化、理论及业务素质，以及这些素质的培养和管理队伍的建设；最后，它还要研究学生管理的机制和一般管理的原则、方法等。

二、高校学生管理的内容

高校学生管理是一项教育工作，它具有教育科学所包含的规律，同时也是一项具体的管理工作，具有管理科学所包含的规律。可以说，大学生管理是高等教育学和管理学交叉结合而产生的一门综合性应用学科，它同所有的管理科学一样，研究的主题是效率，当然具体研究的课题是大学生管理的效率，即如何最有效地达到大学生的培养目标。

我国大学生管理就是要寻求培养德、智、体等诸方面均衡发展的专门人才的最佳方案，最佳计划与决策，最佳管理体制与组织机构，最佳操作程序。它涉及很多学科：马克思主义哲学、高等教育学、社会学、心理学、管理学、行政学、统计学、控制论、信息论、系统论等。因此，研究大学生管理必须广泛运用各种有关的科学理论来分析研究我国大学生的管理实践，使我们的管理建立在真正的科学理论之上，这样才能使从事学生管理工作的同志用科学的管理指导思想和科学的管理手段进行有效的管理。

三、高校学生管理应遵循的原则

高校学生管理的基本原则是一个多层次、相互联系的完整的体系，有着十分丰富的内容，归纳起来主要是以下十个方面。

（一）方向性原则

管理是一种有目的的活动，管理工作具有方向性。以坚持社会主义方向为准绳，是我国学生管理工作的一个重要的特点，不把握住这一原则，就会偏离社会主义的办学方向。

我国是社会主义国家，社会的性质制约着学校的性质，进而决定了学校一切管理工作的性质。因此，我国的高校学生管理工作必须加强党的领导，坚持党的教育方针，充分发挥党组织的战斗堡垒作用和党员的先锋模范作用，认真贯彻党的路线、方针和政策，在政治上与党中央保持一致；对学生要进行马克思列宁主义、毛泽东思想、邓小平理论、"三个代表"重要思想、科学发展观和习近平新时代中国特色社会主义思想主题教育，强化"以人为本"的教育，教育学生学会用马克思主义的立场、观点和方法分析我们在发展社会主义市场经济过程中所面临的新情况和新问题；坚持对学生进行国情教育和社会主义、集体主义、爱国主义教育，提高他们的思想觉悟，使其坚定社会主义信念，并具有良好的道德品质和心理素质，从而成为新时代全面发展的建设者和接班人。这是高校学生管理工作必须遵循的一条最基本、最重要的原则。

（二）科学性原则

高校学生管理的科学性原则是指学生管理活动在遵循教育的客观规律

的前提下，用科学的管理知识和现代化的科学技术手段来管理学生。

高校学生管理工作是为教育服务的，因此必须按照教育科学所揭示的客观规律办事，使我们的学生管理工作逐步走向科学化。随着管理科学的发展，现代管理理论与方法已不断被引进到高校学生管理的各个领域。现代管理理论与方法是科学的管理思想、手段与技术的集中体现，根据它来进行学生管理工作，就可以逐步摆脱经验管理和家长式管理，使学生管理的决策、计划、组织与指挥更加科学、合理和高效，更能适应社会主义市场经济发展的客观需要。

高校学生管理的科学性原则要求我们建立一整套严格合理的学生管理制度，逐步实现学生管理机构与制度的科学化。学生管理工作者要加强学习，不断用高等教育科学与现代管理科学的知识和理论武装自己，并结合学生管理的实际情况加以运用，努力提高管理效能。各高校要充分重视管理手段的科学化，尽可能创造良好的环境和条件，并给予必要的经费，配备一定数量的技术人才，以适应在发展社会主义市场经济新形势下高校学生管理手段科学化、现代化的需要，努力提高管理效率，从而收到管理实效。

（三）民主性原则

高校学生管理的民主性原则就是要求在工作中充分尊重管理人员和广大学生的民主权利，善于集中群众的智慧，发挥大家的积极性、主动性和创造性，共同搞好学生管理工作。民主性原则是高校学生管理工作的重要原则之一，它与科学管理原则相互促进，科学管理为民主管理开辟了道路，实行民主管理又是实现科学管理的保证。

坚持民主性原则有助于弥补领导者个人才智和经验的不足，也有助于克服工作中的官僚主义与主观主义，可使领导者的决策更加科学化，使学校管理工作少走弯路。坚持民主性原则有助于调动广大师生员工的积极性，增强他们的责任感，有助于工作任务的积极推进和完成。

高校学生管理的民主性原则要求我们建立一系列民主管理的制度，进一步拓宽民主建设渠道。如许多高校设立的校长信箱制度、定期与不定期召开座谈会等，为广大师生和员工参与管理创造了机会。在此基础上，高校应通过组织手段来保证民主管理的实施，要进一步健全共青团、学生会等群众组织，让它们代表各自所辖群体，在决定学校重大问题与监督各级管理机构方面发挥积极作用，尽可能使学生参与管理。

（四）服务性原则

高校学生管理工作应坚持服务育人的理念，以服务学生为出发点和落脚点。高校在对学生的日常管理中应坚持服务性原则，通过服务达到管理的目的，从学生的根本利益和切身需要出发，把学生看作学生管理工作的主体，一切为了学生。

（五）整体性原则

高校学生管理的整体性原则，即运用系统论认真分析和研究学生管理系统的内部联系和内部结构以及学生管理系统与学校其他系统的联系与协作，重视整体性和综合性，强调整体效应，以达到整体优化目的，并实现管理目标。

高校学生管理作为一个相对独立的系统，它的整体功能是由各部分的组合形式所决定的。要实现学生管理系统整体功能的优化，就必须注意搞好总体设计和选择适当的结构方式，以便有效地满足整体的需要，为管理目标服务。学生管理系统的目标是通过严格管理，来保证学校的人才培养工作顺利进行，为社会主义现代化建设事业培养全面发展的合格人才。围绕着这一目标，必须设立思想政治教育管理、学籍管理、生活管理等一系列子系统。一般而言，在结构方式合理的条件下，如果各子系统性能良好，关系协调，则其整体效能肯定会较好；相反地，如果各子系统虽然自身性能良好，但子系统间关系不协调，都只强调自己的效应，就会影响到整体的效能。

整体性原则要求我们：高校学生管理工作必须有一个系统的规划，要在机构、人员、任务分配等方面做出合理的总体设计，必须既有全局观点，又有整体优化的观点，绝不能只顾某一局部，而忽视整体效能。学生管理的方方面面必须既有明确的分工，又有相互合作，各个系统要紧密协作，相互配合。与此同时，学生管理系统必须加强与其他系统的横向联系与协作，为学校的培养目标服务。

（六）动态性原则

大学生教育管理是一个不断发展变化的动态过程，其实质就是根据大学生变化、发展的情况，及时做出相应的调整，以实现"多出人才、出好人才"的整体目标。为此必须做到以下三点。

一是明确目标，立志改革。要改革大学生管理工作中存在的种种弊端和薄弱环节，以适应社会、政治和经济的发展，建设有中国特色的大学生教育管理制度，使管理工作有促进改革的作用，使过去消极的、墨守成规的管理工作向能促进改革的现代化管理转变。

二是要经常分析新情况，解决新问题。大学生教育管理过程中易出现许多新情况、新问题，这就要求各级管理者定期做深入的调查研究，及时获取原始信息，用动态观点来观察和处理问题。

三是注意保持管理工作的连贯性和稳定性。大学生教育管理工作的开展及管理质量的提高，要求有一个连贯的过程，以利于管理经验的积累和管理人才的成长。

（七）实际性原则

其要求高校学生管理工作要一切从实际出发，既要考虑学校的实际情况，又要考虑学生的实际情况。通过了解学校与学生的实际建立健全组织机构，明确各组织机构职能，并确定学生管理目标，同时要研究适合高校自身的学生管理模式。从实际出发进行管理，有利于有针对性地开展学生管理工作。

（八）程序化原则

任何学校、单位都有自己的管理模式和管理体系，但在实施过程中，必须重视法规的实施程序，既要做到照章办事、奖之有理、罚之有据，又要做到管理过程的规范化和程序化。

（九）主体性原则

由于之前受计划经济体制的束缚，国家实行高度集中的行政化社会管理体制，我国高校长期以来对学生进行的都是封闭式的管理，弱化了学生的主体作用，制约了学生的个性发展，影响了学生综合素质的提高和创新能力的培养。21世纪是信息时代，随着全球经济的一体化，创新能力已成为衡量学生综合素质的重要标准，学生管理工作也要适应这一历史潮流，实行开放式管理。各高校应明确学生的主体地位，承认并鼓励学生张扬个性，让学生有不同程度的自主权和选择权，允许学生参加学校教育教学环节和日常管理工作，并启发学生进行独立思考，引导学生进行自我教育、自我管理和自我约束，从而培养学生的探索精神和创新能力。

（十）渗透性原则

学生规范意识的养成存在一个逐步渗透的过程。在此过程中，教职员工的规范意识与校纪校规的执行力度是制度文化中最重要的两个因素。学校教师或学校管理者对制度的态度，势必会影响学生对制度的认识，教师及管理者的言谈举止也会向学生传递对某一事物的肯定或否定的信息。有些教师对各种制度满不在乎的态度或者在课堂上偏离教学主题的"神侃"行为，无疑会给学生传递削弱制度权威的信息，使学生也产生藐视规范的态度与行为。在对学生行为进行管理的过程中，学校各类制度的具体落实情况会对学生认识管理制度及遵守制度的态度产生极大的影响。长期以来，学生管理制度的执行存在着较大的弹性，有些学校管理者出于对学生的"爱"，或者出于某种情感因素，使校纪校规在校园管理中曲向执行。由此，我们不难理解，尽管许多高校制定了诸如学生考试作弊的处理制度，但大学生触犯此项校纪校规的行为依旧屡禁不止。可见，应该有意识地塑造师表形象，强化教职员工行为渗透的正面效应，以有效实现学生管理的目标。

第二节　高校学生教育管理

一、大学生的行为管理

行为是一个人的思想状态和精神面貌的外在表现。对大学生行为的必要规范和管理有助于良好校风和学风的形成，有利于青年学生优良品德和行为习惯的养成，对社会的安定与和谐以及文明风尚的形成也有着重要的影响。

（一）大学生行为管理的内涵

广义的行为是指一切可以观察到的、生物的且具有适应环境性的活动；狭义的行为是指人由于环境等外部因素的影响和刺激，内在的心理和生理发生变化所形成的外在表现。人的行为是在先天遗传的基础上，经过后天的学习表现出来的，具有积极适应环境和创造性改造环境的特点。

行为管理是随着西方工业化进程的加快和社会化大生产的发展，企业劳动及劳动力构成发生变化，西方国家经济危机及劳资双方矛盾加剧应运而生的。以泰勒为代表的古典管理学派只把人当作"经济人"。梅奥的"社会人"假设奠定了行为科学的理论基础，以人为出发点，尊重人的因素，根据"需要引起动机，动机支配行为"这一基本原理，从人的需要、欲望、动机、目的等心理因素的视角来研究人的行为规律。行为管理理论一直被广泛应用于组织管理中，为组织目标和组织效率的实现提供理论支持。

对大学生行为的管理与引导一向被看作学校教育的重要组成部分。其原因主要有三个方面。一是学校作为公共教育机构，一个重要的人才培养内容就是促进学生个体的社会化。众多学生只有在有秩序的环境中才能正常地学习与生活，每个学生遵守公共秩序本身就是一种社会行为。二是大部分学生的自觉理性尚在形成过程中，还不能绝对理智地支配他们的行为。他们的行为往往受到欲望和情绪的驱使，还可能受到外界的诱惑与利益的驱动，从而发生越轨行为，亟须正确地加以教育引导。三是学生的正当行为若不经过反复练习，便不足以促使偶然的行为表现转化为长期的行为习惯，并由此形成稳定的道德品质。

大学生行为管理是探讨和研究大学生行为过程的规律，对大学生的行为目的、行为手段和行为结果进行指导、评价、矫正和控制，使之产生正确、积极的行为，养成良好的行为习惯和高尚思想品德这一过程的总和。从管理主体上划分，大学生行为管理可分为学校管理和学生自主管理；从管理内容上划分，主要包括各级相关行为管理规范的制定、教育宣传与执行，学生良好行为习惯的引导与养成、学生偏差行为的矫正等方面；从大学生行为表现上来划分，主要包括学习行为管理、社会实践行为管理、交往行为管理、消费行为管理、网络行为管理等方面，本章主要从以上维度进行探讨。

（二）大学生的学习行为管理

大学阶段，学习是学生的首要任务，大学生的学习行为直接影响着自身的成长与发展。因此，加强大学生学习行为的管理和引导，能够帮助他们培养积极的学习意识、掌握科学的学习方法并养成良好的学习习惯，为未来成长成才奠定良好的知识基础。

1.大学生学习行为的类型

"学习"的定义有两类：一是指从阅读、听讲、研究与实践中获得知识或技能；二是指效法。从学习的概念来看，广义的学习是指人和动物依赖经验来改变自身行为以适应环境的神经活动过程，它包括人的学习和动物的学习；狭义的学习是指人掌握人类社会经验的过程。

大学生的学习行为是指大学生所开展的一切和以获取知识、技能等为目的相关的活动中所表现出来的行为。从本质上来说，大学生的学习行为是对于社会和自然的一个认识过程，是从无知到有知，从知之不多到知之甚多，从对社会和自然的盲目性认识到自觉性认识的过程。

2. 大学生学习行为的管理与引导

近年来，随着社会的发展和高等教育改革的不断深化，大学生的学习行为更趋于自主化和个性化，但也由此引发了一系列新问题。如部分大学生仍以"及格万岁"的应试动机为主导，学习行为缺乏主动性和创造性，为了盲目追求成绩，甚至出现考试作弊、论文剽窃等现象，对学校和个人造成了不良影响。因此，加强对大学生学习行为的管理和引导，帮助大学生摆正学习心态，明确学习目标，提升学习与创新能力，已经成为当前大学生学习行为管理的当务之急。

（1）明确学习目标，激发大学生深层的学习动机

学习动机与学习目标是紧密联系的，任何学习动机都是出于学习目标的需要。对于大学生的学习行为管理引导，首要的任务就是帮助他们树立科学的学习目标并强化学习行为的目标意识，进而形成科学的学习动机。具体来说，一是要引导大学生充分理解个人需要与社会发展之间的关系，能够将个人需要与社会发展相结合，树立科学的学习成长目标。在具体工作中要通过外在正面激励的强化、职业发展的辅导等方式，帮助大学生认识到只有树立明确的学习目标，才能在大学期间获得充分的发展。二是要充分激发大学生的深层次学习动机。在当前大学生就业形势比较严峻的背景下，大学生学习动机实用化与功利化是有其合理性的，但是学习行为的过分功利化，会逐渐导致大学生失去学习的愿望和兴趣，甚至阻碍大学生的发展成才。开展学习行为管理，要从每个大学生个体的自身特质和兴趣爱好出发，通过唤醒大学生的内在学习兴趣、激发求知欲，来引导大学生正确认识学业发展并树立积极的学习期望，从而挖掘大学生的最大潜力，形成长期的学习动力。

（2）强化自主学习管理模式，提升大学生自主学习能力

授人以鱼，莫若教人以渔。大学阶段的学习，传授知识固然重要，但更为关键的是培养大学生自主学习的能力，为其未来走上社会和终身学习奠定基础。一方面，要有针对性地客观分析学生的内在素质，进而针对学生的

个性特点和发展需求，制定合理的阶段性学习规划，对学生的自主学习进行方法指导，如建立自主学习规范、制定大学四年学习规划、完善自主学习制度等；另一方面，可以探索自主学习与小组学习相结合的方式，改变学生在学习上习惯一个人单独学习多，而小组合作学习少的状况，组织学生进行合作学习，充分发挥朋辈的集体智慧，促进自身学习能力的提升。此外，还要为学生自主学习提供充足的资源和良好的环境，不断丰富完善图书馆、网络教学等公共学习资源，积极为学生创造自主学习实践机会，让学生在实践探索中不断强化自主学习意识并提升自主学习能力。

（3）建立科学长效的学习奖惩机制，营造良好的学习氛围

学习奖惩机制是国家和学校人才培养方向的具体体现，对学生学习行为有着直接的导向作用，是确保学生学习行为健康发展的重要制度保障。一方面，以促进学生全面发展为指向，本着正面激励为主的原则，来构建科学长效的学习奖励机制。对综合素质较高、专业学习优异或专长突出的同学给予充分的物质奖励和精神奖励，充分激发学生的内在学习动力和学习的积极主动性，为学生学习行为提供明确的发展导向。另一方面，学校要切实加强高校学生学习行为的纪律规范，以保障学校正常的教育教学管理秩序，并加强校风学风建设，对于违反学校相关管理规定的学生，要严格公正地纠正其不当的学习行为，要本着教育为本和严格规范的原则进行管理，建立警示、预防、处理等相关机制，严肃校风校纪，为学生提供公平、公正的学习环境，营造诚信、踏实的求学风气。

（三）大学生的社会实践行为管理

在新时期，随着大学生社会实践活动的不断发展，大学生社会实践行为的管理已成为高校学生行为管理工作的一个重要方面。

1.大学生社会实践行为的类型与特点

大学生社会实践行为是指大学生按照高等教育目标要求，深入实际、深化教学、服务社会，以及促进自身全面发展的活动行为。大学生社会实践作为高校培养人、教育人的一种基本教育形式，通常以"受教育、长才干、做贡献"为目标，以学生亲力亲为的实践活动为载体，是高校课堂教学的重要延伸。

（1）大学生社会实践行为的类型

①按实践范围来划分。大学生社会实践行为的范围与空间十分广泛，按照大学生开展社会实践活动的范围进行划分，主要包括校内社会实践行为和校外社会实践行为。校内社会实践行为包括校内勤工助学、毕业设计、军事训练等；校外社会实践行为包括校外教学实践、校外专业实习、假期工作实践、社会调查、咨询服务、支农支教、社区服务等。

②按实践内容来划分。一是学习研究型。主要是指大学生在专业教师的指导下，针对某一专业问题或社会热点问题，深入社会进行调查研究。参与此类实践活动可以培养大学生发现问题与解决问题的意识和能力，在形成调研报告和发表科研成果的过程中还可以锻炼学生的学术科研能力。学习研究型还可包括由学校根据学生的专业需求，统一组织学生参与到相关企事业单位进行的专业实习锻炼。二是志愿服务型。主要是指学校、学生社团或学生个体为满足社会需要而开展的公益性志愿服务活动，如绿化城市、美化校园、科技扶贫、义务演出、义务宣讲等。此类社会实践行为既可以帮助学生走进社会、了解社会，还能够培养学生无私奉献的精神及高度的社会责任感。三是参观教育型。这种社会实践行为主要是指学校或学生自发组织走进社会，到工厂、企业、中小学校、历史圣地、文化古迹等进行参观考察，学生通过直接的感官体验，来了解国情，升华思想，并从中得到教育和启迪。四是有偿劳动型。主要是指大学生以获得经济报酬为主要目的而进行的社会实践活动，既包括由学校为学生提供的勤工助学岗位，如图书管理、助研管理等，也包括学生个体或集体自发组织参与的相关行为，如从事家教、推销产品、利用寒暑假时间到企事业单位打工锻炼等。此类社会实践行为有助于培养学生勤劳肯干的作风和艰苦奋斗的精神，能提升其就业能力。

（2）大学生社会实践行为的特点

大学生社会实践行为呈现的特点主要包括以下三个方面。

①体验性。实践体验是大学生学习知识、掌握本领的一个重要途径。大学生的理论学习往往通过课堂内的学习得以实现，社会实践则更强调从感性上获得对社会各方面的认知、理解、体验和感悟。通过社会实践，学生可以将自身原有的知识经验与亲身接触的社会实际进行印证和比较，将抽象的理论知识与具体的实际问题联系起来并相互转化。

②专业性。大学生社会实践是高校教育教学不可或缺的重要环节，其往往体现出所学专业理论知识与社会实践行为紧密结合的鲜明特征。主要体现在两个方面：一是大学生社会实践行为的目的是通过实践来检验、反思所学的专业理论知识，最终运用所学专业知识服务社会，以实现自身价值；二是大学生社会实践行为的内容和方式具有专业性。大学生具有突出的专业知识和专业技能优势，能够更好地服务于社会各项事业的发展。如暑期"三下乡"活动，就是以法律、教育等学科的专业知识为活动内容而开展的实践，其形式和效果得到了社会的广泛认同。

③阶段性。大学生社会实践行为的阶段性特点主要表现在两个方面。一是就大学生社会实践行为本身而言，其是大学生社会化过程中的一个重要阶段。大学生处于人生中的成长成熟阶段，其社会化的任务是为进入社会和承担社会责任做好全面的准备，这一阶段的实践成果主要通过学习获得。二是实践内容的阶段性。主要表现为社会实践形式随着年级的增长而变化，如低年级学生的实践行为主要集中在校园内及其周边，以活跃课余文化生活、培养兴趣爱好、提升能力为主要目的。高年级学生的实践行为会更注重深入社会，通过调查研究、教育实习等方式把专业知识与社会实际联系起来。同时，除了贯穿整个大学过程的学习研究实践之外，各种实践行为都具有学生参与时间上的阶段性。

2. 大学生社会实践行为的管理与引导

（1）完善运行机制，充分调动大学生参与社会实践的积极性

一是要把社会实践作为学校教育教学活动的重要环节纳入整个教学体系，将社会实践作为人才培养过程中的重要环节。引入学分制，督促学生在完成实践活动后上报成果，对成绩合格者给予相应学分。二是建立健全保障和激励机制，如设立专项基金，用于解决学生外出交通、住宿、参观等费用。对在社会实践活动中表现优异的学生给予一定的物质与精神奖励，还可将社会实践作为参与评奖评优、保送研究生或推荐就业单位的考核依据等。三是建立起考核评价机制。进一步健全社会实践活动的考评体系，设立科学的考核标准和考核办法，全方位、多角度、全程式对学生实践活动给予评价。在对实践行为做出客观反馈的同时，也促使学生深入反思实践中的经验与不足。四是努力实现社会实践运行的基地化、项目化及社会化。具体来说，可

以加强与社会单位的联系，有计划地建立一批稳定的社会实践基地，以招标的形式确立实践项目，确保实践活动的实效性。

（2）强化专业指导，确保学生社会实践活动的科学开展

学校应该结合实际，建立和完善校院（系）两级学生社会实践活动指导体系。在学校层面，要设置专门的由学校分管领导在内、有关部门负责同志组成的大学生社会实践领导小组，以加强高校社会实践的对内组织指导和对外联络沟通，建立科学规范的管理制度，保证社会实践有步骤、有计划地进行。在各个院系层面，应当发挥院系的专业优势、整合社会资源，选拔一支优秀的指导教师队伍，为学生社会实践活动提供专业指导，确保社会实践取得良好的效果。此外，高校还要加强对学生社会实践活动的理论研究，以探索大学生实践行为的科学发展体系。

（3）加强示范宣传，进一步扩大社会实践活动效果的影响力

在实践行为进行的全过程中开展示范宣传教育，对于扩大社会实践活动及其效果的影响力，实现宣传、鼓励和教育的目的有着重要作用。高校可以利用多种方式，强化社会实践参与者与其他学生的交流互动，并增强示范引导作用。一方面，选拔和培育示范性的社会实践团队和个人，提供更广阔的展示平台和发展空间。高校教育管理工作者要从学校层面支持大学生的社会实践行为，提供更大的展示平台和发展空间。一是要充分发掘，开展评选活动，选拔出对大学生全面发展有积极作用和广泛影响的社会实践活动，给予适当奖励和宣传。二是要加强培育，根据学生个性特质和兴趣方向组织开展社会实践活动，有意识地培育优秀的社会实践团体和个人。另一方面，多渠道宣传，提升社会实践影响力。通过网络、报纸和广播等多种形式宣传优秀社会实践活动的社会效益，以及在实践过程中的典型人物、事件及成果等，鼓励更多的大学生自主参与到社会实践活动中，在服务社会的过程中提升素质，全面成长成才。

（四）大学生交往行为管理

交往是社会群体对于个体的必然要求，也是个体具有的社会群体属性的内在需要。在当今社会，交往能力日益成为一个人基本能力与综合素质的重要体现，因此，新时期加强大学生交往行为管理和引导，对于大学生正确进行人际交往，促进其自身全面发展具有重要意义。

1.大学生交往行为的类型与特点

"交往"一词的原意为"相互往来"，主要表示人与人之间的相互关系，在不同的学科对"交往"的内涵有着不同的认识角度。从哲学意义上看，交往就是指人所特有的相互往来关系的一种存在方式，是人与人之间为了实现改造世界的目的，通过客体中介而开展的相互对话、相互理解、相互影响、相互创造的各种交往实践和所形成的主体间关系。对于大学生而言，交往行为是其人际交往活动的具体体现。大学生交往是指在一定的条件下，大学生与不同人群通过一定渠道进行情感交流、信息沟通、物物交换的过程。

（1）大学生交往行为的基本类型

从大学生的成长过程上看，大学生交往行为是其走向社会化的关键环节。当前伴随社会主义市场经济和高等教育改革的不断深化发展，大学生的交往活动更为复杂和广泛，交往范围、对象、内容、方式都发生了深刻变化。当前在大学生交往当中，主要可从以下四个维度进行划分。

①按照交往的范围划分。一是个体与个体之间的交往行为，即大学生作为独立个体，根据自身需求有目的进行交往的活动。此类交往活动过程中的交往双方能够建立起对于彼此的信任感和依赖感，是大学生人际交往中最常见的类型。二是个体与群体之间的交往行为，是指一个人和有共同目标的群体之间的交往。具体来说，是大学生根据自己的兴趣、爱好及特长等寻找适合并接纳自己群体的一种行为，在个体与群体的交往过程中，大学生期望在群体中找到认同感和归属感。三是群体与群体之间的交往行为，指两个或两个以上群体之间为了实现某种目的而进行的交往活动。例如，班级与班级之间、寝室与寝室之间等以群体形式展开的交往活动。

②按照交往的对象划分。一是差异性主体交往行为，主要是包括师生交往、学生与家人交往以及学生与其他相关社会人员交往，在高校，师生交往是差异性交往中的一种主要形式。差异性主体交往要求以交往共同体中的每一方都必须保持人格上的独立与平等为基本前提，同为交往过程的主体相互影响、相互作用、相互渗透，这种相互作用因为交融了两种"主观性"，最复杂、最生动。二是相似性主体交往行为，主要是指生生交往，即学生之间通过对话和活动而达成一致的交往活动。

③按照交往的内容划分。主要包括学习交往、工作交往和情感交往等。

学习交往是指交往双方以学习为目的而进行的人际交往行为，它一方面包括学生之间通过课堂上的相互讨论以及课外学习中的互相帮助或相互鼓励等为表现的交往活动，另一方面也包括师生之间的教学交往行为。工作交往主要是指在班级社团等学生组织开展的学生工作中形成的大学生交往行为，如参加学生会竞选和举办校园文化活动等。情感交往是指以情感交流为主的大学生人际交往行为，主要包括与家庭成员之间的亲情式交往、与朋友之间的友情交往和与异性之间的爱情式交往。

④按照交往方式划分。主要包括口头交往、书面交往和网络交往三种。口头交往，指以语言交流为主要手段的交往方式，既包括面对面的语言交流，也包括通过电话等形式进行的语言交流。这种交往方式简捷、方便、准确，能够实现交往双方思想充分快速地交流沟通。书面交往，即以文字作为交往的主要手段，通过书信与文章等传统交往形式进行思想交流。网络交往，主要指大学生通过互联网、手机短信等新媒体技术开展的人际交往行为。网络交往具有跨地域性、便捷性、虚拟性等特征，日益成为大学生开展人际交往的重要载体。

（2）大学生交往行为的主要特点

从人际关系的发展变化来看，当代大学生的交往范围逐渐向社会群体交往转变，从大学生交往对象、交往形式和交往动机等方面来看，主要呈现出以下特点。

①从交往对象上看，大学生交往范围不断扩大。由于当前大学生学习、生活方式的变化，大学生的交往对象由师生交往、亲人交往、同学交往逐渐扩大，开始了跨年级、跨学院交往，部分大学生的交往活动甚至走出校园，出现广泛的社会交往活动。在这一过程中，主要有以下两个方面特点：一是大学生在交往过程中，往往会根据各自不同的交往程度和兴趣爱好，结成或着松散或紧密的交往圈，并且以寝室为核心向班级、学院、学校逐渐扩展，逐渐形成开放的人际交往网络。二是其交往对象随年级增长而呈现出阶段性变化。低年级学生以同学间交往为主，但是随着年级增长，高年级学生因为受到考研与就业等不同的现实选择影响，出现了明显的分流现象，同学间交往呈下降趋势，与父母、亲友、校外人员的交往成为大学生交往活动的主要方面。

②从交往形式上看，大学生的现实交往向虚拟交往延伸。新时期，伴随着网络技术的快速发展，越来越多的大学生已经表现出依赖网络虚拟的交往来寻求内心满足的发展趋势，大学生的虚拟交往范围逐步扩大，成为现实交往的重要延伸。随着 E-mail（电子邮件）、ICQ（网络寻呼）、TRC（网上聊天室）、BBS（电子公告板）、博客、播客、虚拟社区的发展，学生的交往范围也逐渐在向更为广阔的空间拓展。大学生喜欢网络交往主要是因为网络中的虚拟空间会给他们相对宽松的环境，网络社交帮助学生缓解现实生活的压力、满足好奇心，寻求一种角色转换。与此同时，网络交往通过文字、图像和视频等方式来交流信息、表达情感，其交往方式往往更容易被大学生所接受。

③从交往动机上看，大学生交往行为中精神追求和现实需要并重。从整体上看，大学生学习发展目标大体相似，大多数学生的交往主要建立在情感需求基础上。但由于近年受到社会多元化思潮的影响，大学生的交往动机也逐渐呈现精神追求与现实需要并重的基本特征。一项调研显示，在当前大学生交往活动中，最为主要的交往动机表现为"欣赏他人个性""发展共同爱好""共同学习生活"等方面。而从年级差异上来看，低年级学生由于尚未形成很好的人际网络，加之相对陌生的生活环境带来的孤独感，促使他们在交往中除了以共同的精神追求为交往基础之外，更加侧重"结伴学习生活"这一现实需求。高年级学生已经逐步适应了大学的学习生活方式，独立、自主意识增强，对于人际交往的精神需求加强，他们更注重共同的价值观念和人生理想。与此同时，伴随就业和考研等现实性问题，高年级部分学生越来越注重人际关系对自我未来发展的实用性，在注重共同的兴趣基础上，部分大学生的交往动机也明显呈现出了实用性倾向。

2.大学生交往行为的管理与引导

大学生处于渴望交往、渴望尊重的心理发展阶段。良好的人际交往能够有效促进大学生的社会化，提升大学生综合素质，为其个性发展与完善创造条件。一般来说，教育管理者可以通过交往观念引导、提高交往能力以及解决交往过程中冲突等方面来帮助大学生，建立起和谐健康的人际关系。

（1）积极引导大学生树立正确的交往观念

当代大学生的交往活动逐渐走出校园、走向社会，交往环境日趋复杂。

由于大学生生理、心理处于逐渐成熟阶段，人生阅历和人际交往经验不足，往往会因为缺乏科学的交往观念，而造成人际关系紧张。因此，在大学生交往行为的管理引导过程中，首先应该帮助大学生确立基本的交往原则、交往规范，帮助其形成正确的交往观念，引导大学生在交往活动中，明确平等尊重、团结互助及诚实守信等基本行为规范，遵循《高等学校学生行为准则》的基本要求，树立符合社会主义核心价值体系的科学交往观。

具体来说，要从以下三个方面开展教育引导：一是将弘扬优良传统与弘扬时代精神相结合，在大学生当中广泛宣传社会主义荣辱观、《公民道德实施纲要》中人际交往的基本规范，树立文明交往典范，鼓励大学生通过民主讨论与辩论演讲等方式，在体验过程中受到熏陶，促进大学生认同接受正确的交往观念；二是从日常生活中入手，坚持将日常行为规范渗透到大学生学习、生活的各个环节，在寝室、班级形成互帮互助、团结友爱、积极向上的交往环境，从而引导大学生共同构建和谐向上的人际交往环境；三是通过典型案例，帮助大学生了解到错误交往观带来的危害，有力地批评见利忘义、损人利己等背离社会主义核心价值体系的错误言行和丑恶现象，帮助大学生明辨是非，引导他们积极抵制错误的交往观念和交往行为。

（2）积极开展交往训练，在交往实践中有效提升大学生的交往能力

大学生交往训练，就是以提高大学生交往能力为宗旨、促进大学生社会化为目的的一种教育形式。作为教育管理者，必须帮助学生树立正确的交往目的，选择正确的交往对象，鼓励学生参加各种交往活动，提高他们人际交往的信心。要强化交往实践训练，引导大学生塑造出个性化的交往技巧，在表达能力、认知能力和控制能力等方面不断地加强锻炼，从而提高其对于人际关系的感受、适应、协调和处理能力。一般来说，交往实践的训练可以通过以下两个方面进行：一方面可以通过积极组织丰富多彩的校园文化活动，加强同学之间的交流和沟通，通过丰富多样的学生群团组织让学生体会不同的社会角色，使学生能够有意识地进行交往，引导学生尽可能地扩大自己的交往接触面，有意识地主动参与交往活动，主动与他人建立社交关系，从而在具体的交往环境中，学习基本的礼仪知识、交往策略，不断在体验中获得交往经验；另一方面也可以着力强化班集体、宿舍与社团等学生交往载体建设，营造良好的群体交往环境，通过群体的健康氛围来影响个体学生

的交往心理，进而通过群体的整体带动为其创造交往机会，提升其人际交往能力。

（3）建立大学生交往冲突的预防和处理机制

在大学生人际交往行为中，预防和处理交往冲突是做好交往教育引导工作的重要一环。由于大学生的人际交往活动具有隐蔽性和不可预测性等特征，实际工作中必须建立有效的交往冲突预防和解决机制，才能有效保障大学生交往行为的正常进行。

①要积极建立预防机制，对于学生人际交往冲突进行有针对性的预防与引导。首先，应该广泛关注大学生的日常思想动态，及时发现存在人际交往困难的学生。对于大学生中容易出现的交往问题进行早期预测预警，通过发现和识别潜在的或现实的不稳定因素，有针对性地采取防范措施。比如，针对大学生人际交往及时开展教育引导和案例教育，帮助学生正确认识交往冲突，了解正确处理冲突的方式方法。其次，应当充分拓宽师生交往渠道，充分发挥辅导员、学生干部、学生党员的力量，建立起网状的学生观测点，对于具有人际交往问题的学生多给予关注，及时进行心理疏导，将日常交往中容易出现的矛盾冲突化解在萌芽状态。

②交往冲突发生后，要妥善化解和处理学生的交往矛盾。针对学生的交往冲突，教育管理者应保持理性，迅速找出双方形成交往冲突的内在原因，以帮助学生疏导交往中的压力和问题，进而做好交往引导，提供疏导交往冲突的渠道。常见的办法主要包括以下两个方面：一是当冲突微不足道或者双方需要时间恢复情绪时，应针对冲突双方采取冷处理，缓解双方情绪，克制冲突升级；二是针对冲突升级，并且造成人身伤害或财产损失时，应依据相关学校管理规定，视情节给予警告、记过直至开除学籍处分，对于造成严重后果的，可以报送司法部门依法进行处理。此外，教育管理工作者应当及时准确上报冲突双方信息，通过学校相关主管部门采取适当的方式进行教育引导。

由于大学生管理工作是面对不同地域、不同环境、不同时间的不同学生展开的，以上所介绍的主要是引导和管理大学生交往活动中一般性的方式方法。作为教育管理工作者，在处理学生交往行为的实际工作中，应根据具体情况做出灵活调整，做到因人而异、因时而异，创造性地预防和处理学生交往问题。

（五）大学生消费行为管理

随着当前社会物质文化生活水平的显著提高，大学生的消费水平、消费方式、消费层次和消费观念发生了诸多新变化。目前，从整体上看，多数大学生的消费行为较为理性，但是也出现了一些无计划消费、盲目攀比与奢侈浪费等问题。因此，关注大学生消费行为，引导他们树立正确的消费观念、提升理财能力，成为当前高校学生行为管理的重要课题。

1. 大学生消费行为的类型与特点

随着社会消费水平的提高，大学生消费行为也在不断变化。在满足基本生存需要的基础上，大学生消费内容逐渐多样化，消费观念日趋多元化，由此也不免会出现一些不合理的消费行为。需要教育管理者正确地认识和把握大学生消费行为的类型和特点，进行科学引导和管理。

（1）大学生消费行为的基本类型

大学生消费形式多样，按照不同的消费目的与消费内容，大学生消费行为主要包括学习消费、生活消费、交际消费及文化消费等多种类型。

①学习消费。一般来说，大学生在学习方面的支出所占比重较大，其中包括学费、教材费、辅助性学习资料消费等。近年来，考取各种资格认证在一定程度上成了大学生学习消费的新领域。除了大学英语四、六级证书和计算机等级证书外，逐渐兴起的职业技能鉴定部门组织的证书考试，如导游资格证、心理咨询师资格证也占有一定的比重。此外，韩语、日语、西班牙语等第二外语培训，雅思、托福考试也成为大学生学习消费的新项目。

②生活消费。大学生用于衣、食、住与行等方面的生活消费一直是大学生消费的主要方面，具体包括饮食、交通、服装、饰物及生活用品等。随着社会生活水平的提高，大学生生活消费中用于满足基本生存需要的比重逐渐降低，在消费时要更加注重生活质量的提升。

③交际消费。近年大学生用于在校与人交往联络的交际消费支出日益增多，成为大学生消费行为的主要类型之一。大学生群体思维活跃、个性鲜明、交流广泛，再加上社团和兴趣小组组织开展的文化活动，使得大学生交际日趋频繁而多样，其交际消费在整个支出中的比重也有所增加。

④文化消费。文化消费是指大学生用文化产品或服务来满足精神需求

的一种消费，包括教育、文化娱乐、体育健身和旅游观光等方面的消费。这种消费活动实际上是对学生精神生活需要的满足，对于大学生来讲必不可少而且非常重要。

（2）大学生消费行为的主要特点

大学生经济尚未独立，消费行为受到家庭条件的制约，但他们的消费需求又较为强烈，消费意识、消费观念也相对超前，使大学生消费行为呈现出自身的特点。

2. 大学生消费行为的管理与引导

消费从表面上看是个体行为，但是从更深层次看，大学生消费心理、消费意识是一种精神文化现象，对于学校和社会风气的形成具有深远影响。需要从以下三个方面进行管理和引导。

（1）进行分类教育，引导大学生树立正确的消费观念

高校教育管理者应该从大学生的消费观这一源头入手，培养起学生勤俭节约、艰苦奋斗的价值观念。不同经济条件和年级阶段的学生其消费行为存在一定差异，大学生管理者应加强分类教育，提升教育的针对性，引导大学生树立科学的消费观念。当前伴随着我国贫富分化加剧的现实，在大学生群体中，学生的消费水平差异日趋扩大，迫切地需要针对不同层次的消费群体，开展针对教育。对于经济条件相对较好的学生，倡导积极的消费文化，通过志愿服务和社会实践等途径锻炼这一部分大学生，使得他们在实践中提升生活品位，树立追求丰富的精神生活的观念，引导着眼于未来的发展型消费。针对经济条件较差的大学生，应该鼓励他们自强自立，为他们提供更多的勤工助学岗位，同时发挥榜样示范作用。在学生中选取勤俭节约、逆境成才的典型，通过"身边人讲述身边事，身边事影响身边人"的形式引导学生树立科学正确的消费观念。

（2）提供理财指导，提升大学生科学规划消费行为的能力

学会理财是大学生能够独立自主生活的重要条件之一。进行理财指导，其核心是引导教育大学生合理分配生活中的各种费用，发挥最大效益。高校教育管理者应该从和学生生活息息相关的内容入手，帮助大学生形成科学的理财意识，鼓励他们更多地关注自主成长和职业发展的需要，增加发展型消费的比例。一方面，进行理财规划指导。引导学生每个月做好消费计划，量

入为出，科学合理消费。控制自己每月的消费上限，并且能够详细记录每一笔消费，为自己建立起一个计划性强且富有弹性的消费习惯，不盲目攀比、超前消费。另一方面，引导学生提升发展性消费比例。开展消费行为认识活动、自我理财方法指导，帮助大学生正确分析自我消费需要的种类、层次，合理分配用于生存、享受和发展等方面的消费支出。引导学生根据自己的实际情况，提升学习消费等发展性消费的比例，提高消费结构中的文化、教育含量，从而实现最大的消费效益，满足自身成长成才的需求。

（3）多渠道约束和监督大学生消费行为，形成教育合力

大学生的消费行为是大学生个人与环境交互作用的结果。虽然大学生消费具有较强的自主性，但是学校内外的环境也会对其消费行为的方向和方式产生重要影响，因此要整合学校内外的各种教育资源，多渠道引导大学生理性消费。从学校来看，为了维护正常的教学秩序和保证大学生的健康成长，要从制度上做出明确的规定。例如，从公寓管理的角度限制大学生因娱乐而晚归或不归的行为，明令禁止抽烟酗酒行为等。从家庭教育来看，加强父母对子女教育的参与，学校应设法为家长提供教育、沟通的渠道，及时地通报学生在校情况，父母不应该只是教育经费的提供者，也应该扮演引导和帮助孩子成长成才的角色。从社会氛围来看，营造健康向上的消费文化，为大学生理性消费创造条件，从舆论上反对拜金主义和享乐主义。从学生自身来看，充分发挥学生自我管理能力，引导班集体和寝室等学生主要生活群体通过制定学生消费行为准则等方式，促使学生对消费行为进行自我监督、自我约束，养成健康文明的行为方式和生活习惯。

（六）大学生网络行为管理

中国互联网进入普及和应用的快速增长期，对于人们的社会行为方式形成深远的影响。大学生作为活跃的网民群体之一，其学习、生活和情感等领域的行为方式受到深刻的影响。因此，科学有效地开展大学生网络行为的管理与引导，已经成为新时期高校德育工作的重要课题。

1.大学生网络行为的类型与特点

大学生网络行为主要是指大学生作为网络用户的信息、交往、商务和娱乐等网上活动。新时期网络技术的快速发展，满足了大学生的学习、生活和交往需要，大学生的网络行为具有鲜明的主体特征和时代特征，并且将随

着网络的发展不断变化。

（1）大学生网络行为的类型

随着网络技术的迅速发展和计算机在大学生群体中的普及，大学生的网络行为种类繁多，按照行为目的划分，主要有以下四种类型。

①学习型。这是指利用网络流量信息以获得学习资源的行为类型。由于网络信息资源传播快速便捷、传播量大，大学生通过网络获取学习资源的行为方式不再受到时间和空间等客观因素的约束，可以极大满足学习需求，获取学习资源成为大学生网络行为的首要内容。

②休闲娱乐型。这是指以休闲娱乐为目的而进行的网络行为。随着网络功能的多元化发展，大学生可以利用网络平台交流情感、获得信息、课余消遣。大学生网上休闲娱乐的方式主要有在网络上浏览新闻消息、阅读休闲娱乐性网络作品、参加网络游戏、聊天交友与在线视听等。

③交往型。网络交往主要包括两种情况：一是通过上网寻求人与人之间的相互关心、相互理解和相互尊重，以爱情和友谊的表达为主要话题，主要方式有网上交友、网恋等；二是通过网络倾诉、转移和宣泄自己在现实生活中产生的心理压力，获得一定的心理治疗效果，主要方式有通过QQ或聊天室向网友倾诉自己的不快等。

④电子商务型。指近年来以创业、营利为目的，在网络环境下进行开设店铺、网上购物和在线电子支付等各种交易活动、金融活动和相关的综合服务活动的一种新型的网络行为。例如，在电子商务网站上，大学生开设网店与买卖商品等行为。

（2）大学生网络行为特点

近年来，互联网迅速发展，并且以其信息容量大、覆盖面广、传输快捷和交互性强等优势深入走进了大学生的学习、生活和交往领域，成为不可或缺的重要部分。大学生已经成为信息时代重要的网络体验者和推广者，其网络行为呈现出以下三个方面的特点。

①虚拟性强，现实性弱。虚拟性是互联网的主要特征。互联网具有信息丰富及交往隐匿等特点，可以有效地突破和改变大学生在现实社会人际交往中时间、空间上的局限性，有助于拓展社会关系。作为网络虚拟世界里的一员，大学生可以使用虚拟的形象出现，按照自身的意愿来设计自己在网络

上的形象和语言，以便广泛地融入不同的社会群体，其行为呈现出很强的虚拟性，同时，部分大学生在虚拟的网络世界中，虽然能够暂时摆脱现实生活的压力和烦恼，获得一定的认可度和满足感，但这只是通过特殊网络环境使人产生的感觉，并非真实存在，故其行为又呈现出现实性弱的特征。一旦大学生长期沉溺于虚拟的网络世界中，容易引发各种的心理问题，影响现实交往能力，对个体的个性发展、人格完善以及身体健康都会产生不利影响。

②开放性强，规范性弱。互联网的发展有效缩短了信息传播的时空距离，使得每个大学生都可以通过网络自由获取信息资源、自主表达思想观念，满足自己在学习、生活、交往等方面的需求。大学生作为青年群体愿意接受新的事物和观点，尝试新颖的生活方式，自由、开放、平等的互联网环境为其提供了这样的机会，因此大学生的网络行为表现出开放性强的特征。与此同时，目前对于大学生的网络行为尚未形成统一的规范标准，加之网络环境中身份的虚拟性，部分大学生不能够有效约束自身言行，因此，大学生的网络行为又呈现出了规范性弱的特征。

③自主性强，判别力弱。在网络环境中丰富的信息容量和高速的信息传播改变了大学生传统的学习方式和生活方式。大学生在网络上可以充分自主地选择和吸纳信息，能够充分发挥自身的智慧和潜能，激发自身的能动性和创造力，并且不断地形成自主接受新知识、新技能的行为习惯，这还充分肯定了学生的主体性地位，使其行为具有极强的自主性。但由于大学生置身于复杂的信息环境中，社会思潮多元并存，网络信息良莠不齐，如果面对过多虚假、不良信息，思想尚未完全成熟的大学生容易受到误导出现道德迷茫和信仰缺失等问题，使道德判断及价值取向出现模糊化、极端化、利益化倾向，因此大学生的网络行为易呈现出判别力弱的特征。

2. 大学生网络行为的管理与引导

加强对大学生网络行为的管理和引导，帮助大学生提升其个人网络综合素质，明确网络行为目标，规范网络行为方式，引导大学生网络行为朝着健康、科学、文明的方向发展，是新形势下高校教育管理工作者所面临的重要课题。

（1）强化网络教育阵地建设，积极弘扬主旋律

教育管理工作者应该清醒认识网络等新媒体技术的积极作用，积极完

善网络教育阵地建设，不断强化正面引导。一方面，善于利用现有博客、QQ 群、微信和 BBS 等深受学生喜爱的网络载体，传播社会主流思想意识、强化网络互动与成才指导，增强教育管理工作的针对性和感染力；另一方面，应主动学习并利用先进信息技术，加快学院、班级、寝室的网络信息化建设，建设一批有特色、有吸引力、有影响力的综合性教育网站，打造集教育性、服务性、趣味性于一体的网络教育新阵地。

（2）强化网络素养教育，提升大学生自我教育、自我管理的综合能力

尽管大学生的网络行为会受到法律法规及道德规范的制约和影响，但是大学生形成良好的网络行为规范，最终还需要不断增强大学生网络自律意识。对高校教育管理工作者而言，首先，要着重加强学生的自我教育，通过采用价值澄清法和角色扮演法等方式，培养大学生自省和批判意识，提高其判断能力，以此来构建"网络的第一道防火墙"。其次，积极帮助学生正确比较、分析、辨别网络信息，帮助学生学会区分不良网络信息，并有针对性地开展网络安全教育，增强大学生安全防范意识，从而引导大学生自觉地规范网络行为。此外，注重对于学生不良网络行为的心理疏导，通过面对面谈心、朋辈帮扶等方式，帮助学生通过自身努力，逐步克服网络"上瘾"与寻求刺激等错误行为习惯，转变自身价值观念和网络心理状态，提升其在网络中的自我约束能力。

二、大学生群体组织管理

大学生群体组织是高校组织中的重要组成部分。对大学生群体组织的管理和规范有利于组织以及组织成员特定目标的实现，有利于大学生自身能力素质的提升，对规范校园秩序、促进校园文化建设也有着重要的作用。

（一）大学生群体组织管理概述

大学生组织作为一种学校教育组织，既是大学生实现自主发展的主要途径，同时也是开展大学生思想政治教育的重要载体，研究大学生组织管理的内涵和特点是对其进行科学管理的基础和前提。

1.大学生群体组织的内涵

组织行为学将"组织"定义为"组织是为了达到个体和共同目标而一起工作的人的集合"，"组织之所以存在，是因为它能够满足人们日常生活和社会活动的种种需要"。管理学认为"就组织特定的内涵而言，组织是按照

一定的目的和形式而构建起来的社会集团",组织为了满足自身运作的要求，必须有共同的目标、共同的理想、共同的追求、共同的行为准则以及相适应的机构和制度。归纳起来，可以将大学生群体组织界定为两个或者两个以上具有某种相似性特性的大学生为了实现一定的目标，按照某种特定的方式联系在一起开展活动的群体。

大学生群体组织的产生是大学生内在心理需要和教育目标、教育规律相互作用的结果。大学生内在心理需要主要体现在情感交往的需求、获得认同感的需求和实现自我发展的需求这三个方面。一是情感交往的需求。大学期间学生的交往需求比较迫切，渴望与他人交流，希望能得到同龄人的关注以摆脱初入学时的孤独感，希望通过突破原有的个人生活、学习圈子，扩大视野，丰富自己的生活。因此大部分大学生对于参加集体活动非常积极，这也是大学生群体组织形成的一个重要原因。二是获取认同感的需求。大学生希望能在学习、生活和交往等方面显示自己的才能，发挥自己的作用，得到社会和他人的认可。学生组织通过开展各种比赛和表彰活动等，为学生提供认识并实现自身价值的机会，从而满足学生获取认同感的需要。三是学生自我发展的需求。伴随着社会进程的加快，社会竞争越来越激烈，大学生从入学开始就意识到未来考研、就业的压力，这种危机意识使得其自我提高的要求增强。学生组织开展各类培训、竞赛的目的都是为了培养大学生的能力和素质，学生通过参与活动可以锻炼能力、提高素质，实现自我发展。

大学生群体组织有多种分类方式。根据大学生群体组织的组织机构完整性和紧密性，可以将大学生群体组织分为正式群体组织和非正式群体组织；根据大学生群体组织存在真实与否，可以把大学生群体组织分为假设群体组织和实际群体组织；根据大学生群体组织的目标和性质，可以把大学生群体组织分为政治型群体组织、学习型群体组织和兴趣爱好型群体组织等。在本书中，我们选取正式群体组织、流动群体组织、虚拟群体组织和生活群体组织等四类特定的学生群体组织进行深入探讨。

2. 大学生群体组织的特点

大学生群体组织是在高校这个特殊的环境背景下所形成的青年人组织，和社会其他组织相比，有自己独特的活动目的、活动形式和组织文化。其特点主要体现在以下四个方面。

（1）相似性

大学生群体组织一般都是由年龄相仿的学生人群组成，他们在成长环境、思想、心理和目标上都具有一定的相似性。首先，大学生群体组织成员接受的教育程度相当，这就决定了他们相同或者相似的认知水平和思维方式。其次，大学生群体组织成员处于同一个年龄段，思想、心理特点较为相似，在一些基本问题的认识上存在着相似性。再次，大学生群体组织中的大多数成员有着相近的理想和目标，追求个人专业知识的丰富和综合能力的提高，追求良好的工作和学习、深造机会。最后，大学生群体组织之间虽然有不同的组织形式和特定的组织目标，但是在最根本的发展方向和成长目标上是相似的。

（2）年轻化

同其他社会组织相比，大学生群体组织的成员处于青年期，精力充沛、思维活跃，加上大学生自身逻辑思维、抽象思维能力逐渐提高，个人价值追求和个人能力提升的目的明确，在学习和生活等方面会表现得较为积极和活跃，但与此同时，年轻化也带来了发展过程中的不确定性。大学生正处于世界观、人生观、价值观确立的关键时期，受到了社会多元价值观念和社会多种复杂问题的影响，会表现出价值判断和情绪的不稳定性。加上大学生群体组织成员的流动性强，新成员带来新的思想观念和活力，影响和冲击着组织原有的行为体系，因此大学生群体组织又具有不确定性。

（3）互动性

互动是指个人与个人、个人与群体、群体与群体之间通过信息传播而发生的相互依赖的社会交往活动，是指各种因素之间相互影响、相互促进、互为因果的作用和关系。大学生群体组织的一个重要特征就是互动交往，大学生组织成员的互动交往与其他社会组织的互动交往相比，既有相同点，也有不同点。相同点就在于如果大学生组织成员之间不发生任何形式的互动，就不能产生关系，也就不可能形成组织。不同点在于大学生群体之间交往互动具有全面性、深刻性等特征。大学生处于相对自由的环境中，社会关系比较简洁、清晰，他们在学习、实践的过程中逐渐主动地走到一起，交流、讨论，形成互动。大学生之间的接触和交往程度、交流内容涵盖了大学生生活的各个方面，如学习探讨、思想沟通、娱乐休闲、工作交流和生活互助等。

与社会其他组织相比，大学生群体组织的互动是更全面的互动。同时，大学生是大学校园活动的主体，是各类学生组织的组织者、管理者和参与者，在参与组织活动和管理团队的过程之中，要求大学生彼此信任、详细分工、密切合作，因此交往和互动更为深刻。

（4）文化性

高校的文化建设在社会文化的发展中具有重要的引领作用，在这种背景下所形成的大学生组织，其文化特征应是高品位、高知识含量的。大学生组织成员是由高学历成员组成的，他们学习科学知识，掌握科学技术，这从知识层次上体现了大学生组织的高品位文化特征。与此同时，伴随高校素质教育的推行以及大学生自我价值的实现需求，大学生提高自我素质的自觉性和主动性不断加强，聚合成了高素质水平的大学生组织，这也体现了大学生组织的文化特征。

3. 大学生群体组织的管理

大学生群体组织管理是指高等学校的领导以及管理人员，为实现高等学校学生群体组织的培养及管理目标，按照国家的教育方针和各项政策法令，科学地、有计划地组织、指挥、协调群体组织内部的各种因素，包括人、物、时间和信息等，并且对其进行预测、计划、反馈、监督。

管理行为是任何组织都不能缺少的，只有通过有效的管理才能让个人及群体的活动得以协调进行，以达到预期的目标。大学生群体组织管理工作是大学生管理工作的重要组成部分，是体现学校管理工作水平高低的重要标志。近年来，随着我国高等教育事业的不断进步，对大学生群体组织的管理越来越被重视，但是我们还应该清醒地看到，随着大学生群体组织数量和组建形式的增多，在管理工作中会不可避免地存在一些不足。比如，管理者观念保守，缺乏对群体组织文化的认同；管理方法的改变滞后于信息手段的丰富；管理机构不完善、对群体组织管理目标不明确等。面对这些新形势、新特点，大学生群体组织的管理工作者需要与时俱进，更新管理观念，提升管理技能，努力地实现学生群体组织管理工作的系统化、现代化、规范化和科学化。要加强对大学生群体组织的思想政治教育管理，引导大学生群体组织树立正确的价值取向；创新大学生群体组织的行为管理，适应大学生群体组织行为的发展变化趋势；完善对于大学生群体组织的制度管理，引导大学生群体组织走向规范化；加强对大学生群体组织管理的研究，探讨如何使得大学生群体组织的教育与管理工作更加科学化。

（二）大学生正式群体管理

以党团组织和班级为基础的正式群体，是大学生融入校园生活的基本载体。要切实加强对党团组织和班级的引导和管理，并且以此为基础帮助学生进一步坚定理想信念，形成健康文明的生活方式，提升情趣、增长才干。

1.大学生正式群体的内涵及特点

（1）大学生正式群体的内涵

大学生正式群体是大学校园内相对稳定的学生群体组织形式，主要包括学生党组织、学生团组织、班集体和学生会等群体。

学生党组织设立党总支、党支部和党小组等，高校学生党组织是党在高校的基层组织的重要组成部分，是党在高校保持战斗力的重要基础。《中共中央、国务院关于进一步加强和改进大学生思想政治教育的意见》中提出"要发挥党的政治优势和组织优势，做好大学生思想政治教育工作"，明确指出了党组织在大学生思想政治教育工作中的重要地位和作用。

学生团组织在学校党委领导下开展工作，主要有团委、分团委、团总支与学生团支部等，学生团组织是联系青年学生的重要纽带和桥梁，是党的"助手"和"后备军"，是团员青年学生的忠实代表。团组织的性质决定了其在全面推进大学生素质教育、培养合格人才工作中责无旁贷。

班集体作为学校教育教学的基本单位，是学生共同成长的重要组织，它以健全的组织形式对成员发挥着管理功能。班集体有明确的规章制度、有健全的管理机构，学生在现实生活中的许多问题都是通过班级来解决。班集体作为高校在校学生的基本组成形式，还发挥着教育功能，其凝聚力是一股无形的、强大的力量，对于班集体成员起着激励和约束的教育作用。良好的班风对每一位学生的价值观念、行为规范及学习风气等方面都有着潜移默化的引导作用。

高校的学生会组织是在学校党委的领导和学校团委指导下的学生群众性组织，是全校学生利益的代表。学生会是联系和沟通学生与学校党政部门的重要桥梁和纽带，以营造良好的学术氛围、增强校园文化底蕴作为工作重点，进行自我教育、自我管理和自我服务，同时，学生会还是学校有效开展校务管理，实现学校育人目标的重要依靠力量。根据《中华全国学生联合会章程》要求，高校学生会要遵循和贯彻党的教育方针，组织同学开展学习、科技、文体、社会实践与志愿服务等多种活动，促进同学全面发展；维护校规校纪，倡导良好的校风、学风，促进同学之间、同学与教职员工之间的团结，协助学校建设良好的教学秩序和学习、生活环境；组织同学开展勤工助学与校园公益劳动等自我服务活动，协助学校解决同学在学习和生活中遇到的实际问题；沟通学校党政与广大同学的联系，通过学校各种的正常渠道，反映同学的建议、意见和要求，参与涉及学生的学校事务的民主管理，维护同学的正当权益。可见，学生会是大学生正式群体的重要组成部分。

（2）大学生正式群体的特点

大学生正式群体具有健全的组织机构，完备的组织制度，具有很强的凝聚力。大学生正式群体既是思想政治教育的重要载体和依靠力量，又是沟通学校和学生的桥梁和纽带。大学生正式群体表现为以下四个方面的特点。

①具有较强的方向性。大学生正式群体是为了完成某一特定功能而建立起来，具有较强的方向性和目标性。例如，学生党团组织是上级党团组织为了实现对于基层党员、团员进行有效管理而建立的组织。它具有很强的政治色彩，承担了传播主流价值观以及党的路线、方针、政策，有效贯彻党的政治主张、基本路线和基本纲领等政治任务。班级是为了完成大学学习功能而形成的群体，其基本功能是接受教育或学习，学生会是为了促进学生自我教育、自我管理与自我服务而统一建立的自治组织。因此，相对于其他群体来讲，正式群体的目标更加明确，方向性更强。

②具有较强的规范性。大学生正式群体基本属于"科层制"管理模式，即组织有极其严格的规章制度和等级制度，下级服从上级是基本的组织纪律，具有较强的规范性。学生党团组织需要遵循党章团章以及学校基层党组织的相关规定和要求，在学校党委及其职能部门、校团委和院系党团组织的领导和指导下开展工作。班集体作为高校管理的基本单位，有健全的管理制度，规范着班级管理的各个基本环节和学生的基本行为规范。学生会虽然具有一定的自治性，但直接接受党团组织的指导，具有严格的章程、科学的机构设置、明确的工作要求和严格的考核制度。较强的规范性确保了大学生正式群体及时、有效地贯彻落实党的方针政策和学校的制度规范、发展要求。

③具有较强的凝聚力。从行为科学角度来看，凝聚力是指群体对成员的吸引力和成员之间的相互吸引力，既包括群体对其成员的吸引力，又包括成员对群体的向心力。大学生正式群体和群体成员之间也有着很深的感情和很强的凝聚力，班集体主要通过良好的班风和班级文化来凝聚人，其凝聚力体现在学生能够形成了很强的集体主义观念。学生会主要通过和谐健康、积极向上的文化氛围和学生自我管理的有效实现凝聚人，其凝聚力体现在于学生对学生会组织活动的认可与参与。

④具有较强的先进性。与其他组织不同，正式群体在选拔、考核、晋升学生干部时都把学习成绩、工作能力以及生活、学习作风作为一个必要条件，学生干部的选拔、培养是一种先进模式，这使得正式群体成为优秀学生汇聚的组织团体。

2. 大学生正式群体的管理与引导

大学生正式群体是学校教育管理的基本单位，是学生思想政治教育的主要载体。对于正式群体的管理和引导要符合其自身特点，突出其思想政治教育功能，创新其教育管理手段。

（1）以思想建设为核心，加强正式群体的先进性建设

加强正式群体的思想建设，主要是在正式群体中普及以社会主义核心价值体系为主要内容的理论思想，加强正式群体对重要时政内容的深入了解，加深对世界局势和国情社情的认识，提升成员的政治理论素养。加强正式群体思想建设的具体实施方法可以包括以下两点。一是通过理论学习增强正式群体的先进性。党团组织要定期地开展政治理论学习，班级需要通过班会等形式定期宣传党和国家的重大时事和政策，学生会组织要通过定期组织讲座、培训增强学生会干部的政治敏感度和政治鉴别力。二是通过制度建设保障正式群体的先进性。在加强大学生正式群体思想建设的过程中，高校的教育管理工作者要强化全程监督和效果反馈，以保证思想建设目标的实现。要建立健全管理制度，如班级管理制度、学生会管理制度、财务管理制度和物品管理制度等，规范正式群体学生的基本行为规范和管理的各个基本环节。要建立健全制度运行机制，将正式群体的发展纳入学校教育管理的环节之中。建立健全正式群体的竞争和激励机制，如优秀学生干部评比、优秀党员、团员评比等；建立健全制式群体的考核和评价机制，如学生干部量化考

核机制、学生干部职务晋升机制等，通过积极推进正式群体的制度建设，提高管理效率，促进正式群体的健康发展。

（2）以学生自我教育为重点，充分发挥正式群体的朋辈效应

"朋辈效应"是指具有相同背景或是由于某种原因具有共同语言的人在一起分享信息、观念或行为技能，以实现教育目标的教育方法。朋辈之间鸿沟小，防御性低，共通性大，互助性高，具有先天的优势。由于正式群体中的核心成员大都是学生中的优秀分子，这为朋辈教育活动的开展奠定了坚实的基础。一是要重视正式群体中学生骨干人才的培养，强化典型示范作用。学生骨干在正式群体的管理中扮演着重要角色，他们处于大学生管理教育的第一线，是开展各种学生活动的策划者、组织者、实施者和参与者。学生骨干一般具有良好的群众基础，发挥着其先锋模范作用，能够通过自身感染同学。高校教育管理工作者要善于发挥骨干群体的示范作用，积极创造普通同学与他们交流的机会，如组织先进事迹报告会、学习经验交流会、表彰大会等活动。以骨干学生的先进思想和典型事迹引导学生反思，把社会对人才的要求转化为受教育者的自我要求，从而实现了学生的自我教育。二是依托互助小组等组织形式，搭建朋辈间交流互助平台。大学生处于同一个年龄段，彼此之间有更多共同语言，容易实现良好的沟通和互动。通过在班集体中设立学生心灵使者和贷款联络员等形式，搭建朋辈间相互影响、彼此帮扶的桥梁，并以此为依托提升群体成员自我认识、自我监督和自我评价的能力。

（3）以活动创新为导向，增强正式群体的生机活力

保持大学生正式群体的生机与活力是其持续发展的前提。开展形式多样、内容丰富的创新性活动能够在激发学生学习和生活热情的同时，增强正式群体的生机与活力。一是创新组织管理模式。注重激发学生的主体意识，培养学生的综合素质能力，引导学生改变以往依赖于指导教师组织开展活动的方式，鼓励学生根据专业特征和兴趣，自主选择、创新活动内容和活动形式，将传统"自上而下"的强行推进，变为"自下而上"共同推进，充分发挥学生的积极性和创造力。二是创新活动内容。开展活动是正式群体的主要行为方式之一，活动内容的创新有助于改善活动质量，实现活动目标。在开展活动的过程中，既传承经典，又紧扣时代主题，选择新形势下的新内容是活动内容创新的重要方向。三是创新活动形式。高校教育管理者要始终坚持

理论联系实际的原则，有意识地引导学生改变以往较为枯燥的带有强制性与约束性等特征的活动形式。通过加强学习、广泛调研等方式积极探索、借鉴新型的活动组织形式，增强活动的新颖性，增加对学生的吸引力和感染力。例如，开展学生党支部知识竞赛、红歌会等，也要善于组织实践活动，引导学生在实践中长才干，进而带动正式群体的不断成熟和发展。

（三）大学生流动群体管理

大学生流动群体是为了满足大学生的多元文化生活需求而产生的大学生群体组织，以学生社团为主体。加强对于流动组织的引导和管理，在推动校园文化建设、提高学生综合素质、引导学生适应社会及促进学生成才就业等方面发挥着重要的作用。

1.大学生流动群体的内涵及特点

（1）大学生流动群体的内涵及类型

大学生流动群体是指一种非正式群体，是广大学生依照共同的兴趣、爱好，自愿组成的开展文化、科技、体育和文艺等方面活动的群众团体。大学生流动群体自20世纪80年代初在大学校园内蓬勃兴起，在一定程度上满足了大学生在学习、生活以及交往等方面的需要，在推动校园文化建设、优化成才环境、提升学生素质等方面发挥了重要作用。从类型上来看，大学生流动群体是以学生社团为主体，以临时组建的项目型群体和老乡会等自由组织为补充的群体。

大学生社团可以分为不同的类型。按照活动开展形式和成员参与目的，可将社团大致分为理论学习型社团、学术科技型社团、兴趣爱好型社团与社会公益型社团等类型。理论学习型社团是以成员的理想信念、志向相同为基础而建立起来的社团，是以时事政治活动和政治理论学习为主要内容的团体。这类社团聚集了大批品学兼优的学生，他们有着共同的政治观点和政治态度，思想道德素质处在相同或相近的水平上，此类社团是大学生世界观、人生观、价值观教育的重要载体。学术科技型社团，一类是指围绕专业学习，进行学术研讨、学术交流的学生社团，通常以讲座、研讨会及组织比赛等形式开展活动，如英语俱乐部、文学社、普通话交流协会、读书交流协会、文化交流协会等。另一类是指以科技活动为纽带的学生团体，如计算机爱好者协会、计算机俱乐部等。兴趣爱好型社团以学生兴趣爱好相同为基础，为满足学生发展的心理需要，丰富学生的课余文化生活而成立的。这类社团涵盖范围广泛，活动形式活泼，活动趣味性强，涉及文学、体育、文艺、语言、影视等多方面，现在一些"流行社团"也不断涌现出来，如美容协会、动感手机俱乐部等。社会公益性社团，这类社团是指运用自己已掌握的知识和技能进行活动，主要是以服务社会、承担社会责任、锻炼自我为目的，通常以操作性较强的实践活动为主要活动方式。这类社团成员能够自觉奉献社会，为社会弱势群体提供服务，在服务中培养爱国主义精神以及体现人文关怀等。

项目型群体是指为了解决某一问题、完成某个任务而临时组建的短期的团队群体，待问题解决、任务完成后该群体便会解散。项目型群体同具体的项目目标直接联系，当今大学校园里存在的项目型群体主要有学生工作室、科研团队和创业团队等几种类型。

（2）大学生流动群体的特点

大学生流动群体是广大学生按照某一共同喜好而自愿组成的群众性团体。在其建设和发展过程中存在着组建及运转的自主性、类型及内容的多样性、成员参与的广泛性及组织结构的松散性等特点。

①组建及运转的自主性。现代高等教育逐渐改变了过去重知识传授、轻能力培养，重课堂统一教学、轻课外知识拓宽的传统教育模式，强调尊重学生的个性发展，促进学生的全面发展，以适应市场经济对人才的多样化需求。在这种教育理念和教育模式下发展起来的流动组织，因充分尊重和体现学生的主人翁意识，备受学生欢迎。学生在组织的组建及运转中有较强的自主性，群体组织的负责人自愿承担发起和组建工作，承担着确定发展方向、内部管理和活动设计等方面的工作，学生按照自愿原则加入组织、参与活动，学校和指导教师只负责宏观指导。以学生社团为例，社团组织的成员皆为有着某一共同爱好的大学生，他们志愿加入组织，组织的日常活动完全是依据组织目标，由成员自行策划、组织和实施的，具有高度自主性。这类组织有利于培养和激发学生自我教育、自我管理、自我服务的意识和热情，且有利于培养学生的主人翁精神。

②类型及内容的多样性。网络时代信息技术的快速发展极大地拓宽了学生获取知识和信息的渠道，这促使学生对于精神文化有了更高的需求。简

单的"食堂—教室—宿舍""三点一线"式大学生活模式已经不能满足新世纪大学生的需求。大学生流动群体的产生和发展，使之呈现出活动类型多种多样、活动内容丰富多彩的特点。以社团为例，近年来，高校社团除了传统的体育、文艺、科技和社会公益等类型，还出现了如网络虚拟社团、跨校社团等新型社团。社团活动内容涉及政治理论学习、科学技术探索、文化娱乐体验、志愿服务开展、社会实践考察和创业技能提升等多方面，社团的组织形式和活动方式也各有特色，既符合学生需求，又新颖独特，充分体现出新时代流动群体的特点。不同类型、不同层次的活动也在一定程度上满足了广大学生求知和施展才能等多方面的需要。

③成员参与的广泛性。丰富多彩、形式多样的组织活动为广大学生提供了充实的课余生活和展现个人才能的多种渠道。不同年级、不同专业、不同性格、不同民族的学生都能有机会选择参与到流动群体组织的活动中来。目前各高校都有很多的学生社团，不仅在校园内影响力很强，在校园外也产生了很大的影响。

④组织结构的松散性。大学生流动群体作为学生自愿组织、自愿参加的群众性群体，对成员的约束力不强。具体体现在以下两点。一是组织管理方式的松散性。大多数流动群体与学校行政部门间没有明显的隶属关系，而是保持关注和指导的关系。因此流动群体往往缺乏有利的场地、资金和政策的支持，缺乏及时有效的指导。二是组织成员的不稳定性。大学生群体关注的内容广泛，其兴趣爱好也很容易转移，如果对某一流动群体的主要活动内容失去兴趣，就会选择离开；反之，如果某一热点问题受到广泛关注或某一行为方式流行起来，相关流动群体就会出现生机勃勃的景象。此外，由于群体成员覆盖面较大，各种性格的人群聚集，容易使组织的内部产生分化、矛盾和冲突，也会影响到组织的稳定。

2. 大学生流动群体的管理与引导

面对新时期的新挑战，进一步科学整合资源，加强和改进大学生流动群体的管理，科学有效地引导大学生流动群体的良性发展，这不仅是适应高等教育改革发展和大力推进素质教育的迫切需要，同样也是新时期高校人才培养和校园文化建设所面临的重要课题。

（1）科学管理、重点扶持，促进流动群体的可持续发展

实现大学生流动群体的良性健康发展需要运用科学的管理理论和方法，并且坚持管理与扶持相结合。对于流动群体实施科学管理，可以从以下三个方面入手。一是要严把组织入口关。以学生社团为例，成立学校社团联合会，充分地发挥学生社团联合会的组织管理和服务功能。学生申请成立社团，首先要按照相应规定向社团联合会提出书面申请，明确地提出社团的宗旨、章程、负责人等，社团联合会要严格审核各项资质、认真履行审批手续。二是要加强对负责人的管理。负责人是组织的领导核心，组织活动的方向、质量及目标的实现都与负责人的决策和影响紧密相关。要选聘德才兼备的学生担任负责人，定期进行考核，有计划地组织培训，不断提高其政治素质和工作水平。三是要加强对活动的管理。为了保证活动的质量，可鼓励流动群体采用项目管理形式开展各项活动，这对鼓励学生积极参与活动、锻炼其能力和提高活动质量与效率，都会发挥积极作用。高校应该重视流动群体的积极作用，关注、重视其建设和发展，并且给予重点扶持。具体来讲，一方面鼓励思想觉悟高、业务能力强的教师做流动群体的指导教师；另一方面改善学生社团的办公条件和活动条件，添置必要的设备和物资，通过组织的力量帮助学生社团解决一些实际困难，为学生社团工作的有效开展创造有利条件。

（2）提升格调，打造品牌，营造高品位的组织文化

组织文化通常是指一个组织在长期发展过程中将其成员凝聚结合在一起的行为方式、价值观念和道德规范的总和，与文化配合的管理才可称之为卓越的管理。引导大学生流动群体营造高品位的组织文化是大学生教育管理工作的高层次要求，创建积极健康、高雅向上的组织有助于学生受到文化的感染和熏陶，更为明确地参与组织活动。引导大学生流动群体营造高品位的组织文化主要包括两个方面的内容。一是结合学校传统，凝练形成特色组织文化。每所高校都有自己独特的建校背景和发展历史，也有着其个性化的办学理念和育人目标，这是校园文化的基础。大学生流动群体组织文化的建设可以结合学校培养目标与办学特色，打造品牌活动，营造健康向上、积极进取的文化氛围。例如，在师范类院校中依托以提升学生教师技能为目的而创办的社团开展教师技能大赛等活动。二是树立精品意识，打造品牌群体组织。大学生流动群体要真正树立自己的品牌，需要通过提升成员素质、开展精品

活动及加强舆论宣传等多方面来实现，通过打造出一批如"三下乡"暑期社会实践等被广大学生熟知、具有传承性和现实意义性的精品活动，进而促进组织品牌的形成。

基于此，学校可以在群体中引进竞争机制、奖励机制和淘汰机制。以学生社团为例，由学生社团联合会统一制定详尽的考评细则，定期对社团进行综合测评。根据测评成绩，分别进行各类别社团的内部排名及校内总的排名，激发同类别社团及跨类别社团间的竞争，用良性竞争促发展。对于测评结果优异的学生社团进行奖励和表彰，而对于没有开展活动能力或者不具备运行条件的社团予以淘汰。通过以上三种机制的综合实施，进一步促进学生社团纵向发展，增强学生社团存在的意义，提升社团品位。

（3）立足校园、面向社会，将流动群体打造成素质教育新平台

大学生流动群体是校园文化建设的重要力量，高校教育管理者可以充分地利用流动群体自身的优势，立足校园、面向社会，打造素质教育新平台。一方面，引导大学生流动群体将活动开展与学生专业学习相结合。大力开展与所学专业结合比较紧密的社团学术活动，以促进学生专业学习，完善知识结构，提高专业素养。另一方面，指导学生社团等流动群体开展与日常学习生活相关的主题鲜明、内容丰富、形式多样的社会实践活动，使学生既能在社会实践的过程中体会理论的指导作用，及时发现自身的不足和问题，同时又在实践中不断丰富和发展理论。鼓励社团之间加强交流与合作，推出跨校际联合活动，实现社团的优势互补和资源共享，促进社团的发展，扩大高校学生社团的影响力，利用社会的广阔舞台和丰富资源，来充实学生社团活动的内涵，达到最后从学校走向社会、服务社会的目的。此外，随着经济的全球化、国际互联网络的广泛应用，学校还要鼓励学生社团和世界各国高校学生社团加强联系，扩大社团的发展空间，通过交换信息、交流经验，展示中国高校学生社团的风采，同时学习外国社团的经验来促进自身的发展。

（四）大学生虚拟群体管理

虚拟群体是以互联网的迅速发展为基础而出现并且逐渐发展的群体类型。加强对虚拟群体的引导和管理，可以有效规范大学生群体的网络行为，开辟新的思想政治教育阵地，也是保障校园和谐稳定发展的重要体现。

1. 大学生虚拟群体的内涵及特点

（1）大学生虚拟群体的含义和类型

大学生虚拟群体是指发生在网络中的社会聚合，主要是以网络作为平台，依托 QQ 群、BBS 和博客等形式形成的兴趣相同、思想相近的大学生群体组织。

随着信息技术的发展，计算机网络已经逐渐成为当代大学生必不可少的交流工具。当越来越多的大学生通过互联网聚集、融合并且付诸行动形成规模，大学生网络虚拟群体便形成并不断发展壮大。目前，互联网上大学生虚拟群体的种类繁多，影响较大的有以下几种类型：交流分享型网络虚拟群体，以交流交友为目的，实现协同合作、资源互惠，并常常延伸到现实社会；学习服务型网络虚拟群体，从某种程度上讲是一个学习型组织或志愿者团队，他们花费很多的精力学习与挖掘具有价值的网络资源，并将这些资源共享到网络媒介上，供他人使用，为他人服务；劳动获利型网络虚拟群体，其重要标志是以互联网为平台，凭借自身的技术和信息等优势，付出劳动赚取酬劳，如替他人编写程序或制作软件等。

虚拟群体在大学生发展的过程中发挥着非常重要的作用。一方面，网络虚拟群体为大学生提供了崭新的交流场所，丰富了获取信息的渠道，并进一步满足了大学生的情感需求，对于大学生的学习、人际交往以及个性成长都有一定的积极促进作用。另一方面，网络虚拟群体的发展也带来了一些消极影响，虚拟的环境很容易使大学生沉溺其中，使大学生在现实生活中的人际交往越来越困难，影响了学生正常的学习、交往和生活。

（2）大学生虚拟群体的特点

以网络为平台的大学生虚拟群体，是一类新兴的大学生群体组织，是基于网络的虚拟性和开放性等特点而形成的，除了具备大学生群体组织的基本特点外，还有其独有的特征。

①虚拟性。在网络平台上，尽管信息本身是确定的，但是由于网络信息巨量特征和信息传递的超时空等特征，使得信息的传播目的、意义和情感并不清晰明了，具有虚拟性的特征。网络的这种虚拟性必定会反映到以网络为平台的大学生虚拟群体中，虚拟群体的成员在交往的过程中经常会以某种虚拟的形象和身份沟通、交流。群体成员的交往活动和一般社会行为相比，

并没有特定的物理实体和时空位置，这些都使得网络虚拟群体中人与人之间的关系不稳定，人际交往也因此存在着潜在的不确定性，但是网络群体的虚拟性却有助于沟通者的成就感体验，即人们都渴望在沟通中建立良好的人际关系，体会到或多或少的成就感。在虚拟的网络交往中，没有实际利益的竞争、没有生存压力，可以凭借自己特有的一类所长去赢得组织成员的相互认可，一定程度上可以弥补生存压力下，社会激烈的竞争所带来的人际挫折感。

②自由性。这是大学生虚拟群体的重要特征之一。作为一个自发的信息网络组织，虚拟群体本身不隶属于任何成员、任何机构，再加之校方的管理也不如现实学生社团那么严格，网络组织有更多的自由度，但是，虚拟群体高度的自由性同时也造成了一些负面影响。由于目前网络世界中执行与监管力度还很有限，对大学生虚拟群体成员的行为形成的约束力不强，某些成员可能会通过虚拟群体传播不良信息，甚至进行违法犯罪活动等，这是大学生管理工作者在虚拟群体管理中必须重视的问题。

③开放性。网络的开放性、无中心性等特点决定了网络虚拟学生组织的组织结构更加扁平化，组织边界比较模糊，组织成员之间则更加平等。在这样的组织中，成员能够充分表达意愿、实施行为，在现实生活中大学生之间人际关系的好坏、经济条件的差异和性别等因素都不影响其在虚拟群体中的交流与交往，平等、开放、独立、进取这些现代社会所要求的品质都在网络组织中得到充分体现。此外，由于网络组织可以不受时空等物理条件的限制，其成员不仅可以是在校生，也可以包括已经毕业了的校友，这使得网络虚拟群体成员呈现一定的复杂性，为管理带来了一定的困难。

2.大学生虚拟群体的管理与引导

结合大学生虚拟群体组织的特点对其进行引导和管理是高校学生管理工作的重要方面。

（1）加强虚拟群体的网络管理

虚拟群体主要是以网络为平台聚合形成的群体组织。加强网络管理是做好大学生虚拟群体管理工作的一个重要内容，对大学生的健康发展和成长成才具有重要意义。一是加强网络管理制度建设。例如，实施"实名上网"制度，通过网络后台动态管理虚拟群体的网络活动。建立和完善规范的上网用户日志记录留存、BBS、FTP信息巡查及有害信息报告等制度，实现对于网络行为的管理约束。二是做好校园网络上的有害信息专项清理整治工作，重点放在校内网站电子公告栏、BBS、留言板和聊天室等交互式栏目中。应该实行"先审后发"制度，对网上有害信息进行全天检测，及时发现和删除各类有害信息，进行规范化的网络管理。三是把握虚拟群体发展动态，强化教育引导的及时性和针对性。高校学生管理工作者要善于运用多种手段和方式及时地掌握虚拟群体的基本情况。除了在日常生活中了解学生的行为动态，学生管理工作者还可以组织学生党员和学生干部，或者工作者本人以普通参与者的身份加入虚拟群体，及时了解虚拟群体的情况和信息，对可能发生的问题提前开展教育工作，且对已经出现的情况做好控制工作。

（2）加强虚拟群体的现实教育

目前，虚拟群体受到的约束力较弱，部分的虚拟群体成员会出现一些诸如信仰迷茫、道德观混乱与网络成瘾等新问题。这些问题会直接映射到现实中，冲击大学生在现实生活中的思维方式和行为方式，影响其成长成才，虚拟群体的现实教育工作亟待加强。一方面，以活动为载体强化对虚拟群体成员的教育引导。如通过设计开展一些主题明确、形式多样、内容丰富的教育活动，引导虚拟群体成员坚持主流价值观念，内化社会道德规范，促进群体不断增强自我管理、自我约束的能力。另一方面，丰富和完善现实生活中大学生实体组织的功能。随着我国现代化建设的发展和社会的转型，大学生表现出了多方面的诉求，大学生实体组织某些功能的缺位，也使得部分群体的诉求得不到有效满足，这在一定程度上是虚拟群体产生的原因之一。大学生实体组织应该提供适应和满足学生多种需求的平台，高校教育管理者应当抓住学生的心理特征，完善组织职能，组织开展符合大学生实际需求状况的活动。这也是通过现实教育方式引导虚拟群体健康发展的重要途径。

（3）加强虚拟群体中意见领袖和示范性网络群体组织的培育

培育虚拟群体中的"意见领袖"。意见领袖是在信息传递和人际互动过程中产生的。一方面，高校管理教育工作者要将虚拟群体中已有的意见领袖逐渐培养成政治素养高、坚持主流价值观念、自主参与意识较强、具有很强影响力的学生中的先进分子，使其能正确引领整个群体的发展方向。另一方面，有意识地将优秀学生党员、学生干部培养成为虚拟群体的意见领袖，使其在虚拟空间内进一步发挥榜样示范作用。对于意见领袖在关键问题、关键事件上成功的影响作用，学校应该有意识地给予赞扬和支持，进一步扩大其威信和影响力。

培育示范性的网络群体组织。高校管理教育工作者要打造以网络班级和网络社团为核心的一批思想先进、内容丰富、吸引力强、覆盖面广的示范性网络群体组织。通过开展优秀网络群体组织的评选活动，选拔对校园文化建设和大学生成长成才等起到积极作用的网络班级和网络社团，选择有感染力、说服力的典型，深入挖掘、充分宣传，鼓励优秀网络群体组织引领和带动其他组织向着健康积极的方向发展。同时，学校还应支持网络群体组织的建设，为优秀的网络班级和网络社团创造条件，提供更大的发展空间，促进其健康良性发展。

（五）大学生生活群体管理

寝室是大学生群体在高校的一个重要学习、生活、交往的空间环境。从其功能来看，它是大学生进行思想文化交流的主要阵地之一，以寝室为主要载体的生活群体的构建和发展影响着每一名大学生，对生活群体进行有效地管理和引导，是大学生群体管理的一个重要方面。

1. 大学生生活群体的内涵

大学生生活群体，是以生活区域和范围划分的学生群体。生活群体是大学生入学时，根据院系、专业、年级和班级等条件自动生成的，可以按生活园区、公寓楼、楼层和寝室等划分，其中寝室是生活群体的基本组织形式。目前高校学生大约有一半的时间是在寝室中度过的，有些班级、组织甚至将日常管理教育和娱乐活动也搬到寝室中来开展。学生寝室中的管理教育功能对学生确立正确的人生观、树立远大的理想具有十分重要的作用。

寝室是大学生日常生活和学习的主要场所，也是课堂之外进行学生管理的重要阵地，是学生集生活、休息、学习、能力培养、思想交流和信息沟通等功能为一体的综合性场所，可以说，寝室是大学生的"第一社会、第二家庭、第三课堂"。在寝室，大学生不会受外界的约束，思想行为受本真意识的支配，天然情感和真实思想得以充分展示。今天大学生寝室的功能也已经从早期单纯提供住宿服务拓展到更多功能，如培养学生良好的生活习惯、养成优秀的思想品质和提高与人交往的能力等。寝室成员之间探讨问题、获取信息、交流思想、开展健康有益的活动，已经成为大学生学习生活的重要组成部分。但由于寝室成员交往密切，言谈举止不拘小节，学校的一些管理规章制度往往在寝室成员的相互默认中得不到严格的贯彻实施，甚至出现了赌博、酗酒等不良行为，这都需要大学生管理者进一步加强科学管理。

2. 大学生生活群体的特点

（1）以寝室为中心

学生寝室是大学生日常生活主要区域，以生活园区、公寓楼与楼层等划分的生活群体都是以寝室作为基本单位而形成的，并围绕寝室这一中心发挥其功能。一方面，寝室是大学生离开家庭后的新居所，寝室成员成为大学生最初和最基本的共同生活对象。进入大学后，青年的生活圈由中学时期以班级或者小组为中心转为以寝室为中心，成员之间的关系由天南地北完全陌生变为同处一室朝夕相处。大学生进入高校后，通过军训期间的生活接触，寝室成员相互熟悉和了解的程度大于其他任何群体成员，再加上对于周围环境的相对陌生，寝室成员自然成为大学生最初和最基本的共同生活对象。另一方面，大学生常以寝室为单位进行各种活动和交往。随着大学生活的进行，大学生的生活交际圈不断地扩大，由于寝室内部成员的行为保持较高的一致性，使得寝室通常是作为一个单位进行各种活动和与外界交往，这在大一、大二年级表现得更为突出。大学生往往会根据自己和寝室其他成员的需要，集体参与大学生活中的活动，如"联谊寝室"、文体活动等。

（2）稳定性强

稳定性主要体现在三个方面。一是群体成员的构成上比较稳定。寝室成员自入学之日起，一般要共同生活到毕业，较少有人员的流动。在大学的学习生活中，寝室同学之间认识最早，接触最多，了解的时间最长，内容也最广泛，成为相对固定的群体。二是群体学习生活状态相对稳定。寝室原则上是根据学生学习和生活的需要所确定的，其成员在大学学习生活的过程中，有共同的理想和相对一致的学习目标。寝室同学每天一同去教室上课、去图书馆读书，因此也具有相对一致和稳定的生活状态。三是群体成员关系相对简单。寝室中的组织结构大多是由寝室长负责一些具体的事务，既没有复杂的组织机构，也没有复杂的人际关系，不存在"等级""层次"等划分，寝室成员之间的关系一般变化不大。

（3）归属感强

生活在同一寝室的大学生由于朝夕相处，成员之间一般都会建立起一种经常、持续的互动关系，其交往程度也更为深刻。寝室成员一般会受到寝室文化影响，在无意识中将群体意识通过心理系统与自己固有的思维方式、价值观念和行为模式等发生交互作用，而且表现出相对一致的外部特征和行为方式。一般情况下，寝室成员所面对的问题和困难基本一致，能够形成心理上的认同和归宿，群体成员大都互相帮助，在学习和生活中共同进步。

3. 大学生生活群体的管理与引导

大学生生活群体主要是以寝室为中心。寝室在大学生养成良好生活习惯、形成优秀思想品质等方面起着重要的作用，需要高校教育管理者进行科学合理的管理和引导。具体来说，主要有以下三个方面。

（1）以归属感提升为重点，增强生活群体的责任意识

一般来说，归属感是指一个个体或集体对一件事物或现象的认同程度，并对这件事物或者现象发生关联的密切程度。提升大学生对所处环境的归属感，有助于其形成良好的人际关系、乐观向上的精神状态和积极的学习态度。要使生活群体成员拥有良好的归属感，一是要培养成员热爱集体，乐于为集体奉献和关心他人的良好品质。有关的心理学研究证明，成员在群体内的社会关系越好，对环境的满意程度就越高；在一起居住的时间越长，参与的活动越多，对群体的归属感也就越强。在管理中，引导学生共同参与集体活动，加强学生彼此间的沟通与交流，促进成员间团结协作、关爱互助，激发学生热爱寝室、关注集体、参与建设的热情。二是赋予学生自我管理的权力。鼓励大学生参与相关管理政策的制定与管理过程的监督，激发学生参与管理的积极性，提高其自我管理能力，如以民主程序决定寝室自治章程、寝室生活规定。

（2）以文化建设为载体，增强生活群体的能力素质

以寝室为主要载体，加强大学生生活群体的文化建设，对于大学生的成长成才，创造积极向上、健康文明、关爱互助、充满生机的学习和生活环境，具有重要的现实意义。一方面，强化文明寝室建设。通过加强学生宿舍管理，规范学生基本行为，引导学生养成文明生活习惯，树立当代大学生的良好风范和形象，营造出一个良好的成长成才环境。在具体操作中，除硬件设施建

设外，还包括软环境建设，如营造寝室独特的环境氛围，倡导文明健康的言行举止，消除寝室内不文明、不道德的现象等。另一方面，开展文化含量高的课余活动。引导学生在寝室成员间或寝室与寝室间开展以互助交流、文化学习、社会实践等为主要形式的文化、体育、科普、教育、娱乐、互助活动，融思想性、教育性和娱乐性于一体，培养学生形成认同以及发展组织文化的意识。

（3）以制度建设为保障，促进生活群体良好行为习惯的养成

伴随高校学分制教学改革和后勤管理服务社会化发展，科学化、规范化成为学生生活群体管理的发展趋势。在新时期管理的工作中，建设系统、科学的管理制度对于促进学生生活群体行为习惯的养成具有重要作用。一是要坚持"以学生为本"的制度建设理念，完善制度建设应要以学生为本，在制度制定过程中尊重生活群体学生的需要，鼓励学生全面参与，积极采纳学生意见，科学论证制度的合法性与合理性，保证制度在管理、服务中充分发挥教育功能，在制度执行过程中，尊重学生的各项权利，尊重学生的发展需求，保障学生的合法利益。二是构建教育、管理、服务功能互相配合的制度体系，建立以寝室安全及卫生管理办法、定期查寝制度等体现管理性的制度，建立以寝室文明公约、学生轮流值日制度等体现学校教育和学生自我教育的制度，建立高校学生政工干部入住学生寝室制度，强化服务与管理的有效结合。各高校应结合自身实际、因地制宜，充分发挥制度规范在促进生活群体良好行为习惯养成方面的保障作用。

第三节　大数据时代的高校学生管理创新

一、思想理念创新

高校学生管理工作创新的基础和前提是理念创新。理念是高度凝结的集体式智慧，核心是自主创新能力，这既强调外在的显性理念，又强调潜在的隐性理念。高校学生管理工作的创新，要让学生管理工作人员都能够与时俱进，及时更新个人理念，形成创新高校学生管理事务、提高管理工作效率的新理念。更新高校学生管理创新理念的具体途径有以下三个。

（一）领导者要有与时俱进、以人为本的理念

高校的大数据建设是一项需要消耗巨大人力、物力和财力的工程，同样也是牵扯到多个职能部门和一线人员的工程。因此，高校的学生管理大数据项目在实施前必须经过一个科学合理的规划，同样也需要高校领导者对大数据的趋势有一个清醒的认识，对时代的浪潮有正确的眼光，能够紧跟时代的步伐，大局观念强，能够花大力气对高校大数据建设的规划和部署进行严格把关。领导者要能主动自觉地学习先进的大数据理论观念，做到从自身做起，统揽全局，高瞻远瞩，全盘规划，同时，还应该在充分调研论证的基础上制订出适合自己高校的大数据建设方案和长远目标。

在开展大数据建设时，应该加强系统动力学理论的应用，运用项目管理思维进行建设管理，主旨是将学生管理大数据的过程当作一个具体项目来运作。从管理系统的整体出发，决定信息管理资源的配置和平衡，有利于现有学生工作管理能力下的整体最优化，能够进一步提高学生管理工作的效率，对高校学生管理工作有着较强的指导意义。

（二）管理人员应着重培养服务的意识，养成自觉利用大数据办公平台的理念

校园的大数据系统是为高校所有人服务的，高校管理人员也是校园大数据系统使用的重要主体，而采用网上办公、高校教师参与则是大数据建设的一个重要手段。高校管理人员应该加强自身服务意识的培养，在使用大数据办公系统时，能够从服务的层面提出相应的意见和建议，以加强对大数据系统的进一步改善。同样地，由于我国多数高校的管理人员属于不同教师阶层，来自不同专业，许多非计算机或者大数据相关专业的人员大数据水平较低，因此，信息系统的使用对他们而言有时候使用起来会出现不同程度的问题，因而他们仍然习惯于按传统的手工模式进行日常办公。所以，高校应该在大数据建设的同时，也要加强对学生管理工作人员的教育和培训，引导他们积极养成自觉利用大数据平台的理念。而管理人员本身则要在观念上对大数据的理解要加强，在理念上要跟上高校和社会大数据的步伐。高校要通过培养管理人员的大数据意识，使其能够在轻松使用大数据系统的基础之上实现成本的节约和效率的提高。

（三）学生要充分理解大数据带来的便利，积极使用大数据系统

现代化的信息手段的应用不但使得学生的学习效率有了大幅度提升，而且使学生在学习和生活上有了更大的自主性和灵活性。当前很多高校都实行了校园一卡通，像银行卡一样大小的信息卡片集成了学生证、门禁卡、饭卡与借书卡等一系列与学生密切相关的信息，给学生提供了极大的便利。同样地，大量信息终端的设立也使学生传统的学习生活中融入了大量的大数据内容，虽然在某种程度上对学生大数据素养的要求有所提升，但是其所带来的优势则不言而喻。在现实生活中，学生乐于接受新事物的特性也让学生更加热衷于大数据产品的使用，但是由于高校学生自身的心理和性格特征，高校还是要在加强学生大数据素养的培养、大数据资源开发和使用上给予他们必要的引导，使他们都能对不良的上网习惯和网上诱惑提升免疫力，保证大数据能够成为学生学习和生活的重要工具。

（四）技术人员在加强服务意识的同时，也要树立合作意识

高校信息技术人员在高校大数据的建设和维护中发挥着主导作用，因此，高校应该确保管理和维护专业技术人员能紧跟科技发展的步伐。由于专业的原因，很多高校信息技术人员工作的出发点往往只停留在技术层面，很难对各部门实际的需求有一个很好的把握。高校大数据技术人员应该与一般技术人员不同，高校要努力培养他们的服务意识。在前期调研时，要通过对学生、行政管理人员和其他管理人员的交流，了解不同人员的大数据需求。在大数据产品的使用过程中，大数据技术人员也要对产品有一个清晰的把握，以力求根据高校的实际情况，加强大数据产品的创新性和务实性，从技术层面和实际应用的需要对大数据进行相应综合的设计和建设。

在高校学生大数据管理当中，还要严格遵循"以人为本"原则，关爱学生、保护学生，促进学生的个性发展，从根本上提升学生的独立思考能力，加大对学生全面发展以及学习需求的关注度，旨在促进学生健康成长和高效学习。

信息技术提供的自动化功能和通信功能，有助于构建各类管理应用系统，提高管理的效率；信息技术强大的通信和交互功能，有助于畅通与学生沟通的渠道。借助信息技术构建各类应用平台，开展管理机制创新和应用，可以不断提升学生管理和服务水平，让网络能成为传承人类道德普遍价值的

新手段。高校要重视网络平台的建设，开展以"人类道德普遍价值教育"为主题的网上论坛、网上交流、网上辩论赛和网上教学等活动，在校园博客、论坛中将人类道德普遍价值贯穿新闻报道。通过大家的相互交流、对话和积极渗透，倡导积极、健康、文明、进步的价值观，不断改进和提升网络平台，强化民族精神，增强网络的宣传力和影响力。

二、组织结构创新

创新高校学生管理组织结构是在大数据背景下高校发展的有效动力。高校学生管理大数据不是在现有的基础上增加了计算机，添加了多媒体设备或是管理信息系统等软件，更多的应该是按照现代高校管理理念对高校学生管理的各个环节和各种资源的优化重组。在重新进行科学定位的基础上，进行信息流程的合理设计，以保证各种信息资源能够在网络环境下得到及时、准确、高效的传输，从而满足各项管理工作的需要。因此，要推进高校学生管理大数据，就必须在原有的组织结构上进行新的设计。

（一）建立高校学生管理大数据组织结构

高校大数据建设中成立大数据工作领导小组或者委员会，设置信息主管 CIO 职位，并在校"一把手"的直接领导下具体负责校园大数据建设的体制是目前高校大数据建设所推崇的。在具体的实施中，高校信息政策、标准由 CIO 负责制定并对全校信息资源进行管理、协调，校内各个职能部门和行政管理人员从管理的层面有意识地选择和使用信息技术，通过对筛选后的信息资源进行进一步筛选和挖掘，以实现对于数据的有效利用。CIO 结构的大数据组织体制，在促进高校学生管理体制的变革和高校专业结构的调整与重组，提升高校管理决策水平层面发挥着积极的作用。另外，在调整大数据组织结构的同时，还需要进一步完善高校大数据领导小组的组织体制。

（二）优化学生管理体制

1.高校学生工作组织结构的主要结构

（1）直线型层级结构

目前，我国众多高校的学生工作组织结构主要是由校与院（系）两级管理和条块结合的运行机制的直线型层级结构体制。直线型层级结构依靠迅速决策，灵活地指挥，让决策层能够快速地控制相关的职能部门和院（系），进而整合校内各种资源，推进高校全局工作的开展。这些优势让直线型层级结构体制仍然被广泛应用于高校学生管理中，但是其管理过程中多层领导条状分割，职能内容交叉重叠及沟通协调困难等问题也是显而易见的。如高校学生军训工作多由保卫处、资产管理处、学生处、院系等多个部门参与，需要很大的横向协调性。如果在工作的开展中不能进行专业化的指导，那么很容易造成非整个军训工作的领导不出面负责，而应该负责的领导又不出面的两难境地。同样地，直线型层级结构组织的跨度很大，致使院（系）"一把手"很难完全控制所有的学生工作。首先，与教学、科研的重要性相比，学生管理工作往往游离于高校的中心工作之外。其次，目前高校学生工作的信息传递往往需经过高校党委、行政、学工部、团委、院（系）、辅导员和班级干部等流程，高校如果使用直线型层级结构的模式就很容易因为层级多致使信息不畅，更严重者容易导致信息传递障碍和信息失真。最后，由于学生工作部门在党委的领导下负责辅导员等学生工作人员的教育、考核、评价，但辅导员的用人权限却在院（系）。这一人事分离原因，就很容易产生学生工作部门只能管事不能管人，而院系管人多于管事的人事分离现象。

（2）横向职能型结构

以一级管理体制和条状运行机制为特点的横向职能型结构管理模式目前仅仅在国内的少数高校实行。由于其只是在高校一级层面进行学生工作管理机构的设置和权限分配，然后再根据分工由各个职能科室直接面向学生和学院社团组织开展工作，学生管理工作由高校直接面对学生开展和多头并进条状运行是其最大特点。同样地，其所具备的管理扁平化、分工明确、组织跨度大等特点便使其减少了管理层级，工作职能将直接延伸到学生之中，横向协调也更加容易，指挥也更加灵活机动，致使决策者对管理的潜在影响增强。但是在这种组织结构下，高校学生工作人员往往会因为组织结构本身对专业化和管理层次的减少过分专注，致使工作的强度增加，心理压力增大。在工作负荷增大的情况下必然也会导致学生管理工作人员的工作效率低下，而如果继续在院（系）一级保留辅导员制度，依然会使辅导员因为隶属关系不明确而产生工作职责不清晰的问题。

2. 网上业务协同矩阵管理结构是大数据时代学生工作的有效组织形式

矩阵结构普遍化是目前国际著名高校组织结构取向的一大特点。目前，省内众多高校都在进行数字化、智能化校园的建设，高校学生和教师的大数据素养有了大幅度提高。高校很多的职能部门也会因为不满足于本部门的信息共享与业务协同，逐渐向跨处室、跨应用、跨职能的信息共享和业务协同等方向迈进。学生工作出现跨越教务、后勤和财务等校园内部多个职能部门的网上事务处理和信息服务的现象也日渐增多。很多高校学生在教务处进行学籍注册时，相关人员已经可以使用大数据手段，通过相关信息系统到财务处验证是否已交纳学费，以此来实现学生注册的快速服务。以往高校毕业生在办理离校手续时，手持纸质离校单要跑教务处、学生处、图书馆及后勤等十几个部门寻求盖章，通过使用毕业生离校系统跨部门业务协同，毕业生可以在网上实现毕业离校手续的办理。在学年评优评奖中，奖学金等奖项的评定往往需要如成绩、德育等方面的综合要求，而通过教务处、学生处的协同工作，该问题就很容易得到解决。在国内很多高校都使用了校园一卡通的系统，校园卡同时分别是学生证、图书证、门禁卡，往往交由网络中心具体负责卡的制作和发行，相应的教职工和学生身份信息分别从学生处、教务处、人事处及保卫处等的数据库通过横向整合同步到校园一卡通系统，这样就可以使用一卡通系统实现校内多部门的信息共享和联合办公。

信息技术的应用可以为中国高校矩阵管理结构的建立提供支持并发挥促进作用。当然，由于目前中国高校大数据的发展还不完善，高校要建立全校统一的信息系统以支持矩阵管理结构的形成，还需要经历很长一段时间。但是很多高校都已经通过设立一些新的部门和岗位，重组了业务流程，如成立大数据办公室作为推动大数据建设的综合协调机构；成立学生信息综合服务中心或一卡通管理中心等机构来促进大数据的进程，积极通过信息系统完成一些原来需要多个业务部门分别完成的工作。

（1）高校的大数据平台

应统筹学生处、教务处、就业指导中心、图书馆、校园卡管理中心、财务处、宿舍管理中心与心理咨询中心等与学生学习和生活密切联系的部门，合理规划平台的功能模块，并以统一的学生基本信息数据为基础，建成学生电子档案库，将学生在校期间的学习、生活、获奖及获得资助、违纪处分等各种基本信息包含在内。在实现功能的同时，能综合反映学生在校期间的表现，体现学生在学习、奖惩和获得资助方面的真实情况，最终实现对学生综合素质的客观评价。统一的学生基本信息数据是实现平台数据统计的核心要素。因此，要确保学生电子档案库中学生基本信息的统一。基本信息应该包括学生的姓名、性别、出生年月、生源地和学习经历等一些固定不变的内容，也包括在校期间的家庭基本情况和家庭成员信息等可能发生变化的信息，还应包括学生奖学金及助学金的获得情况和实习、培训等需提交后由院系、学生处审核的信息，而数据的更新可根据高校的特殊情况，由学生在特定时间修改，相关部门进行审核。另外，该平台要通过其他设置附加一些功能，以达到全面记录学生情况的要求，如一卡通消费情况、图书借阅情况和宿舍进出情况等，以便进行调查统计分析。

（2）平台应具有数据收集和数据分析的功能

该平台的数据来源应要直接、客观，适合用于调查统计分析。通过对相关数据进行统计分析，可以对学生在校期间的学习和生活等情况进行综合客观的评价。例如，将从校园卡管理中心调取的学生消费信息与学生资助管理中心调取的贫困学生统计信息进行对比，可以帮助高校对贫困学生的情况进行核实与监督，对补助发放进行相应调整；将从图书馆调取学生的借阅记录、进出记录与从教务处调取的学生成绩进行相关对比，对促进学生加强课外阅读和学术研究做出有效分析；对学生的就业信息进行统计，然后与学生在校期间的情况进行对比分析，为如何提高学生综合素质和就业能力提出相对客观的建议。同时通过对部门之间相关数据需进行交叉对比，了解高校在教学管理、其他学生事务管理过程中存在的问题，进而对学生工作和教学管理提出建设性的意见。如果平台的规划不合理，那么大数据平台运行将会十分混乱，大数据管理便也无从谈起，推动高校学生工作发展则更是奢谈。

（3）关注平台的权限分配

权限分配可以采取给予角色分配权限的模式，对不同部门的工作人员根据职务和工作内容分配不同级别、不同内容的操作权限，以达到对每个操作环节的细化，以提高系统的安全操作。该学生管理系统应支持学生事务管理部门的工作人员、班级辅导员和学生本人使用，同时也可为其他部门人员设置相应的查阅权限，以便了解学生的学习和生活情况。同样地，只有拥有用户管理权限的辅导员、学生处、教务处、财务处和团委等才有权对其相关信息进行修改。

三、业务流程创新

高校学生管理流程的再造可以定义为通过对于高校现有学生管理业务流程进行根本性的再思考和彻底性的再设计，以实现高校整体管理水平和办学效益的显著提高。我国高校的中心任务是培养人才，高校学生事务也是高校最重要的业务。在高校的业务运作中，学生报到注册、学生学籍管理、学生就业实习与学生心理辅导等基于学生事务的业务通常需要互相关联多个部门共同参与。如在新生报到业务中，各院系、财务处、学生处、资产管理处、保卫处以及信息中心等都是相关部门，同样也都需要在该业务中参与相关工作。因此，如果这些部门能够联合协同办公，那学生的报到手续也会有所简化。目前，高校学生事务的处理水平已经成为体现高校办学水平和管理水平的重要标志，学生业务需求也因为教育大数据的广泛开展而更趋多元与复杂化，所以对于学生事务的业务流程进行根本性的再思考和彻底性的再设计，使得高校学生事务的特定需求和大数据建设的实际相符，学生和学生工作人员的工作实际相符就显得尤为重要。高校学生管理在大数据环境下，要求教务、财务、保卫等各学生管理职能部门之间进行最大限度的协作，以求实现对学生管理的创新性改进，因此，高校学生管理大数据就是一种基于流程的管理形态。如今，高校要实现大数据背景下的学生管理业务流程创新，首先就应该分析原有学生管理流程的不足，坚持以优化学生管理流程为中心，摒弃以前以职能为导向的管理理念，对于传统的学生管理流程模式中分离的部分整合、相似的部分合并、多余的部分铲除，以力求实现学生管理的高效与便捷。

（一）对传统学生管理流程的改进

1.要在信息平台下实现组织结构扁平化

首先，高校学生管理要在经过充分调研论证的基础之上，建立便捷和高效的管理业务流程。通过缩小管理层级，使组织变"扁"变"瘦"，以求在达到扩大管理幅度的同时缩小高校领导与师生之间的距离，从而实现组织结构扁平化的目的。其次，要建立流程型组织结构。流程型的组织是以任务和目标为导向，以各种核心流程为基础，围绕一系列核心业务流程进行工作、人员和组织结构配置的一种组织模式。它改变了职能分配式的工作安排方式，加强了各职能部门之间的联系，促使信息流和资源流在高校内部顺畅流动，让各部门的资源和工作潜能优势得以充分发挥。例如，在原来的学生管理模式下，校领导如果要了解某个学生的基本情况，往往就需要通过下面多个部门集体收集资料，然后再进行逐级上报。而在大数据模式下，校领导可以跨越职能部门的限制，通过大数据的网络平台直接获取所需要的信息，这样校领导不仅能在最短的时间内获取自己所需的信息，也更大大减少了信息在传递过程中出现失误甚至失真的可能性。

2. 要在现代信息技术的网络化基础上构建协同管理的平台

高校学生管理工作是一项烦琐的系统工程，信息技术作为高校实现管理优化的一个重要手段，如果能够建立一个整合业务的协同管理平台，在这个平台里，能够实现对任意来源以及结构的信息都可以得到统一的管理和个性化的使用，那么就能够打破原有部门之间的信息垄断，对各种信息资源进行整合利用，从而推动信息资源的共享。现在，很多高校都已经迈入数字化、智能化校园的大门，它们利用先进的计算机技术、网络通信技术对高校学生管理和生活服务等所有的信息资源进行了全面的数字化。以数字化的信息管理方式和沟通传播方式推动高校实现教育大数据、决策科学化和管理规范化。

3. 要对相关业务进行集成，简化业务流程

对于传统分散的业务流程按照优化、顺畅、高效的目标进行重组和再造，是进行组织结构改造和建立协同管理平台之后的重要步骤，其手段包括对不必要的活动任务进行清除、整合任务、简化程序和自动化，对现有高校管理的流程进行进一步的改进。通过保障，信息只从源头一次获取，使流程具有更高的效率和准确性，实现信息的集成；通过尽可能减少教师和学生为某事反复接触的办事人员，实现功能和部门集成；通过把类似的活动整合集成，实现任务集成，集成任务后的工作是要建立将一项事务的多个步骤、多个部门、多个环节整合在一起的综合业务流程。例如，对现有的各类学生信息进行归类利用，用信息的公开化取代传统垂直管理中负责上传下达信息的中间层，用计算机大数据的处理方式取代传统学生管理人员手工的统计、登记工作，将学生管理人员的主要精力放在对信息的加工和进一步深化利用上，这样解决问题的速度会比以前以流水线为基础的业务流程更加快捷。又如，在年度助学金等级的审核与发放工作中，只需在学生管理信息系统中提前设置

好评定条件，由计算机统一进行审核，确定助学金等级和相应的发放金额，这样在避免了传统模式下人工审核烦琐的同时，也可以节省大量时间。

（二）学生管理大数据流程设计

高校学生管理流程是指学生管理活动中一系列相互关联行为的序列结构，它反映了在某种活动目标的导向下，这些活动的先后顺序、承转关系，制约、推进和输入输出的客观规律。基于管理流程的最优化原则，按照流程再造的步骤，我们首先要重新思考，即质疑传统的管理理念、管理方法、管理手段及管理过程，由过去简单照搬其他类型高校的管理模式转变为以学生为中心的管理模式，以全面服务于学生、满足学生各级各类学习需求为管理的最高宗旨，从而找出更简单、更有效、更科学、更先进的解决办法。

四、管理手段创新

（一）适应发展需求，革新管理方式

信息技术的快速发展，必然要求对原有的管理方式进行创新，要适应学生管理大数据的需求，对学生管理的方式进行一种新的转变。在学生管理大数据项目实施前，高校应设置大数据工作领导小组，兼顾目标管理、过程激励、项目管理及系统动力理论，运用项目管理系统的观点、方法和理论，对项目涉及的全部工作进行有效管理，以成功地达到预期工作的目标。大数据项目随着管理的需要而被提出，必然在流程、结构上体现管理的思路与方法，不同的管理体制需要不同的软件产品来适应。因此，在高校学生管理大数据项目的推进过程中，必然就需要了解原有的管理方式，需要找出现行学生管理方式与软件产品的最佳结合点。在后期的学生管理大数据过程中，高校学生管理一线人员要从封闭的局域性管理向着开放式的网络化管理转变，由手工的定性单项管理向网络化的定量综合科学管理转变。高校学生管理一线工作人员应努力使用现代信息技术，大胆地探索学生管理的新方式和新途径。

（二）抓好队伍建设，增强人员素质

万事"人"为先，人是任何管理工作中最为关键的因素，管理成效很大程度上取决于人的素质。在大数据条件下，高校建立起一支高质量的大数据学生管理工作人员队伍，是加强学生管理，完成人才培养任务的根本保证。首先，高校学生管理工作者的队伍应该由专兼结合、多层次的人员组成。这支队伍不仅应当具有较深厚的学生管理理论水平，更应当具有强烈的政治使命感和责任感，不仅应当具有实际的高校学生管理工作经验，更应当具有较熟练使用网络技术和软件开发技术的能力与水平，还要具有新形势下学生管理工作的开拓和创新精神。其次，要建立起一套与人才培养相适应的日臻完善的学生工作管理体制，理顺关系、分清职责，加强高校学生管理部门宏观管理和决策功能，充分发挥学生管理人员的主观能动性。最后，要建立培训机制，根据队伍人员的素质、层次特点，实行交叉融合培训，让具有丰富学生管理大数据经验的专门人才培训辅导一些新的学生管理工作的一线人员。同样地，要加强大数据理论的培训，让有着扎实计算机网络、软件基础的应用人才培训辅导大数据产品的使用，使得高校学生管理者能提升其在学生管理与大数据管理优化组合的能力及网上操作的能力，以确保高校学生管理大数据建设的深入进行。

（三）依托大数据平台，提升学生管理精细化程度

学生管理工作精细化，是指学生工作不仅要做好，更要做精、做细。精则精益求精，高标准，严要求，一丝不苟；细则细致入微，春风化雨，润物无声。要积极推进大数据技术在高校学生工作精细化管理中的应用，在推进学生管理工作整体高水平、高质量的同时，也要使用大数据技术追求学生个体个性发展，促进学生的全面成才。在大数据背景下，学生工作精细化的工作出发点是以学生为根本，因此，在具体工作开展中，应使用大数据手段，注重个体指导，有效提高教育效果。但同时，学生工作精细化又是一种形式，一种目标和态度。要达到精细化的学生工作，要充分利用大数据平台，做好学生教育工作的精细化、学生管理工作的精细化和学生服务工作的精细化。

（四）加强管理，完善大数据保护体系

高校学生管理大数据作为学生管理工作中的一项重要工程，其设置信息系统安全的等级保护就显得尤为重要。首先，在具体实践过程中，高校应该充分考虑网络信息安全问题，按需购买硬件设备及网络防火墙、入侵检测系统等设备。其次，在各信息系统的使用过程中，应该设置严格的等级权限，给各个职能部门分配各系统的账号同样应该符合该部门的职能和权限要求，没有必要就不应该出现交叉重叠的权限，同时还应该提醒各具有管理员权限的工作人员注意保护好账号的安全，以防泄露。最后，应该制定规章制度保

护信息的安全，对于因高校内部人员疏忽或者恶意入侵高校信息系统的人员应该予以严厉的处罚，对于私自盗用系统账号的学生也应该加大惩罚的力度，以确保在主观意识上保证学生管理大数据的安全。

五、技术支持体系创新

（一）加大硬件方面的投入是实现学生管理工作大数据的必要条件

计算机、网络的配置是学生管理工作大数据建设的硬件基础，要想真正实现学生管理工作大数据，高校就必须加大投入力度，完善信息系统基础设施建设。高校学生管理大数据也要求能够创新应用模式，积极加强新信息技术应用与尝试，试图以已经建成的校园网为骨干，依托于网络技术和各种大数据系统，重视大数据的实用性功能，整合自动办公系统、无线电信资源，借助网络以数据流的形式在各个角色之间流转与共享。与此同时，应加大基础设施建设力度，这既要靠高校自身的资金投入，也要靠引入市场机制，通过与大数据企业的合作，全方位地提升学生管理大数据水平。

（二）以数字校园智慧校园为基础进一步推动学生管理大数据建设

在高校，数字化把高校的管理和教学带入了一个全新的网络大数据时代，也给高校的学生工作带来了极大的便利。近年来，随着信息技术，特别是信息高速公路的发展，世界各国都已经大踏步地迈入网络化、大数据的大门，信息技术的发展和应用，极大地改变了人们的生活方式，也给各行各业带来了深刻的变革。与此同时，大数据的发展也开启了智能化的时代。

（三）使用物联网及 LBS 技术创新学生管理工作

保障高校学生安全是目前高校工作的重点，创建平安校园也是目前高校的一项重要任务，但是如何能够在最大限度地为学生提供服务的高校的日常管理中做到学生在校生活的安全，这是目前各高校迫切需要解决的问题。目前，物联网的应用在高校日渐增多，物联网既能够借助无线数据通信等技术完成对信息的收集，同时还能对收集的数据进行进一步处理并发送给用户。在学生日常安全管理工作中，如果能够把相关感应器和识别设备置放在像教室、食堂、图书馆和寝室等学生活动的相关区域，那么一旦学生进入或者离开，手机就会发出相应信息提示或者警告。同样地，如果在寝室里安装感应识别系统，那么晚上学生进出寝室就可以通过自己的一卡通实现楼层寝室门的开关工作，极大地便利了学生的日常生活。通过"物联网"，学生管理者可以通过随时掌握学生的准确位置和其他情况起到预防安全事故发生的作用。高校也可以把 RFID 读取器架设在教室、寝室门口、大楼入口处、走廊、图书馆和顶楼等地点，同时在每个学生的手机或者饭卡中安装 RFID 标签。这样当学生离开寝室时，学生手机就会通过 RFID 读取器便会提示今天上课要带哪些书，有哪些活动需要参与。物联网还能给学生的日常学习和生活提供便捷，比如，当学生到图书馆借书时，通过 RFID 读取器，图书馆的门禁系统也会自动打开，这样不但加强了图书馆的安全，同样也为学生借书提供了方便。此外，基于位置服务（Location Based Service 简称 LBS），完全可以应用于学生日常的学习和生活，如果说物联网是被动地管理学生，那 LBS 完全可以为学生管理工作的主动性提供便利。

（四）使用新媒体加强学生思想政治教育

新媒体是指在大数据和数字技术支撑体系下出现的媒体形态，其通过计算机网络、无线蜂窝网和卫星等介质，给人们提供诸如数字报纸、数字杂志、手机短信、移动电视、网络、数字电影与触摸媒体等服务。根据新媒体学者所提供的信息，一般认为，新媒体大致分为以下三种类型：第一，互联网媒体，指的是建立在互联网上的各种媒体形式，主要包括门户网站、博客、微博、网络媒体、网络广播、RSS、即时通信、搜索引擎与虚拟社区等；第二，以手机为接收终端的媒体形式，如手机短信、手机电视以及手机上网功能；第三，以数字电视为基础的新媒体形式，主要包括车载移动电视、楼宇电视等。如今，以微博、微信为代表的新媒体由于其交互性、开放性及个性化的特点为人们所钟爱，高校的大学生更是早早加入了使用微博、微信的行列之中。在新媒体时代，高校完全可以使用新媒体创新学生思政工作，使用新媒体积极探索新的工作方法，促进学生管理工作的进步。

六、绩效评价体系创新

高校大数据全面评估中一系列相互联系、互相补充的指标共同组成的统一整体，构成了高校学生管理大数据的绩效评价体系。高校学生管理大数据的绩效评价体系是验证高校大数据成效的重要手段，因此，评价体系的建立也应该在符合大数据的前提下，贴近高校工作的实际。这首先要求高校学生管理大数据指标的设计要具有一定的目的性，能够综合反映高校学生管理大数据建设和发展的现状，有利于制定和出台高校必要的政策和制度，能够整体推进各高校的学生管理大数据建设和发展，实现其导向性。其次，指标体系的建立在借鉴和吸收教育理论和信息理论的同时，也要能够遵循高校大数据的科学概念和理论体系。按照以上要求和大数据绩效评价理论中的要求以及学生管理工作实际，高校学生管理大数据绩效评价指标体系可由以下两个方面构成。

（一）战略地位评价指标

高校大数据的战略地位决定了大数据工作在高校工作中所处的地位，这是高校大数据成功的前提，只有确定了高校大数据的战略地位，对大数据予以重视，才能保证大数据工作的资金来源，让高校大数据能够顺利地进行。在大数据战略层面，一般认为大数据年度运营维护投资、大数据年度资金投入占高校总投入的比例与大数据投入经费增长率等三项指标能够反映和评价大数据的战略地位。大数据年度运营维护投资是高校对大数据投入力度的反映，要想大数据取得成功，就必须有明确的大数据规划和充足的预算资金。高校对大数据的实际投入情况则选用了大数据年度资金投入占高校总投入的比例和经费增长率来从静态层面和动态层面进行考察。学生管理大数据年度投入则包括硬件基础设施建设、管理信息系统开发与应用和人员培训等诸多与大数据建设相关方面的资金投入总额。

（二）基础设施评价指标

大数据基础设施既是反映高校大数据水平的一个重要指标，也为信息资源的开发与应用提供了直接的平台。其主要包括个人计算机拥有率、校园网出口带宽、校园网覆盖率以及学生管理信息系统的普及率。校园网出口带宽不但是信息传输、交换和资源共享的必要手段，也是反映高校通过网络与外界交换信息资源的快慢的重要指标。其包括网络设备的规格、性能等内容，是基础设施的重要组成部分，校园网出口带宽指标可以随着网络技术的不断发展来进行调整。个人计算机拥有率则可以简单地理解为在校师生计算机的拥有率，校园网覆盖率则表明高校内部网络的建设、推广情况。学生管理信息系统的普及率则主要是指各个职能部门的业务情况与其大数据信息的使用比例。

第六章 大数据时代的高校教师管理

第一节 大数据时代高校教师的定位转变

一、大数据时代对高校教师角色的影响

教师的角色是教师的具体的岗位职责、明确的教学任务以及在与学生相处过程中体现的方式和关系。高校教师的角色不仅是社会群体对高校教师的地位认可、教学行为的评价和要求，还包括了教师自己对其教师身份、行为的认知和期望。在大数据时代原来"象牙塔"里神秘的大学教师的形象、工作方式、社会要求以及与学生相处的方式等方面都由于信息技术的发展和互联网的普及发生了重大的变革，所以在大数据时代高校教师的角色也应该顺应时代要求发生转变。

（一）大数据时代高校教师工作方式的转变

1.大数据时代高校教师要在工作方式中充分利用现代信息技术

大数据时代对于高等教育所产生深刻的影响是以大数据技术革新、信息资源共享的方式来实现的。这些影响促使高校教师改变了教学方式，创新了许多工作手段。比如，目前很多高校都通过手机或平板计算机等移动智能终端作为教学工具开展课堂互动，将教学课件、教学资料等上传之后学生就可以不再使用教材和去图书馆查阅资料，课堂气氛活跃、教学内容丰富或教学方法多样等效果非常明显。还有一些高校直接利用弹幕进行课堂教学，当教师发布问题之后，学生可以利用手机、平板计算机等移动智能终端将自己的答案发布在教学屏幕上，实现课堂上的趣味性交流，也有效地活跃了课堂氛围，促进了师生互动。

2. 大数据时代高校教师的教学内容和方式发生了改变

在大数据时代的环境里，告别传统的黑板、粉笔和一般教材的教学模式，高校教师尝试或者必须使用电子文本、声音、图片或者视频等媒介来作为教学内容传递的主要载体。这样的转变也给高校教师提供了非常大的发展和创新的空间，尽可能地发挥想象力利用各种现代化信息技术，重新设计教学方案，将讲授的知识和技能用更加生动的表现方式给学生呈现出来，大数据时代的高校教学过程突出表现的就是这种表达方式的感染力和影响力。由此可见，大数据时代的高校教师的工作并不只是单纯地将知识和技能进行结构分解，有效地传授给学生，而是发挥更大的创造力，使用大量数据信息和最新的多媒体技术来改革教学过程、教学方式和教学内容等。

以目前许多高校都已经有效实施的翻转课堂教学方式作为例子来说明大数据时代高校教师工作方式具体的转变过程和实施情况。所谓的翻转课堂教学方式，就是要求学生首先根据教师的要求通过互联网获取某一主题相关的信息资料，与同伴组成学习小组进行积极的交流，然后在上课的时候充分利用宝贵的时间与教师进行交流和讨论、在教师指导下积极地训练。在这样的模式中，学生原有的在课堂上同时进行的学与做活动分解为获取知识和掌握吸收两个独立的阶段。这样的分解充分发挥了学生对知识学习的主动性，也提高了学习效率，使用了这种教学方式后，高校教师的工作内容也改变了固有的模式。现在教师要把传统地按照教学计划将知识点一一讲授的方式转变成为布置授课任务、组织学生小组讨论、检验学生研究成果、解决个别学习问题和布置章节练习等。在教学活动结束后，高校教师也不再是单纯的个体备课，而是将授课任务制作成微课视频和学生的学习计划。

3. 大数据时代高校教师与学生沟通方式发生了改变

在大数据时代，人与人的沟通方式已经发生了翻天覆地的变化，打破了时间和空间的阻隔，实现了及时的、多角度的、全内容的交流。在互联网技术、智能移动终端和计算机程序等现代信息技术的共同努力下为人类搭建的交流平台上，教师与学生的沟通也更加便利、便捷和有效了。教师可以利用网络技术和云存储技术将有关课程的教学日历、课件及习题等资料与学生共享，帮助学生完成学习计划、为学生布置学习作业、解决学生的疑问等；教师可以利用腾讯 QQ、微信、微博、公众账号等载体进行交流互动，了解学生的思想动态，帮助解决学生成长中的问题，成为学生们的"知心朋友"；教师可以通过教学评价系统了解学生对讲授课程的看法和意见，并且以此对自己的课程进行进一步的教学调整。

简而言之，在大数据时代，高校教师在学生眼里也不再是高不可攀的形象。通过多种交流媒介的应用，高校师生之间的沟通变得十分多元，并且对课堂教学起到了积极的促进作用。

（二）大数据时代高校教师的角色承受更多来自社会公众的期待

传统的高校教学模式在课堂设置、教学目标、教学内容设计和教授方式等各个方面都有统一的设定。因此，社会公众也按照传道、授业、解惑的标准要求教师把自己的专业知识、技术经验、意识形态灌输给学生。此时，高校教师的工作内容就是将专业知识进行复制和传输，但是在大数据时代里，人们获取信息的方式非常多元和便利，对于教师的期望也不再是单纯的知识灌输，而是发挥学生的想象思维，创造更多的可能性。

在这样的大数据背景下，社会公众更加期待高校教师应该以学生为主体，协助其完成知识的获取过程，并且进一步指导学生综合利用这些信息进行某一知识领域探索。高校教师需要利用互联网和软件程序与学生实现即时灵活的沟通，更便于对学生在学习过程中出现的疑问进行解答和指导，帮助学生对知识更好地理解和更深刻地掌握。教师综合学生的课堂表现和课后学习活跃性给予学生全面的评价，对于学生的进步要明确鼓励，让学生更深刻地理解学习的意义和本专业的价值。一方面，互联网技术和现代化信息手段为高校学生提供了丰富的学习资源和便利的学习环境，但是存在的问题也绝对不能够忽视。因为网络的便捷，导致学生随时随地都可以展开某一问题的信息收集，那么，这种信息的了解和思考都是在某一时间节点发生的，学生的学习时间过于分散。另一方面，学生收集信息的关键词和主要目的也不尽相同，获取的信息更多的时候表现为分散而凌乱的，无法形成知识体系。过多零散的知识突然出现在学生学习的某一个节点上，学生没有能力产生整体的思考，更无法实现更深层次地学习，与此同时，还应考虑学生的自治性和自律性。虽然我们探讨的是大数据时代高校教师的教学能力改革问题，面对的教学对象已经超过了18周岁，是法定意义上的成年人，但是，网络成瘾的问题并不是单纯受到年龄控制的，所以，对于这样的自由的学习形式，必须从教师的角度加以督导和监管。

在学生的学习过程中，学生需要抵御各种来自互联网的娱乐吸引，坚持持续性、计划性地学习。还有一点需要社会和学校注意，在大数据时代对于信息的鉴别是一种应该具备的能力，学生必须能够独立思考或者在教师的协助下辨别所获取的信息的真假，以此来促进学习的效果。面对这些由于现代化的信息技术和互联网技术融入高等教育而产生的问题，社会公众更加愿意将其解决的任务交给教师。更简单点说，人们更愿意相信教师能够起到规范和约束学生利用大数据和互联网来进行学习的行为。正因如此，高校教师应该在教学活动开展之前，充分了解信息之间的关系，并且按照其难易程度、主次关系来整合知识点。教师还应该时刻关注现代化信息技术和互联网科技的发展，学科相关的最新的数据特点，以便用最新的技术和数据调整教学内容，保证教学活动的时效性。除此之外，教师还应重视对学生学习过程和学习效果的评价工作，协助学生了解自己的学习进度和学习情况，以便找到问题，提出解决问题的方法，进而有效督促学生更好地完成下一步的学习工作。

（三）大数据高校教师与学生的关系更加亲密

教师与学生的交流仅仅停留在教室里课堂上的关于教学内容的讲授和相关介绍，由于受到时间、地点的限制，师生之间很难做到充分地沟通。

在大数据时代，互联网科技为我们带来了多种沟通方式和交往手段。比如，教师可以根据教学内容的讲授情况，进行课后辅导和问题答疑；可以了解学生关心的问题和新闻，在下一次课上进行交流；可以针对学生在专业领域、职业生涯规划方面做"知心人"，予以一定帮助和解答。在课堂上古板权威的教师形象将会被弱化，积极主动、思维活跃的学生新形象就此产生了。教师不再那么依赖教材，学生也可以通过多种途径了解更多的本专业知识和信息，在这种自由、和谐、合作关系之中，学生可以获得更加有利于个性发展的方式。

二、大数据时代高校教师角色的发展趋势

高校教师的工作方式、社会公众对其角色的定义和看法、与学生之间的关系都因为大数据的出现和信息技术的发展发生了翻天覆地的变化。这些变化主要集中在教师对学生学习过程的干预、数据信息资源的使用、学习活动的设计、与学生沟通交流的内容和方法等方面。在大数据时代，高校教师除了要保持传统的教育者、文化传播者和智力开发者的身份之外，更是把主导学生学习转变为引导学生学习、传递数据资源改为整合数据资源、组织学习过程转变为协调学习过程、对学生学科教育之外转变为平等的咨询活动。因此，在大数据时代的高校教师角色主要体现为以下的九大类。

（一）教育者

高校教师的角色，首先是教书育人者，是承担高校教学活动的主体，同时也是主导师生关系发展的主要一方。为了实现高等教育对社会发展提供所需人才的目的，高校教师应该根据人才培养目标设计教学内容、规划教学过程、创新教学方法，并且在教学活动实施的过程中以言传身教的方式影响学生的道德情操和行为准则。所以，高校教师首先应该明确教育者的身份，树立良好的师德师风的社会形象。

（二）文化的传播者

教育活动本身也就是文化发展和创新的源泉。教师在作为教育者的同时，也相应地具备了将其所了解的专业文化知识进行传播的功能，如果没有文化传播和传承的必要，教育者的存在就没有任何意义了。在课堂上，学生用最短、最直接、最有效的方式从教师那里获取文化知识，教师在这一传递过程中利用启发、讲解、评价的方式促进学生对文化知识实现自我消化和再创造。因此，教师在明确自身教育者的身份的同时，还应当做好文化传播的工作。

（三）智力的开发者

不同于中小学教育，高等教育内容除了专业知识信息的传递功能之外，还包括对学生在专业领域的智力开发、解决专业难题的能力培养和对本专业的思考和探索能力等内容。换言之，高校教师应该在保证基础理论知识和技能的教学效果之外，通过激发和引导的教学方式，让学生对学科领域的拓展知识、延伸技能、创新理论产生兴趣和热情，继而产生对学科继续研究的钻研精神、探索精神和创造能力。在针对学生智力开发的过程中，高校教师应积极探索和创造更适合的教学环境和条件，尝试多种教学方法和丰富的教学资源，以达到开发学生智力、促进学科发展的目的。

（四）信息资源的整合者

在大数据时代，互联网已经成为现代人获取知识和信息的主要渠道。

当我们想要了解某一知识点或者解决某一问题的时候，无论是学生还是一般的社会人都不再只是翻阅字典、查询专业书籍或者求教专家，而是打开计算机或者手机进行网络信息搜索。但是我们也应该清楚地知道互联网世界里的大量信息都是杂乱无章、毫无头绪的状态，也许还有不少虚假、错误信息掺杂其中。如果未经过整理和鉴别，学生仅凭一己之力进行数据的收集和整理的话，其学习效果可想而知。所以，在采用现代化信息技术进行教学改革的时候，教师必须在学生课前信息收集、自主学习的阶段对网络信息进行必要的鉴别和整理，形成与本专业理论体系一致的信息资源库，以帮助学生建构学习框架和学习路径。高校教师针对本专业教学资源进行信息整理的时候，应该注意不同知识点之间的逻辑关系，以及信息更新的速度和时效性，同时，教师还应在课程资源库中体现学生接受知识的难易程度，让学生在不同的学习阶段了解自身的学习程度、存在问题和未来发展的方向。

（五）学生自学的引导者

在大数据时代，现代信息化技术对于我们的工作方式和学习手段都产生了巨大的影响。高校教师在教学的过程中也纷纷开展多种多样的教学改革尝试，出现了慕课、翻转课堂和课程资源库等利用网络进行线上和线下相结合的学习模式。在这些创新的教学模式中，利用互联网进行课前自学和课后拓展学习的学生越来越多，当然其中一部分是教师教学的需要。不管原因如何，在大数据时代学生的自主学习的积极性明显加强，相应的教师对学生学习过程的控制力也在明显减弱。但是自学并不是自由地学习，也不一定是有效率地学习，尽管已经是大学生了，在自学过程中也可能遇到知识体系和逻辑关系混乱的情况。所以，教师应该引导学生设立学习目标，为学生创造合适的学习条件，给予学生学习的鼓励和支持，在这个时候，高校教师就是学生的导师，引导其实施规范化的自主学习。

1.引导学生树立合理的学习目标

合理的学习目标是学生在学习过程中努力的方向。如果学习目标制定得过高，会影响学生的学习积极性，反而会降低学习成效，所以，高校教师应该帮助学生针对自己的基础情况设定合理的学习目标，并帮助其整理学习的信息，激发起学习的兴趣。

2.引导学生组成学习团队

俗话说，"三个臭皮匠顶一个诸葛亮"。在进行创意活动的时候，我们往往采用德尔菲法或者头脑风暴的方法依靠集体智慧来促进技术的创新。在学生进行自主学习的过程中，教师应该引导他们组成学习团队，协助他们分工协作，并且激发他们发挥个人所长完成学习任务。这样的自主学习方式可以解决个人在独立学习过程中可能遇到的钻牛角尖或者学习任务重等问题，也更有利于对知识的探索和创新。

3.引导学生主动发问

在自主学习的过程中，学生难免会遇到知识的盲点或者对所学知识理解的误区等问题。在这个时候，部分学生会选择自己思考解决，结果往往是无法解决问题或者降低了学习的效率。所以，高校教师应该积极引导学生在自学过程中按照正确的路线进行，并且在遇到阻碍的时候主动发问，以顺利完成学习内容。

（六）团队学习的参与者

在上文中，我们已经提到了学习团队的学习形式在自学活动中的重要性。由于目前互联网提供的信息交流的便利性和开放性，学生在学习团队实践的过程中，团队成员之间不必实现物理性质的见面，他们往往可以以互联网为媒介展开协作和交流。教师应该参与其中，以行业专家的身份对学生的学习活动给予指导或者引导其针对重要理论和观点展开讨论，更好地实现学习目标。另外，在整个学习过程中，高校教师适时地出现，给予学生反馈、鼓励等，都可以很好地引导学生完成学生任务，所以在学习团队的自主学习活动中，高校教师的组织和参与是实践团队协作的必备条件。

1.引导学习团队确定合理目标

在参与学习团队的自学活动时，高校教师作为活动的组织者引导学生确定合理的学习目标，并且将这一目标分解，组织学生按照各自的优势合理分工，完成每一阶段的具体目标。

2.协助学习团队做好资源整理工作

在参与学习团队的学习过程中，高校教师作为信息资源的整合者，应该在学习活动开始之前，协助学生做好信息资源的收集、整理和鉴别等工作，并为学习团队的自学活动提供必要的技术支持，创造科学的实践条件。

3. 规范学习团队的学习活动

在参与学习团队的学习过程中，高校教师针对出现的问题或者偏离学习目标的活动应该给予一定的忠告或者一些建议，以便帮助学生能够更加科学、主动、合理、规范地完成学习任务。同时，高校教师在活动中有监督、控制和评价其学习过程的义务和任务，能让学生更好地了解自身知识掌握情况和学习中的问题。

总而言之，高校教师在学习团队的自学过程中能够更好地保证学生学习过程的科学性、合理性和高效性，还能够更加充分地利用大数据资源和信息技术协助学生完成学习任务。

（七）自学过程中的咨询顾问

大数据时代所提倡的学习的主动性和协作性在学生的自学活动中全部都可以体现出来。学生通过和外界的沟通、合作的方式来获取知识，形成分析和研究的能力，对知识的整理、分析、应用的过程是真正的学习过程，让学生享受学习。在大数据信息技术的协助下，学生可以相对自由地规划自己的学习活动、掌握学习的进度，可以根据自己的爱好、特点和学习基础设计自学内容和选择适合自己的学习方式。在这个过程中，高校教师要给予学生充分的信任、尊重，不要过多地干涉，但是，当学生遇到问题和疑惑向教师咨询求助的时候，教师应该针对学生的特点、学科的特性、出现的问题等进行科学的指导和耐心的解答，成为学生学习过程的咨询顾问。

（八）教学方法的创新者

在大数据时代的教育教学创新活动中，高校教师身为教育者应该充分利用现代信息技术所带来的创新的教学方法来提升高等教育的教学效果，也为教学改革活动创造无限的可能性和改革空间。换言之，高校教师必须认识到创新教育是身为一名高校教师的岗位职责和工作内容，成为教学方法的创新者和开拓者就是一名高校教师的职业理想和努力方向。

高校教师与中小学教师的不同之处，就是其兼负教学工作和科研工作的双重岗位任务。在日常的教学工作中，高校教师以科研改革的成果促进教学活动的前沿性，引领学生深入思考和探索本学科的发展。在日常的科研工作中，高校教师将大数据信息技术与教学活动中的思考和探索进行整合，从而推动专业学科的进步与发展，进一步将专业新成果再反作用于本职的教学工作。如此往复循环，既能够促进科研工作的进步，又能够创新教学工作方法和内容。

随着大数据时代的发展，高校教师对于新技术、新科技的掌握情况，不仅能够有效地决定其教学工作的效果，也更能够促进其形成科学的教育理念、提升自身教学水平，创新教学方式。

（九）学生未来生活的规划者

通过上述的分析，传统教育理念中高校教师的角色是教育者、文化的传播者和智力的开发者，而到了大数据时代，高校教师的身份更加多样化。这时，高校教师成了一个信息资源的整合者、学生自学的引导者、团队学习的参与者、自学过程中的咨询顾问和教学方法的创新者。除此之外，由于师生关系越发亲密的趋势，高校教师还逐渐表现出对学生未来生活具有一定的规划功能。高等教育本身就是创新的教育。在学生进入社会之前，在大学校园里从教师那里获取的知识和掌握的技能是学生在未来适应社会发展的坚实基础。通过教师在课堂教学活动中预测社会发展的前景，学生可以科学地预测将要参与的社会生产劳动、规划及将实现的生活模式，创造未来的无限可能性。

高校教师作为实践高校教学的主体，其对学生的教育、科学研究的探索都起到了至关重要的作用。因此，高校教师在实际的教学工作中往往还扮演着学生心理健康的指导员、学校与社会公共关系的公关经理等角色，在大数据时代高等教育的发展中，相信高校教师还要承担更多的角色和任务。

第二节　大数据时代高校教师队伍的建设

一、高校教师需求与岗位设置

（一）高校教师需求

当前我国高校师资管理应遵循的原则之一就是"按需设岗"。高校在设立岗位之前，人事管理相关部门将会对本校教师队伍以及本校经济的实际情况进行考察，并进行预测分析。需要考虑到这三个问题：第一，当前本校教师队伍的结构层次，年龄、职称、学历和专业等都要包含在内。同时，对高校当前的教学任务和教学要求进行了解。第二，对近年来高校招生状况和变化要有一个清楚的认识，以做好师生比例调节。第三，高校建设要以学术和教学为主，所以学科建设应该被放在首位。人事管理相关部门要对本校的学科发展以及重点学科的情况必须清楚，特别是学科建设是一项复杂而长期的工程。学科建设的核心是学术梯队建设，学术梯队必须有学科带头人以及合格、成熟的高校师资队伍。总体来看，人事管理相关部门对于高校师资队伍的需求进行分析预测时，必须掌握当前高校师资队伍的情况、高校学生人数的变化、学科建设以及高校的建设目标等。在厘清多方面需求后，人事管理相关部门最后应该了解高校设置的各个岗位，所以，建设高校教师队伍的前提是对高校全方面的情况都应该有所了解。

（二）高校教师岗位设置

高校教师岗位的设置应以岗位成本和师资优化作为前提。设置岗位必须是为事设岗，而不是因人设岗。确立岗位要求和工作准则后，再公开以岗择人。招聘人才应遵循公开招聘、公平竞争、择优聘任的原则，在整个过程必须严格审核，不可徇私舞弊，最后与合格的人员签订聘用合同。高校要具有这样的意识，教师岗位设立的目的是推进高校实现进一步发展，设立的岗位应该反映出高校在学科发展和教学科研方面对师资力量的需求。对于高级职务岗位，首先要考虑学科带头人的人选，学科带头人直接关系到学科建设，是高校发展战略和定位的重要岗位。所以，高校在设置岗位时应该先留有余地，这样也更有利于人才的晋升和发展，鼓励中青年教师踊跃表现，推动高校进一步发展。

具体来看，高校教师岗位通常可以分为三类：第一类岗位是以学科带头人、学术带头人为代表的高级职务岗位。这一岗位的人员是高校学科建设的领头人，负责学科建设规划的制定和落实，是学科梯队的建设者。学术带头人是学科下属某一研究方向的领头人，这一岗位是根据学科发展以及研究方向进行设立，是学科建设的坚实力量。第二类岗位是学术骨干岗，这一岗位是高校的骨干力量，在学科、学术带头人的领导下担任着高校学科研究，同时其中一部分教师还是高校教学重要的组成力量。第三类岗位是教学科研岗位，这一类岗位以青年教师为主。这些教师还处于学术积累的重要阶段，在学术带头人、学科带头人以及学术骨干的领导下，在学术科研工作中发挥力量，是教学和科研工作的基础性力量。

二、完善创新教师聘任制

（一）优化人才引进机制

高校进行人才引进要推行明确的人才引进制度，并且依照制度来对引进的教师进行各项考核，这是一个系统工程，需要建立完善的引进机制才能发挥其巨大的优势。

1.创新制度

要顺利完成人才引进，首先就要对制度进行创新优化。行业壁垒、高校与企业之间的隔阂都是阻碍人才引进的障碍，因此对于不同行业、不同类型的人才要推行不同的聘用形式。拓宽聘任渠道，打开聘任范围，是获得更多人才的有效途径，高校拓宽师资来源，向社会各界打开岗位招聘的大门。特别是应用型高校更需要应用型人才，应该为具有实践经验的高层次专业人才提供更多的渠道和方式，通过专职或者兼职的岗位来吸引人才的加入。随着我国国力的增强、大数据时代的来临，很多海外学者纷纷回国效力，高校应该趁此时机大力吸引不同教育背景的教师加入，建立起更为广阔的人才资源分享市场。

2.建立新型用人方式

高校要推动人事管理进一步发展，实现教师人事关系社会化，转变传统高校的教师管理方式，建立高校与教师个体双向选择的新型用人方式。通过人事代理来处理教师的人事关系是一种新兴的人事管理方式，人事代理是经过政府许可的人事关系中介机构，有专业人员帮助委托单位办理员工的各种社会保险。当员工与单位解除雇佣关系后，人事代理就会为员工快速办理人事关系解除的各种事务，人事代理可以为高校减少人事管理的烦琐工作，而且在与教师确立劳动关系上会更加灵活。教师个体也不会为复杂的人事关系所扰，在高校工作期间还可以获得较为健全的社会保障，解除了教师的后顾之忧，还有劳务委派，劳务委派通常在高校后勤以及维护工作岗位较多。总之，高校在教师队伍建设上，不仅要做好吸引人才的工作，还要做好维护人才的工作，为教师提供完善的保障体系，让教师能够安心工作。

3.严控聘用入口关

高校教师的聘用，首先参加应聘的人员必须持有教师资格证。高校是培养高级人才的摇篮，也是传播知识的圣地，所以高校教师这一岗位对于专业性和学术性都有着严格的要求，具有良好教学经历的人员可以提升高校教师的学历结构。高校自身也应该不断适应大数据时代下人才的竞争，高校必须时刻做好人才竞争的准备，在坚持人力资源规划的基础上，顺应市场发展，在保证人才质量的前提下广招人才，充分利用大数据时代的优势，面向全国、面向世界广泛吸纳贤才，公开招聘高水平的教师。

4. 开拓师资渠道

开拓师资渠道的重要意义在于丰富高校师资队伍的学缘结构，避免教师队伍出现学缘结构的"近亲繁殖"，尤其是我国高校在教师学缘结构方面一直存在问题。充分利用大数据时代的技术优势，充分地开拓师资渠道，吸纳不同院系、学派的教师可以有效地改善学缘结构。师资来源多，岗位选拔的选择性也多，有利于建设高校教师队伍，提升高校的办学水平。高校应该逐步改变本校毕业生留任的传统，尽量减少或不留本校应届毕业研究生、博士生加入本校的教师队伍。从短期来看，虽然这种做法确实会降低教师队伍扩充的效率，对于学缘结构的建立却是长久之计。高校教师的聘任不要将眼光局限在本地域，而是应该放眼全国、放眼全世界，高校根据自身的实际情况和能力，在高校自身能力的许可下，追求更大的聘任区域，打破地域限制，丰富自身的师资队伍，打造具有学术多元性的优秀教师队伍。

5. 专兼职结合

在大数据时代下，高校教师队伍完全由全职教师来构成显然是不现实的，建立专兼职结合的教师队伍则更加符合高校的发展需求。当前相当一部分专职教师占有编制，一定程度上影响了高校内部人员流动，高校根据教学需求合理聘用兼职教师不仅能够补充高校的师资力量，还能突破传统人事固定编制的束缚。推进专兼职教师队伍的建设，可以推动高校内部人才队伍合理流动，促使高校的办学以及科研能力的提升，推进内部良性竞争的形成。以日本为例，日本某些大学师资队伍的构成甚至会出现兼职教师比例高于专职教师比例的情况。我国高校在专职教师的基础上，要更加贴合社会，关注人才市场的动向与需求，合理地聘用兼职教师，从而有效地利用市场上优质的人才资源。

高校实现专兼职教师的模式，有利于高校从社会汲取更多的人才力量。在内部教师队伍当中选拔、晋升优秀人才的同时，再向社会聘用人才，这需要做好内部教师培养工作，另外还要做好聘用兼职教师的工作。结合大数据信息高校的发展，高校要结合自身情况来编制教师队伍，通常来说，教师队伍应该留出四分之一至三分之一的教师岗位用作流动岗位，充分地利用兼职教师的力量。兼职教师的来源不能局限在人才市场，高校还可以从科研单位、企业和政府等部门聘请专业人士。这些人士不仅有扎实的基本专业理论知识，还有丰富的实践经验，可以带来与本校专职教师不同的教学效果。

（二）完善教师聘任制

我国高校在推进教师聘任制的人事制度已经取得了一定的成果，不过仍然存在发展弊端，这些问题的产生主要是因为在大数据时代转变的过程中，各方面转变进度不一而产生的矛盾和冲突。高校教师职务的聘任建立在双方关系平等与法律契约化的基础之上，高校推进教师聘任具有双边竞争、双向择优的特点，不论是高校还是教师都应遵照契约完成自己的义务，同时获得自身的需求。这种聘任形式适合当前时代的发展，不论是高校还是教师个人，在公平聘任的关系之上，有着相对自由的选择权。

随着高校扩招规模不断扩大，我国高校学生数量逐年增加，在这种情况下，教师数量相对不足，通过专兼职教师聘任的方式可以有所缓解。不过在大数据时代下，随着高校之间的联系越加密切，教师资源共享机制成了当前高校教育的一个热点。教师资源共享就是充分利用当前的信息传播优势，打破传统高校独立教师管理的封闭状态。实行高校教师资源共享，不仅仅是教师在多个学校任教，更可以利用大数据的信息技术优势，实行远程授课，这有利于解决教师分布不均衡、师资结构不合理的问题。不同教师的授课，也可以丰富教学成果，解决学缘结构"近亲繁殖"的问题，从另一个角度来看，高校师资资源共享实现的另一个途径是推进产、学、研合作。产、学、研合作将高校与企业联系在一起，企业与高校共同参与研究生的培养工作，这种合作机制也可以继续深入，有资质企业可以作为高校教学的实习合作单位，推进企业高校以及科研机构共同携手发展，分享人才资源实现人才共享。

三、革新高校教师薪酬体系

高校教师多以资历来体现自身的价值，高校也会根据教师的资历将教师安排在相应的岗位上，但是这种方式并不能很好地激发教师的工作积极性。改革教师薪酬体系的目的是激发教师的工作积极性，所以，高校在确立岗位聘任时应该以能力为标准，在发放薪资时也将教师的能力和表现作为薪资的参考。

薪酬体系不仅是为了稳定教师队伍，也是为了激励教师队伍。随着高校独立性的提高，教师薪酬中高校创收占据了越来越大的比重，所以高校应该充分发挥薪酬的激励作用。在设置薪酬时，高校应该考虑到以下两个方面的问题：第一，教师的薪酬应该与当地生活水平保持一致，确保教师的物质生活需求；第二，高校要设立绩效工资来体现优秀教师的价值，通过薪酬来奖励优秀教师，也激励其他教师积极工作，努力提升自身的能力。在大数据时代下，高校不可避免地加入教育市场的竞争当中，这就要求高校教师的薪酬体系设置上不仅要考虑校内的公平性与合理性，参考外部竞争的状况，还应该考虑到，高校教师的专业和学科各不相同。由于市场的影响，高校教师薪酬水平也要根据学术劳动力的供需状况来发生相应的变化。所以，高校不同学科教师的薪酬也会存在差异，其变化会因为行业市场的情况而发生相应变化。

四、规划教师职业生涯

以往的观念认为个人职业生涯的规划是个人的问题，与单位组织无关。但是，在大数据时代高校要建立优秀的教师队伍，就应该为教师的职业生涯进行考虑。设立教师的职业生涯规划不仅是为了教师服务，更是设立了一个团队发展目标，为教师的未来发展建立了目标，为教师提供了职业发展的方向，最终还可以激发教师工作的积极性，进而建立优秀的教师队伍。

高校教师制定自己的职业生涯规划必须知道自己追求的是什么，自己生活的目标是什么，对自己有了正确的认知才能选择自己想要的事业，从而来确立自己努力的方向。有了目标就有了奋斗的动力，但是目标的设立应分为短期目标和长期目标，目标的设立要切合实际。接下来，就要以目标为自己的推动力，专心实现自己设定的目标，当完成一个短期目标时，就是向自己的长期目标迈进了一步。通过自我与环境评估，高校教师分析当前所具备的客观条件，并且结合自身的情况，从而对自己有一个相对客观、合理的评价和认识。通过职业规划，帮助高校教师发现自己的能力和拥有的环境资源，从而帮助自己找到最佳的路径。对高校教师来说，通过职业定位帮助教师制订属于自己的发展计划，寻找自己当前存在的薄弱点以及自身的优势，思考自己是否真正热爱自己的职业，是否达到了人生道路与职业道路相匹配的最佳状态。

五、创设高校教师激励环境

（一）高校组织相关概念

高校管理通过组织功能完成日常运行工作，是高校组织对教师队伍进行激励的基础。组织由群体构成，具有群体性和分工性，组织的活动自然也是一种群体活动，组织活动的进行需要组织成员之间相互协作来完成。同时，要形成组织，就必须具备规范性和约束性，要提升组织内部的有序性，就必须处理好组织内部成员之间的关系，所以组织需要建立一个相对稳定的权力结构，以此来进行有序、规范地管理，进而对组织内部成员的行为进行规范。组织还具有目标性和定向性，一个组织没有目标就难以存在，正是因为共同的目标才吸引着成员的加入，才能够形成组织。

高校由众多人员构成，学生、教师、行政人员、后勤人员等，他们有着各自的分工，在高校这个大组织当中发挥着不同的作用。总的来说，组织需要有共同的目标才能形成组织。高校的目标就是培养符合时代和社会需要的高层次人才，高校内所有的成员都在为这个目标而努力，并根据自身情况来完成自己的职责。这样，高校内部才能形成规范的系统和分工合作的关系。组织并不是人与人之间简单的集合体，而是每一个人都发挥自己的力量，为了共同的目标而努力，同时在组织系统中每一个成员都在进行不同的自我调整和发展。

（二）高校的组织结构

简单来说，高校的组织结构是由领导决策部门、职能管理部门、教学科研机构以及辅助部门共同构成。我国高校在管理层级上，大多数分为校、院、系三个层级，部分高校采用的是四级管理层次。校长作为高校领导决策层的代表，以下为各院系主任和各学科教研室主任，形成直线式、上下层级分明的管理体系。

当前，我国高校大多采用这样的组织管理结构。随着大数据时代的发展，我国高校在组织管理上越来越注重各层级的独立自主权，上一级管理机构会将一部分权力交给下一层级，保证下一层级管理机构在进行组织管理工作时有更大的发挥空间。同时，这种分权制让各学科、各院系可以根据本组织内部的实际情况进行个性化的管理。

在具有一定的自主管理权限过后，各院系可以更好地对本院系的教师队伍进行管理，在遵循校内管理制度的前提下，院系往往会更加主动地利用信息技术加强与兄弟院系进行合作。甚至有的高校下属院系自主与企业、科研机构进行合作，这不仅提升了自身学术科研能力，还为本院系教师带来了更多的发展机会和经济收益。给予不同管理层级一定的自主权，充分调动各层级的积极性，不仅能够减轻高校上级管理机构的压力，还能获得更好的组织管理成果。

（三）统筹规划有效的激励制度

高校教师不同于一般的人力资源群体，对于高校教师进行有效激励需要针对高校教师这一群体的特殊性来制定，高校人事管理部门应对本校教师队伍的特点有深入的了解，才能做到有的放矢。从行为科学的理论来看，激励手段所获得的激励动力来自行为结果产生的效价与期望值的乘积，当一个人认为某件事情值得做，同时认为成功的概率很大，那么这个人对于做这件事情就有了很大的动力。

那么，高校采用通过提高教师的期望值的方式，来对教师进行激励，提升教师的工作积极性和热情。根据我国高校实际管理的情况，对我国高校教师采取的激励手段可以通过工作、目标以及强化三个部分进行激励。工作激励就是高校通过对教师的深入了解，结合教师的兴趣爱好，为教师提供一个可以充分发挥教师能力和精力的平台，从而对教师进行引导，以提升教师对于工作的认同感和成就感，进而鼓励教师创造更大的价值与成就。每一个人都有自己内在的需求，而高校教师作为高层次人才，对于自我价值、自我成就感提升的需求则更为迫切。高校教师在工作时希望能够通过自己的能力来获得认同感，实现自我价值，可以说，高校教师的这种自我需求与高校的总体目标是一致的。所以，目标激励的方式就是高校要对教师进行引导，将其个人目标与高校以及整个社会的目标进行融合，实现集体目标的同时也实现了个人的目标。

所谓强化激励，也就是高校运用管理手段对教师的薪酬以及工作活动进行调整，为教师提供更大的工作动力，从而实现更高的目标，产生更大的价值。随着大数据时代的到来，我国社会发生了巨大的变化，人们的价值取向也在发生改变，人们开始注重自我价值的提升以及自我人生目标的实现，所以，仅仅通过简单的激励手段是难以充分调动高校教师的主动性的。这要求高校在教师人员管理上需要更加贴近教师，在物质与精神两个方面给予教师足够的支持，特别是对重点学科和关键岗位，高校则更要投入更多的精力。稳定、吸引人才是大数据时代下高校发展的基础，人才成为高校在新时代核心竞争力的重要组成部分。

第三节 大数据时代高校教师教学能力提升的策略

一、大数据时代高校教师教学能力提升的发展机遇

我国高校想要实现发展，就必须对教师的教学能力予以重视，同时提升教师教学能力已经成为保障我国高等教育的一种制度性要求，所以，我国不论是社会还是高校层面，对培养教师教学能力都逐步加大投入。除了经济、政策的支持之外，大数据时代下信息技术所提供的技术支持也至关重要。高校作为人才的产出地和聚集地，加强自身管理，建立起规范科学的师资管理制度已成为大数据时代下必然的要求。调动教师的积极性，提升教师的使命感和教学能力，是高等教育必须解决的重要课题。有效提升高校教师教学能力成了社会共识，是高等教育实现发展的必经之路，是加强我国人才质量，提升高等教育水准的重要手段之一。

（一）社会提供机遇

在大数据时代下，人才成为国力提升、社会发展的重要动力，具有日益重要的作用。人才竞争变得越加激烈，高等教育承担着培养符合我国社会建设需求的接班人的使命，任务十分艰巨，提升高校教师教学能力已经成为社会发展的必然要求。

1. 高等教育占据重要地位

科技发展推进了大数据时代的到来。从当前来看，我国大力推进生物技术、新能源技术和信息技术等高新技术的快速发展，通过高新技术的发展而推动了人类社会的进步。大数据时代的来临表明了人类已经进入了以知识资源为主的时代，以知识作为核心表示人才资源成了重要的竞争资源。在当前这个年代，国家的核心竞争力指国家应对竞争的能力，这是一种国家能力

的集合，其中包括了经济、科技和军事等多方面实力。在大数据时代下，高等教育的地位越来越高，甚至已经影响到了国家核心竞争力的提升。高等教育是培养高层次人才的领域，人才资源是国家核心竞争力重要的组成部分。纵观世界发展的历史，每一次生产技术的变革都将会引发人类社会的变革，而生产技术的提升得益于科学技术的支持。总结历史经验，可以发现一个国家想要在国际竞争当中占据优势、掌握先机，必须将高等教育发展放在重要地位，甚至是放在优先发展的战略地位。

在大数据时代下，人类社会将比以往时代更加需要知识的力量，通过知识来提升社会的生产能力以及人民的实践能力。知识将成为当代人类社会发展的催化剂，社会的生产难以离开知识的支持，知识成了科技、社会进步的核心动力。在此基础上，推动高等教育发展、建设高校教育已经成为当今时代国家发展不可或缺的手段。重视高等教育的发展，一方面，可以直接提升我国科学技术的发展，推动国家经济、科技等方面的进步；另一方面，重视知识的发展将有利于教育公平的实现，以往属于精英资源的高等教育资源面向更多的人民群众，这样整个国家的公民素质将会得到极大地提升，人才资源也将大大增加。在这种历史条件下，高等教育事业势必要大力推进发展，建设高等教育并且进入社会中心。

西方学术界对于大学与社会的关系曾经进行过研究，并产生了三种具有代表性的观点。第一种观点是边缘说。这种观点认为大学位于社会的边缘，不应该与社会的具体事务产生过多的联系，而大学要为学术与培养人才而生，也就是说，这种观点将大学看作社会的"象牙塔"。第二种观点是附属说。持有这种观点的学者认为大学是社会大系统当中的一部分，所以应该积极地服务于社会，发挥高校自身的优势为社会生产等方面做出贡献，从而推进社会的进步。第三种观点是距离说。这种观点的提出是由于在现代社会中高校功利化倾向越加严重，这种观点就提出，高校在为社会服务，推动社会发展的同时，也应该与社会保持合适的距离，不要让高校的环境被功利观念所影响。大学是教学与科研发展的领域，教师不能被物质利益迷失了自我，这三种观点展现了大学与社会之间的发展过程，表明了社会与大学之间复杂的关系。

高等教育地位不断提高，进入大数据时代，人类获取信息知识能力不断提升，获取的总量也呈几何级数增加，信息获取来源和方式空前扩大。在大数据时代下，知识、信息和技术已经成为人类社会经济活动中的决定性因素。知识竞争成为竞争的基础，关于知识的竞争将会无处不在，不论是个人还是组织都有可能面临这种挑战。我国大学曾经是位于社会边缘的"象牙塔"，而如今已经越来越接近社会中心，高等教育的发展越来越受到关注，高等教育对社会发展的影响越来越大，而社会也在帮助高校实现发展。大学由边缘走向社会中心是历史发展的必然趋势，提升高等教育水平也成为了必须践行的社会共识。

2. 高等教育国际竞争日益剧烈

科技水平的飞速发展促使大数据时代来临，人们传统生活方式、观念都在发生着巨大的变化，中国自然也进入这股巨大的社会变革之中。20世纪80年代，党中央就已经将发展高等教育放在战略地位，当时邓小平同志已经对高等教育的发展提出要求，这为我国高等教育的发展奠定了重要的基础。如今来看，高等教育不仅是社会发展的重要动力，更是影响中华民族伟大复兴的民族前进推进器。从宏观的角度来看，高校不仅是传播知识的机构，更是培养知识型劳动力的机构，而知识型劳动力将是推进人类社会全面发展的中坚群体，我们处于激烈的国际竞争当中，高等教育的发展必然加入国际当中。这就说明，我国高等教育不仅要进行自我内部革新，还要面对国际外部的竞争，但是从另一种角度来看，内部与外部的竞争将会促进我国高等教育更好地发展。国际竞争虽使我国高等教育面临巨大的挑战，却也是发展的契机，需要我国大学在发展的道路上把握机遇、保持清醒。

高校竞争的核心就是人才。全球范围内人才资源的竞争都极为激烈，在全球性的经济结构调整当中，各国高校技术都在飞速发展，社会对于人才的需求越来越大，同时对人才质量的要求也越来越高。世界多个国家纷纷将高等教育的发展定为国策，为高等教育的发展提供了大量资源，采取多种教育改革方式，希望本国高等教育能够跻身世界前列。从世界范围内来看，人才资源成为社会重要资源，并且吸引着各国投入大量资源与精力进行开发。

在国家内部培养人才资源的同时，很多国家还将吸引人才的触手伸向国际，大力提升引进人才的力量。在社会高速发展的今天，高等教育必然要成为引领我国社会发展的中心，在激烈的教育竞争当中，我国要获得有利地位必须在人才竞争当中杀出重围，培养更多人才会反作用教育水平的提升，但是，我们也应该清楚地认识到，我国高等教育面临的挑战十分严峻，而发展高等教育的核心是确保高等院校教师队伍具有高水平。可以说，当前我国高校发展所面临的最大问题不是资源和技术能力，而是高校教师综合素养是否能够达到发展的要求。面临这样的挑战，就要求高校必须建立一支素质过硬、高素养的教师队伍，提升高校教师能力，提升高校教师主动性、创新性，成为高校教育实现发展的必经之路。

高校之间的竞争主要体现在两个方面。

第一，是生源与资源支持的竞争。获得大量生源与社会资源的支持，将会为高校带来最直接的经济力量，同时高校声誉也将提升，进而形成良性循环获得更多的生源与社会资源支持。

第二，是高校自身教育质量与文化特色的竞争。教育质量与文化特色，不是单单靠资源投入就能够建立，对于高校来说，教育质量与文化特色的竞争才是更为激烈的竞争。达到一定水准的高校不会为资源与生源担忧，但是教育能力与自身的文化特色将成为更高层次的竞争，这方面的竞争将会直接决定高校水准的上限。即使是哈佛、牛津等世界知名高校也面临着巨大的竞争压力，也需要不断提升自身的实力。我国高校应该不断进行反思，并采取积极措施面对压力，迎接挑战。

（二）我国高等教育发展的需求

在全球化趋势之下，高校的竞争将不仅是国内竞争，还将涉及与国际名校之间的竞争，这也就要求我国高校的目光要由曾经的国内视野放眼到全球视野。国际高等教育竞争必然激烈，如何从中寻找到适合我国高校发展和改革的道路至关重要，树立新的观念，推行切实可行的改革方案，将我国真正变成教育大国，甚至是教育强国。

1. 传承与创新

在大数据时代下，高校必须承担更为沉重的历史重任，除了传授知识、进行科研工作之外，高校还要更加注重学生的个性化、创造能力的培养，这就对教师的能力提出了新挑战。其中，知识传承是知识创新的基础，知识传承为知识创新提供了阶梯，而知识创新又丰富了知识传承。在知识传承中学生的综合素养会得到全面的提升，从宏观角度来看，随着时间的推移，知识领域的大师在离世前，如果没有将其发现的理论与技术传承，就可能会出现技术断代的风险，阻碍后世社会的发展。如果没有创新，文化传承就失去了意义，知识传承看似是培养人才、继承知识，但是从根本来看还是在为新知识的产生打下了基础。

其中，高校教师不只是知识的传承者，也是知识的创新者。高校教师自身必须拥有高层次的教育背景和深厚的文化积淀，但是，在大数据时代下，仅仅这样是不够的，高校教师的创新能力也是教师能力的重要组成部分。高校教师承担着知识传承和知识创新的任务，知识传承任务体现在两个方面：一是教师对自己所掌握的知识要进一步提炼，加深对知识进一步认识；二是将知识传输给学生，这就是高校教师的教学任务。高校教师知识创新任务也体现在两个方面：一是在掌握知识的前提下，在学术领域进行下一步的探索，开拓新领域发现新知识；二是培养学生的过程当中，不仅要传输其已有的知识，还要培养学生的创新能力。可以说，高校教师是高等教育发展的重要一环。

2. 高校管理提升为教师教学能力提升提供了条件

高校管理的目的是提升高校教育质量。要打造高水平的高校教育质量，就必须从高校教师层面入手。高校教师队伍建立的基础是教师的能力，注重教师能力的同时还要激发教师发挥更大的能力，这也就需要建立教师激励机制。建立起教师激励机制，对教师队伍采取科学、合理的管理方式，已成为当前我国高校管理工作发展的共识。我国高等教育要实现重大发展，必然需要高校管理能力发展，建立高校教师管理体系，在高校用人制度方面进行重大的改革与创新。高等教育关系到民族的发展，有了好的教师才能有好的高等教育，我国高等教育才能在国际高等教育竞争当中立于不败之地。所以，教师的地位与待遇也得到了提升，教师权益获得保护才能更好地激发教师的能力，从而实现高等教育的发展。

我国高校在教师管理方面要建立"以人为本、知人善用"的管理理念，对自身的人才资源结构进行优化，建立科学、重视教师价值的管理体系，用待遇、环境、感情吸引人才、留住人才，这样的高校管理平台才能满足高校教师物质和精神双重层次的需求。高校管理正在向民主管理转变，高校管理层倾听教师关于高校建设的意见，会有利于建设透明、公平的高校环境。高校必须弘扬创新精神，充分地调动高校教师的积极性，为高校教师学术创新提供环境土壤。虽然当前我国高校在管理制度建设以及环境建设方面还有需要改善的地方，可是随着高校的发展，这些问题必然会得到解决，这也为高校教师教学能力的提升提供了基本条件。

3. 提升教师的教学能力是高校核心竞争力的需要

高校要在激烈的竞争当中占据有利地位，就必须提升核心竞争力。高校的核心竞争力简单来说，就是高校所拥有的教育资源、教学技术实力、学术创新能力以及社会服务能力。高校通过有效地管理与组织方式，在整体架构以及办学文化等方面进行改革与创新，通过对某个或某几个要素的突破，来使高校在激烈的竞争当中获得优势。这就要求高校必须建立长期战略规划，对未来的发展设立目标，从而促进高校的自身发展。高校人才的培养已经获得高校的重视，部分高校已经将人才资源的建设提高到战略规划地位，这表明高校教师教学能力的发展已经迎来良好的发展环境。高校通过改善师资管理，提升教师薪资水平，为高校核心竞争力的建设提供保障。

核心竞争力是高校在教育竞争当中获得优势的根基，建立核心竞争力必须对高等教育进行改革创新。高等教育的改革包括建立和管理师资队伍深入科研工作，积极投身社会服务工作等，并对资源分配进行优化，以实现我国高等教育的创新。当前，高校内部管理正处于改革转变时期，管理将走向科学化，教学也将打破传统模式更为创新，学术科研要求走在前沿，实现高校科研的前沿化，另外社会服务将更为深入，从而实现社会服务深入化的目标。在大数据时代，经济和信息都将对我国高校发展带来冲击。在这种环境下，高校教师教学能力的提升虽然面临巨大挑战，可也是巨大的机遇。高校在自身谋求发展的道路上必须认真探寻社会发展态势，并根据自身特点进行改进和创新，最终建立高校核心竞争力。从高等教育的大环境来看，我国高等教育面临着巨大挑战，形势不容乐观。正是因为这种严峻的形势，我国高等教育才要推进改革的脚步，在这样的情况下，我国高校教师教学能力的发展也面临着巨大的发展契机，提升教师教学能力成了高等教育核心竞争力的重要组成部分。

（三）教师发展的必然需求

1. 教师自身的职业需求

高校教师是高校精神文化的缔造者，高校教师的能力水准直接决定了高校的上限，是高校核心竞争力的重要组成部分。社会对高校教师给予了较高的期望，特别是在大数据时代下，高校教师不仅要承担知识传授者的身份，还要担任学术与课程的研究者的身份。可以说，高校教师在当今的时代下，如果不能做到终身学习、紧跟时代的话，是难以满足当前高校教育需要的。当前，高校教学形式和观念不同于传统教学，高校教师在教学过程中给学生传授知识的同时，还需要带领学生去探索知识的海洋，并培养学生的创新能力。高校教师在整个职业生涯当中，必须始终保持自我更新，教师的自我更新意识已经成为当前高校教师必备的素养之一。在大数据时代下，知识爆炸与信息爆炸都督促着人们要不断学习、不断更新知识体系。高校教师在教学过程当中，已经难以再"啃老本"，任何教师都难以再局限于自己已学的知识当中，自主发展与终身学习成为当今时代的主流，也是对高校教师的必然要求。

2. 社会发展的需求

当今，高校所拥有的知识资源在社会与国际竞争当中有着越来越突出的作用，同样地，高校拥有的学术资源和人才资源也成为社会所关注的焦点。人才资源作为高校的核心资源，想要获得提升，归根结底还是需要通过高校教师能力的提升来实现。不过，当前我国高校教师的生存环境以及工作要求都在发生变化，教师所面临的挑战日益剧烈。大数据时代需要教师具有一定程度的计算机操作能力，信息技术的发展改变了教学形式，高校的教学形式和内容变得越加丰富，为高校教师在教学方面提供了更多思路，但是也让高校教师面临着巨大的挑战，这种观念和方式的巨大变化肯定会为高校教师带来很痛苦的职业转型。在大数据时代下，网络连通了世界各地，如何竞争、如何调整自身以及如何适应时代成为每一个人都要处理的难题。在时代所带来的压力之下，高校教师必须提升自身教学能力，并让自己能够适应时代要求。

二、大数据时代高校教师教学能力提升的对策

（一）国家层面

1.政策支持，加大投入

当前，我国越加重视高等教育的发展，相关的支持政策也在不断助力高等教育的发展。从大数据时代来看，国家应该继续完善对高校培养教师与推进教师发展的相关政策，增加高校更多的自主权。高校自主权的提升，可以增加更多适合教师的项目活动，同时，高校教师的地位应该有所提高，提高高校教师的社会地位，增强高校教师的自信心，使其在教学与科研方面勇于探索，提升教师更大的自主性。在大数据时代下，支持教师参与信息化教学的相关培训活动，帮助教师适应大数据时代的发展，并在教学内容与形式当中融入更多新科技，以提升更多的教学效果。

在给予高校较高的自主权后，国家对地区高等教育水平的发展应该实施监测，在地区建立符合地区实际教育水平发展的考核指标，帮助地区高校实现前进的目的。对取得优异成绩或在教学信息化建设方面有突破和贡献的教师要予以嘉奖，激励教师深入挖掘自身潜力。推进地方教育信息化的建设，大力推进政策的开展，让政策深入高校教学的方方面面，以此来鼓励高校重视教师在教学能力方面的提升。由于各个地区的情况不同，所以各地政府在制定政策时应充分地考虑本地情况，最终建立具有区域性特点的高校教育。

2.加快资源及平台建设

当前发达国家在高等教育发展中，越加注重教学平台的建设，在信息技术的发展基础下，开展教师教学能力提升的相关项目。例如，新加坡的智慧国家计划充分利用信息技术将各高校的资源有机整合，集中力量发展高校教育能力。我国应该借鉴这种形式，在大数据技术的支持下，推进高校与高校之间以及高校与企业之间的深入合作，交换优质资源，对师资能力进行优化，并建立合理、稳定的教师交流平台，突出教育资源的重要性以及实用性。同时，应该充分地顾及教师的想法，建立数字化图书部、建立各学科网站等，满足高校教师对教学、科研的需求。充分地发挥我国政府的优势，在高校整合资源方面牵线搭桥，减少中间环节，用最少的消耗建立规范且畅通的高校资源交流平台，为高校教师提供丰富的教学资源，推进我国高校教育的发展。

3. 转变思路

我国当前高校建设还有较长的道路要走，特别是大数据时代下高校信息化建设以及师资建设等多个方面，都需要进一步加强。当前，高校内部各部门在职责关系与组织关系方面还较为复杂，权利相互制约，最终影响了教学与科研能力的提升。高校内不同的机构组织必须职责分明，为高校教学工作和科研工作做好准备。从政府角度来看，政府分管高校教育的相关部门首先应该转变观念，要让高校掌握更多的自主权，同时要对高校内部的组织结构发展进行引导，帮助高校建立合理、规范的管理模式。政府给高校提供资源支持和基础建设的观念已经过时，政府必须转变观念。政府在高校教育引导方面应该担任战略规划性角色，整合可利用资源。高校管理观念的转变从政府由上而下地展开，打破了传统的教育和管理惯性思维。从实际出发，政府完成转变让高校获得了更多自主管理权力，同时高校也会自发积极地进行管理观念的转变。

（二）高校层面

1. 设立专门的教师发展机构

在大数据时代下，高校教师教学必然要充分利用信息技术。发达国家在高校教师教学发展体系的建设方面已经达到成熟阶段，通过大数据的技术优势给教师能力的发展提供便利，并帮助教师获取更多的教学资源，丰富教师的知识储备并提升教学能力。在大数据技术支持下，教师发展中心开展活动可以更为便利，将工作坊、小组讨论等方式放在线上进行。这就打破了传统模式下开展教师发展项目会受到的时间和空间限制，可以大大地提高教师发展活动开展的频率。当然，实现这些项目活动的前提是应该建立独立的教师发展机构。

首先，需要高校管理层转变管理思路和观念，并对教师的教学行为进行引导，建立教师发展机构需要从教师的实际需求出发。教师发展机构不是管理教师，而是为教师提供服务，帮助教师获得教学能力的提升。教师发展机构一方面要提升对教师的关注，充分地了解教师的发展需求，邀请优秀教师或专家为教师们提供个性化帮助；另一方面教学发展机构必须建立教师发展档案，对教师的教学情况进行记录和跟踪调查，并帮助教师优化教学方法和策略。

其次，高校要对资源进行整合，为提升教师教学能力和建立优秀师资队伍做好准备。高校教师发展机构必须明确自身定位，高校也要对教师发展中心予以足够的支持。高校对校内资源进行整合，推动高校教师发展机构获得进一步提升，加强对高校教育与学术的研究深度，积极开展教师教学评价活动，为教师交流提供平台。高校教师教学能力的提升除了需要外界帮助外，更需要教师自身不断进行反思。教师发展机构要设立引导教师审视自身的介入模式，帮助教师发现自身存在的教学问题，做到有的放矢。

最后，高校教师教学能力的提升应该建立灵活、长期、有效的培养机制。当前我国高校在教师培训方面存在的问题是形式、内容单一，组织散漫，难以真正地获得有效的成果。所以，高校教师发展机构组织活动必须丰富内容和形式。教学能力的提升不是一朝一夕就能完成的，必须长期、持久地进行。在开展高校培训活动时，教师发展机构应该注意职前培训与在职培训的区别，对不同的情况提供不同的内容。职前培训更侧重理论培训，而在职培训更为重视教学实践，还应该考虑到教师的时间安排，创新教学模式和内容同时兼顾教师个体的特殊情况，建立有针对性的高校教师培养模式。教师发展机构在对教师培训时要注意线下模式与线上模式的结合，线下培训所获得的学习效果会更好，但是线上培训更为方便，两者实现平衡会取得更大的培训成果。

2. 建立评价体系

建立科学完善的高校教师教学质量评价体系，可以更为客观地呈现高校教师的教学质量和能力，从而帮助教师提升自己的教学能力，修正教学当中存在的问题。建立相应的教学质量评价制度是建立教师激励制度的基础，在大数据时代下建立全面的教师教学质量管理制度是确保提升高校教学质量的基本措施。

首先，高校必须建立完善的教师评价体系，改变传统单一的教师考核量化标准。高校教师评价体系可以建立全面的评议方式，通过教师互评的方式来达到客观评价的效果。为了让评价更为公正，还可以选派学生代表和其他高校教师加入评价当中，以建立科学合理的教学评价体系。在对高校教师教学质量评价指标的制定过程当中，高校要考虑到教学活动中众多复杂的因素，还要考虑到不同专业、不同学科等因素，这些都会对评价结果产生影响。

所以，在教师教学评价方面，制定客观可行的量化指标十分重要。在评价过程中高校要充分调动教师参与评价的积极性，评价不但要有教师、学生的评价，教师自己也应该进行自我评价，以确保评价结果的客观与公平。

其次，高校要紧跟时代发展，注意政策导向。高校在开展各种教学发展、教学竞赛等活动时，如果能够紧跟政策将会为教师提供更多的资金和政策支持，可以更好地调动教师参与的积极性。高校教师发展中心要重视教师自我审视的作用，增强教学发展项目的创新性，从而加强教师自我审视的效果。

最后，高校应该建立长期、灵活的教师培养机制。教师教学能力的培训是提升教师教学能力最直接的方式，由于高校在管理观念以及管理方式方面仍存在缺陷，我国高校在对教师发展机构的建立和管理方面仍存在问题，导致高校教师教学能力的提升效果大打折扣。这就要求高校教师教学发展中心建立丰富多样的培训模式，并进行持续有效的教学活动。不论是职前培训还是在职培训，要实现有机结合，抓住培训重点，根据不同教师群体设定符合该群体的培训方式。在大数据时代下，高校利用技术优势更有利于建立良好的激励环境，在国家政策的支持下提升高校平台水准，为教师教学评价体系的建立提供技术支持。高校要对资源设备合理规划，优化高校内部资源，对教学进行科学化管理，以满足高校教师教学能力提升的需求。营造良好的高校教师学习氛围，给教师提供丰富的学习机会，从而实现提升教师教学能力的目标。

3. 科教融合，教学创新

在大数据时代下，知识更新速度加快，高校教师面临着巨大的知识更新压力，高校教师必须始终站在学术发展领域的前沿。高校教学活动属于学术活动，作为高校教师在教学方面的能力也应以学术标准来要求。科教融合指将教学和科研实现有机融合，并充分利用科研的优势，将科研的力量应用于人才培养当中，从而提升高校教学的效果。

实现创新，加强科教融合，首先，需要加强教学与科研的互动机制，丰富教师的科研活动，这样可以直接提升教师的学术研究能力，同时也可以促进教师教学能力的提高。高校通过引导的方式来实现学术与教学的结合，将资源引入一线教学当中，为师生进行学术探究提供保障，并利用大数据技术手段，不断进行总结，积极开展和参与网上学术论坛。其次，高校加强信息技术与课程研究的融合，对高校教学模式进行优化创新，鼓励教师建立先进的教学观念，运用多种教学方式。教师在课堂中创新教学方式，能获得更多教学反思，深层次地运用信息技术在教学当中的优势，可以有效地调动学生的积极性。大数据时代为教学发展提供了巨大的优势，有利于建立新型高校教学模式。最后，高校应该加强精品课程的建设，并利用大数据时代的技术优势，推行线上课堂。高校要把握时代优势，利用政策引导来响应国家建设网络开发课程的号召，并利用信息技术建立精品线上课程。通过在线精品课程的建设，高校学生可以深入学习，提升教学效果；而教师则可以相互学习，揣摩课程，利于交流。在高校课程当中大力推进大数据技术的应用，将会使高校教学产生翻天覆地的变化。

（三）教师层面

高校培养高层次人才是高校的根本任务，也是高校社会价值的重要体现。不论是高校的人才培养、社会服务、文化传承，还是国际交流，教学工作都应该放在首位。这种情况就要求高校教师首先应该牢记教师的使命。大数据时代对教师提出了更高的要求，教师一方面要树立身为教师的责任感和使命感，在课堂教学中倾听学生的声音，提升自身的思想高度，加强教学能力的提升，成为一名合格的高校学生成长的引导者；另一方面，高校教师应提升自身的道德素养，深入学习中国特色社会主义核心价值观，树立终身学习的理念，发扬为中国高等教育发展发挥作用并做出贡献的精神。其次，高校教师应正视自己，对自身有正确的定位，转变自己的观念。在数据时代下，高校教师必须树立信息化教学的观念，认识到大数据时代进一步发展的必然趋势。教师面对新时代应该摆正心态，积极学习新技术和新理念，转变传统思维，融入大数据时代的浪潮当中。最后，高校教师要努力提升自身的教学能力，转变重科研、轻学术的不良心态。教师在日常教学当中要注重积累，做好教学反思工作，积极参加教学相关培训。特别是在大数据时代下，不论是国家还是高校都在积极鼓励教师提升教学能力，高校教师更应该把握机会，养成良好的教学习惯，快速成长为适应时代发展的高校教师。

第七章 大数据时代的高校人力资源管理

第一节 高校人力资源管理信息化的内涵

一、高校人力资源管理的内涵与特征

（一）人力资源管理的内涵

人力资源是指在一定范围内的人口总体所具有的劳动能力的总和；或者是指能够推动整个经济和社会发展的具有智力劳动与体力劳动能力的人的总和；或者表述为一个国家或地区的总人口减去丧失劳动能力的人口之后的人口。人力资源也指在一定时期内组织中的人所拥有的能够被企业所用，且对价值创造起贡献作用的教育、能力、技能、经验和体力等的总称。

人力资源管理分为宏观管理和微观管理。人力资源的宏观管理是对社会整体的人力资源的计划、组织与控制，从而调整和改善人力资源状况，使之适应社会再生产的要求，以保证社会经济的运行和发展。从宏观上来说，人力资源管理是指运用科学方法，协调人与事之间的关系，处理人与人之间的矛盾，充分发挥人的潜能，使人尽其才、事得其人、人事相宜的过程。人力资源的微观管理是通过对企业事业组织的人和事的管理，处理人与人之间的关系、人与事的配合，充分发挥人的潜能，并对人的各种活动予以计划、组织、指挥和控制，以实现组织的目标。

20世纪以来，国内外从不同侧面对人力资源管理的概念进行阐释，综合起来可以分为四大类：第一类主要是从人力资源管理的目的出发来解释它的含义，认为它借助对人力资源的管理来实现目标；第二类主要是从人力资源管理的过程或承担的职能出发来进行解释，把人力资源看作一个活动过程；第三类主要解释人力资源管理的实体，认为它就是与人有关的制度、

政策等；第四类从目的、过程等方面出发进行综合解释。在企业中，人力资源管理是指根据企业发展战略的要求，有计划地对人力资源进行合理配置，通过对企业中员工的招聘、培训、使用、考核、激励、调整等一系列过程，来调动员工的积极性，发挥员工的潜能，为企业创造价值，给企业带来效益。要确保企业战略目标的实现，企业就必须进行一系列人力资源政策的制定以及相应的管理活动。这些活动主要包括企业人力资源战略的制定、员工的招募与选拔、培训与开发、绩效管理、薪酬管理、员工流动管理、员工关系管理、员工安全与健康管理等，即企业运用现代管理方法，对选人、育人、留人、用人等方面所进行的计划、组织、指挥、控制和协调等一系列活动，最终达到企业的发展目标。

（二）高校人力资源管理的内涵

高校人力资源特指高等教育机构中具有工作能力的教育工作者，是指能够促进高校教育事业进一步发展，能够为国家和社会在政治、经济、科技等方面做出贡献，为培养高素质人才发挥作用的员工，主要包括高校的科教人员、管理人员、后勤人员等。

高校人力资源管理是运用科学方法，遵循人才发展规律，结合高校的当前任务，对学校各岗位人员进行合理规划与组织，对人事关系进行指导、协调与控制，做好教职工的聘用、培训考核、工资福利等工作，以实现高效率与高效益地利用人力资源的目标。

（三）高校人力资源管理的特征

人力资源管理是高校管理中重要的一环，根据高校人力资源自身的特征，高校人力资源的管理方式也应该随之改变。随着国内外形势发生的深刻复杂变化，在当今社会不断变革和新时期人才市场竞争的环境下，高校人事管理的概念和管理机制已发生重大变化，正在由传统的人事管理向人才管理方向发展。

高校人力资源的主要特点是知识型教职员工占主导地位。高校教师绝大多数都接受过系统的教育，知识能力相对高于社会平均水平，对精神层面的需求也明显更高。高校教师在教书育人和科研创新的过程中寻求自我价值的实现，从而获得社会的承认和事业上的发展。然而，受传统教育体制和计划经济的影响，许多高校的人力资源组成复杂，高校教职工在知识、能力、教育背景等方面存在较大差异，因而高校的人力资源管理较为复杂，需要采取差异化管理方式，充分挖掘各类型人力资源的积极性和潜力。高校人力资源的类型多样，工作内容和社会角色重要，与企业相比，除了合理配置高校人力资源、提升人力资源开发力度、激发人的积极性和创造性等人力资源管理共同特征，高校人力资源管理还具有自身独有的特征。

1. 高校人力资源的创造性与优质性

高校是各类型高水平人才的聚集之地，高校教师具有很强的创造性、智能性和创新性。在知识经济范畴中，劳动的创造性和智力性是劳动价值的主要体现方式，知识型技术人员的劳动价值一般是普通工人的五倍。此外，在经济社会中，同质劳动力的可替代性是很强的，而在信息社会中，人才技能的特殊性和独特性使得其替代可能性明显降低。

2. 高校人力资源的激励性

基于高校教师优质性的特点，高校教师的精神追求和心理需求具有明显的特点，同普通员工相比，广大高校教师比较注重工作环境的氛围和自由的工作时间。其主要表现为：第一，注重自身劳动价值和劳动成果的被认可；第二，注重劳动结果的完美度，高校教师一般都具有很强的自我满足意识，将完成挑战性工作视为实现自身价值的方式，这会使他们产生持久、强大而相对稳定的进取精神，力求呈现完美结果。

3. 高校人力资源的时效性与再生性

高校人力资源具有极强的使用时效性。一位教师无论具有多高的学术水平和人才培养能力，也只能代表他在特定时期内具有较高的人力资本积累。如果这位教师无法做到与时俱进，紧跟知识和科技发展的潮流，其人力资本价值也会相应降低。同时，人力资源也具有一定的可再生性，被耗损的人力资源在一定程度上是可以再生的。教师的人力资源再生是通过持续学习来实现的，而不是通过一次性的投资产生的。因此，想要实现教师素质和能力的提升，就需要对教师不断进行培养和投入，以维护他们的内在人力资源价值。

4. 高校人力资源的流动性

人是人力资本的载体，人力资本会随着人的流动而流动，因此，流动性是人力资本和实物资本的重要差异之一。高校的人才流动是必然的现象，

21 世纪的竞争是人才的竞争，高校之间的竞争也不例外。竞争过程中有序合理的人才流动是市场经济发展的必然结果，其有利于激发人才的最大价值，也有利于实现社会人力资源的优化配置，这是社会进步的体现。

二、高校人力资源管理信息化的概念

人力资源管理信息化的概念是以信息技术为手段，以人力资源管理信息系统为平台，以达到降低管理成本、提高管理效率和全员参与管理的目的，提升人力资源的战略地位，从而形成新的开放的人力资源管理模式。依据人力资源管理信息化的概念，我们可以把高校人力资源管理信息化理解为人力资源管理信息化在高校中的应用。具体来讲，高校人力资源管理信息化就是为了实现高校的战略发展、提高科研水平和教学水平，并运用先进的信息技术，建设基于校园网的高校人力资源管理信息系统，提升高校人力资源管理水平的一套完整解决方案。高校人力资源管理信息化是以先进的信息技术为支撑的先进的管理思想与理念的体现，是一种新型高校人力资源管理模式。

从宏观上讲，人力资源信息化管理是高校转变管理模式与创新管理理念的重要举措，更是信息时代高校发展的必然需求，高校人力资源管理负责人已经难以完全脱离信息技术开展工作，从人才招聘、人才筛选、薪酬体系制定到组织结构调整的各个环节，都需要信息技术作为辅助。具体而言，高校人力资源信息化管理目的有以下四点。第一，降低管理成本。人力资源管理中的逐级沟通、意见反馈等活动都能够在信息技术的支持下完成，突破了传统时空限制，也降低了组织管理的各项成本。第二，优化工作环境。不断改善教职员工在高校的工作体验，提高高校行政体系运转效率，优化高校工作的环境，并吸纳更多高素质人才。第三，优化管理流程。减少高校在人力资源管理过程中的负担，建立人力资源信息数据库，提升人力资源业务项目的流转速度，促使高校在新时期的综合竞争力不断增强。第四，科学评估绩效。信息系统能够将人力资源的激励、测评、考察等工作智能化，帮助高校人力资源负责人甄选出匹配度更高的人才，并且能够科学分析和考察现有人才绩效水平，激励教职员工在本岗位上开展教学科研等活动。

三、高校人力资源管理信息化的作用

高校人力资源管理信息系统是以校园网为基础，对高校人力资源信息进行收集、传递、存储、加工、维护和使用，并与其他高校的管理信息系统能够无缝连接并共享信息的人机系统。高校人力资源管理信息化的作用体现在以下八个方面。

（一）提高高校人力资源管理的运作效率

高校人力资源管理信息化最重要的作用是提高高校人力资源管理的工作效率，其主要表现在人力节约、人力资源业务办理速度提高、差错率下降等。高校人力资源管理的日常工作会进行大量的文档、表格处理和数据统计，其中大部分信息内容能够通过规范、统一的数据标准和各种预设的计算工具进行处理，高校人力资源管理信息系统中的相应功能模块，可以大大提高这部分工作的处理效率和数据的准确性。高校人力资源管理信息化能使高校人力资源管理工作者从纷繁重复的基础信息处理工作中解脱出来，有更多的时间考虑高校及教职工的需求。另外，高校人力资源管理信息化优化了高校人力资源管理的流程，并提供了更多有价值的信息，为高校的战略发展提供支持。尽管高校的人力资源管理工作与企业不尽相同，但是国外绝大多数高校实施人力资源管理信息化项目后都实现了工作效率的提高。从文献分析中，我们可以看出中国高校实现人力资源管理信息化后工作效率也得到了提高。

（二）有效改善高校人事部门的服务，推进全面人力资源管理

高校的人事工作关系到学校的每一位教职工，这不仅仅是高校人事部门的事情，还需要高校的校领导和院（系）领导、教师以及其他人员的共同参与。基于校园网的高校人力资源管理信息系统可以对用户进行角色划分，分别授予他们不同的操作权限，有效提高高校全体教职工参与人力资源管理的程度，扩大人事部门的服务范围，提高人事部门的服务质量。

（三）增强高校人力资源管理的流程控制

一些高校的人力资源管理工作具有很大的随意性，存在外来干扰因素多、主观性强的问题。在招聘、用人、调配、绩效考核、工资分配等环节上，往往缺乏严格的操作流程，受管理者个人的影响较大。即使拥有人力资源管理制度和流程，也可能会受到高层领导或其他利益相关者的干涉，从而影响高校人力资源管理的专业化和质量。另外，高校人力资源管理的各项工作受人事部门工作人员的影响较大，人员变动将引起业务水平发生很大变化，各项业务的可持续性较差。

高校人力资源管理信息系统拥有严格的流程和权限控制，系统根据这些预设的流程运行和监控，以时间和流程来推动人事工作的运行。用户不符合流程规定的操作，系统会自动报警，并屏蔽非法操作的影响。因此，高校人力资源管理信息系统可以在一定程度上排除外来的和主观的干扰。

（四）提高高校人力资源管理解决方案的执行力

当前，高校人事工作面临着许多人力资源管理的难题，例如，优秀教师流失，教师的教学和科研工作评价机制的不健全，工资分配不平衡、不合理和教职工的激励不足等，这些难题都影响着高校教职工的工作积极性，也制约着高校的战略发展。为了解决这些问题，高校做出了很多努力，制订了一些解决方案，但是这些方案大多遇到了执行不力的情况，因为缺乏方案实施的平台和工具，所以这些方案难以推行。深入地看，传统的手工操作方式不能适应以精确化和定量化为特点的现代人力资源管理模式，所以高校的人力资源管理工作必须从手工方式转向信息化方式。高校人力资源管理信息系统拥有强大的业务处理功能和先进的管理工具，可以嫁接多种业务解决方案，具有适应不同业务方案的柔性。

（五）高校人力资源管理信息系统可以突破时空限制

基于校园网的高校人力资源管理信息系统，采用了 B/S 结构，高校的各类人员可以通过互联网随时随地登录人力资源管理信息系统，处理学校或院系的人事工作。同时，高校人力资源管理信息系统能够支持多人同时操作系统，也可以让多人同时获得系统的服务，真正实现了移动办公。由于其突破了时间、空间和人数的限制，高校各类人员可以在出差或假期时处理相关的人事业务，减少了业务的处理时间，能够及时完成工作任务。

（六）提高高校人力资源管理相关决策的质量

高校在实施人力资源管理信息化项目后，高校的人事工作达到定量化，人力资源管理信息系统可以提供更多有效的数据，使高校管理者在进行决策时做到有据可依，有利于减轻工作人员手工工作的负担，降低人为的失误操作，减少工作中的错误。在提供更方便和更准确服务的同时，高校人力资源管理信息系统促进了业务流程的顺利对接，改善了人力资源管理工作的品质。高校人力资源管理信息系统可有效提高人事部门和高校领导获取信息的效率和质量，为各级决策者提供基于信息的分析和决策支持，有效避免因信息不全、数据不准和时效不高而可能带来的决策风险。

（七）促进高校人事部门与其他职能部门的协作

高校的人事部门管理所有教职工的数据信息，不仅要定期制作报表向上级部门汇报，还需要向学校其他管理部门提供人事数据信息。学校的教务、科研、资产管理、发展规划、工会、后勤管理等部门，其工作大都与人事工作有很强的关联性，需要大量的人事数据信息。人事部门向学校其他管理部门提供人事数据信息的任务是繁重的，职责是重大的。在这种情况下，高校人力资源管理信息系统能够将日常提供人事数据信息的工作规范化、网络化和效率化，例如，通过开发高校人力资源管理信息系统的网络分析和报表功能，以及对其他部门提供授权的方式或者建立中心数据库的方式，使其能够自动获得最新的人事数据信息，并可以在网页上进行打印，这实现了学校不同管理部门之间的人事数据共享。

（八）实现高校教职工的自助服务

高校的教职工可以通过校园网或者互联网在其他地方访问人力资源管理信息系统，获取自身的有关信息，也可以在线提交培训、请假等申请以及在线学习学校的人事规定制度和文件，甚至可以通过人力资源管理信息系统的职业生涯规划功能进行自身的职业生涯规划和分析。

四、高校人力资源管理信息化的主要模块

高校人力资源管理信息化的主要模块可以分为三类：第一类是高校人力资源信息管理模块，主要包括教职工信息管理模块、组织结构与岗位信息管理模块和政策法规信息模块；第二类是高校人力资源管理业务模块，主要包括招聘管理模块、工资管理模块、社会保险与福利模块、考勤管理模块、考核管理模块、岗位聘任管理模块、培训开发模块、职业生涯管理模块、教职工异动模块和合同管理模块等；第三类是辅助支持模块，主要包括系统权限管理模块、系统查询模块和统计分析模块等。

（一）信息管理模块

1.教职工信息管理模块

可以分为在职教职工信息库、退休教职工信息库、调出人员信息库和临时人员信息库，其主要功能是采集、管理和维护教职工的基本信息、学历学位信息和岗位情况等信息，并且可以导出人事花名册。

2.组织结构与岗位信息管理模块

其主要功能是对高校内不同类别的、不同层次的工作岗位进行分析，形成高校内各院系、各部门的岗位信息库，并根据组织机构和岗位的变化来维护组织结构与岗位信息库。组织结构与岗位信息库包括高校的院系等部门信息和岗位信息，部门信息包括部门人员的编制和岗位数量等，岗位信息包括工作说明书、岗位规范和岗位图谱。

3.政策法规信息模块

其主要功能是内置国家关于人力资源和社会保障的法规制度、地方性法规以及高校自身制定的人事制度，并对这些制度进行分类管理，还可以更新已过时的政策法规和发布新法规。

（二）人力资源管理业务模块

1.招聘管理模块

分为空缺岗位信息、制订招聘计划、发布招聘信息和招聘结果通知等子模块。空缺岗位信息子模块的主要功能是高校各院系各部门根据岗位情况报送缺岗信息；招聘计划制订子模块的主要功能是根据空岗信息自动生成招聘计划表及相应的招聘条件；招聘信息发布子模块的主要功能是把经过批准的招聘计划发布到校园网上，供求职者投递简历，并自动进行初步筛选。招聘结果通知子模块会根据最终录取情况，向求职者自动发送录取通知的电子邮件。

2.工资管理模块

其主要包括工资设计、工资管理和工资统计分析等子模块。工资设计子模块的主要功能是设定工资的结构和类别，工资的结构一般包括薪级工资、岗位工资、职务补贴和岗位津贴等，工资的类别是按照教职工的工作内容分类工资，如教师类工资、行政管理类工资、其他专业技术类工资和工勤类工资；工资管理子模块的主要功能是确定每位教职工的工资，并对其每个月的工资进行计算；工资统计分析子模块的主要功能是可以分类别、分时间地统计和分析教职工个人、院系等部门和高校整体的工资情况。

3.社会保险与福利模块

其主要包括社会保险与福利设计、社会保险与福利缴费计算两个子模块，社会保险设计子模块的主要功能是根据国家法律规定与学校规定生成社会保险与福利管理的基本结构,包括养老、失业和医疗保险等一些福利项目,并为各类保险和福利费用的缴纳设定计算公式;社会保险与福利缴费计算子模块的主要功能是在高校缴纳保险与福利费用时,可以与工资管理模块相关联,迅速准确地计算出每位教职工的缴费数额,并能进行统计和查询。

4. 考勤管理模块

其主要功能是根据国家及学校对于病假、探亲假和学术假等规定来实现对假期申请、所在部门审批和人事处等部门审批的网络化管理,并可以对考勤信息进行记录、统计和查询。

5. 考核管理模块

其可以分为年度考核和聘期考核两个子模块。年度考核子模块的主要功能是每位教职工在网上填报考核表,经所在部门及人事部门填写审核意见后,进行电子存档,并提供打印,用于纸质考核表存档;聘期考核子模块的主要功能是对每位教职工一个聘期内完成的工作与其所聘岗位的职责进行对比,从而得出考核结果。该模块需要与学校的科研及教学管理系统进行数据交换。

6. 岗位聘任管理模块

其主要功能是根据组织结构与岗位信息库的内容发布岗位信息、教职工填报岗位应聘表、岗位聘任结果公示。该模块要与考核管理模块相关联,根据考核结果进行岗位聘任。

7. 培训开发模块

其主要功能是发布培训信息,受理教职工培训申请,并能记录、查询和统计教职工的培训信息。

8. 职业生涯管理模块

它主要为教职工在教学、科研等方面提供规划信息录入,并由院、系等部门对教职工的职业生涯规划进行评价和反馈。

9. 教职工异动模块

其包括校内调动、退休和调离三个子模块。校内调动子模块的主要功能是对教职工在学校内各部门之间的变动进行处理;退休子模块的主要功能是制订教职工退休计划,发送退休通知书的电子邮件,并把退休教职工的信息转到退休教职工信息库;调离子模块的主要功能是记录教职工的调出去向和调离时间，并把教职工信息转到调离教职工信息库。

10.合同管理模块

其主要功能是建立在编教职工的聘用合同及临时人员的劳动合同的模板上，记录合同的变更、续签等情况，提供合同到期的自动提醒，并记录合同的解除与终止的情况，以实现教职工合同信息的查询与统计。

（三）辅助支持模块

1.系统权限管理模块

其主要功能是为了保障教职工信息的安全，根据教职工身份的不同进行权限分配，如部门领导可以查询本部门的教职工信息，审批本部门教职工的假期申请等；人事处的工作人员可以操作所有模块，而一般教职工只能操作某些模块。

2.系统查询模块

其主要功能是根据不同权限为教职工提供本人信息查询，为部门领导提供本部门人员信息查询，为校领导提供全校信息查询等。

3.统计分析模块

其主要功能是对高校人力资源管理信息系统中的各类资料进行有选择地汇总和统计，并生成相关的图表，以进行分析和输出。

第二节　高校人力资源管理信息化的一般实施过程

一、我国高校人力资源管理信息化的原则

信息化是人力资源发展的趋势之一，是指利用信息技术手段来提高人力资源管理效率的过程，有助于推动人力资源信息共享，优化人力资源管理流程，提升人力资源管理的水平。高校人力资源管理信息化建设是一项人力、财力和物力投入大，持续时间长且影响范围广的系统工程，是一项关系高校发展全局的战略措施，关系到高校的管理理念转变、组织结构设计、组织文化改善和业务流程优化等。要成功有效地进行高校人力资源管理信息化建设，就必须遵循一定的原则。

（一）系统规划原则

系统规划是高校人力资源管理信息化建设的第一个环节，又是高校人

力资源管理信息化建设所必需遵守的原则，因此，系统规划是非常重要的。高校人力资源管理信息化建设涉及高校的教学、科研等方面，影响到所有的教职工，具有综合性、系统性和整体性，因此必须进行统一规划、统一投资、统一标准、统一建设和统一管理，以实现高校主要人力资源管理业务的电子化和信息资源的高效利用。对高校人力资源管理信息化的建设进行系统规划可以有效地防止重复投资，避免进行孤立的系统设计或某项业务的信息化而导致的信息不能共享的问题。

（二）循序渐进原则

高校人力资源管理信息化是一个动态过程，是随着国家法规政策的变动、高校的发展、信息技术的进步以及高校人力资源管理的发展而不断变化的。国家实施新的法规（如社会保险法）就会造成高校人力资源管理业务的改变，而业务的变化就会改变高校人力资源管理的业务需求，进而改变高校人力资源管理信息系统的设计与功能。另外，中国高校的人力资源管理水平是不一样的，业务的需求层次也是不一样的，同时高校人力资源管理的新需求也会不断出现，新出现的丰富需求加大了高校人力资源管理信息化建设的难度。高校进行人力资源管理信息化建设，在总体规划的基础上，既要坚持科学性和适用性，又要兼顾先进性和前瞻性，循序渐进，量力而行，要有条不紊地逐步完善。

（三）讲求实效原则

高校人力资源管理信息化建设必须从实际情况出发，充分考虑高校的管理水平和人力资源管理信息化的业务需求，突出重点，注重实际效果。高校的人力资源管理信息化建设一定要以高校人力资源管理的实际情况为基础，以信息化的实际应用为着眼点，将先进信息技术与管理创新相结合，以此来设计实施高校人力资源管理信息化的解决方案。高校人力资源管理信息系统的功能模块必须与实际应用紧密结合，必须具有实用性和针对性，中看不中用的功能模块不能进行设计与开发。

（四）纸质文档保存原则

高校人力资源管理信息系统的日常运行，必然会产生大量的电子人事信息，而这些信息都以数字化的形式存储在系统的后台数据库中。这些电子文件中包含许多需要记入教职工个人人事档案或者学校档案的文件，如教职工的考核表、工资定级表、聘用合同书、相关的人事制度政策以及某些特殊问题的处理意见等。因此，对国家法律规定要保存的重要人事信息以及具有保存价值的人力资源电子文件，一定要将这些电子文件转换成纸质文档保存到教职工个人的人事档案或者学校的档案室。同时人力资源电子文件也要按照其记录信息的保存价值进行物理归档，转化为电子档案，保存到学校的档案信息系统中，并按规定进行相应的安全管理。也就是说，高校人力资源信息系统所产生的电子人事信息要实行"双轨"制的归档管理，即数字化的文件和纸质载体的文件要同时作为档案保管。

（五）信息安全原则

高校人力资源管理信息化建设必须高度重视信息安全问题。高校教职工的人事信息具有一定的机密性，要严加管理，以严格的管理制度、有效的监督措施和先进的信息安全技术，来实现确保高校人事信息安全的目的。高校在实施人力资源管理信息化的过程中必须严格遵守国家有关信息安全的法律规定，制定适用教职工人事信息等方面的规范要求，高度重视互联网的安全威胁，并采取必要措施，建立有效的信息安全保障机制，以确保高校人事信息安全。

高校人力资源管理信息系统必须与互联网等公共信息网络实行物理隔离，涉密的教职工人事信息要存储在与公共网络相连的服务器或存储设备上，要采取彻底的防范措施，以保证高校人力资源管理信息系统的基础运行环境与校园网的安全。高校人力资源管理信息系统在设计和开发的过程中必须进行严密的安全体系设计，采用基于角色的口令管理和权限管理。系统管理员的口令要采用严密的算法进行加密，防止盗用或破解系统管理员口令与密码的现象发生。不同用户的权限要进行系统的逻辑严密的分类与划分，并通过详细的系统日志记录不同用户对系统的操作。

（六）信息共享原则

在高校校园信息化建设中不仅包括人力资源管理信息系统，还包括教学管理、科研管理、财务管理和学生管理等许多职能部门的管理信息系统。因此，高校人力资源管理信息化建设要从校园信息化的全局出发，充分利用已经建成的基础网络环境和信息系统，在学校主管信息化建设部门的指导下，加强与其他职能部门的协调，并采取切实可行的信息技术手段和管理制度，努力实现人力资源管理信息系统与其他管理信息系统的互联互通和信息共享，以避免各个管理信息系统的"信息孤岛"现象以及信息标准不一致等问题。

二、高校人力资源管理信息化的实施过程

第一步，高校人力资源管理信息的系统规划。

高校人力资源管理信息的系统规划是高校校园信息化规划的一个重要组成部分，是人力资源管理信息系统开发的首要步骤和基础工作，也是实现信息技术与人力资源管理业务之间的有机融合，更是促进高校规范化管理的必要前提。高校人力资源管理信息的系统规划是根据高校的战略发展规划和师资队伍建设规划，在确定高校人力资源管理与信息技术的融合关系以及高校资源情况的基础上，通过制定、实施、评估和调整高校人力资源管理信息技术战略，从而实现高校人力资源管理的自动化和系统化。高校人力资源管理信息的系统规划主要是调查分析高校的现状、未来的发展战略和任务、高校的党政组织结构、学校与院系的二级管理结构、人事部门的组织结构和业务以及当前学校人力资源管理中存在的问题等。

有效地进行高校人力资源管理信息的系统规划可以增进系统与学校及人事部门之间的关系，做到人事信息资源的深化应用和系统经费的减省节约，帮助高校梳理人事工作，并发现能够改进的地方。

第二步，高校人力资源管理信息系统的需求分析。

高校人力资源管理信息化项目是把高校人事工作的业务需求进行信息化实现的工作集合，能够掌握全面、真实、准确的需求，是高校人力资源管理信息化成功的基础。需求的不清晰和不准确会造成高校人力资源管理信息系统设计开发困难或错误，需求变更频繁会造成建设系统的经费增加等。许多高校人力资源管理信息化项目的失败都涉及需求问题。

在高校人力资源管理信息化项目建设之前，高校必须弄清楚以下三个问题：

第一，高校人力资源管理信息化的需求是什么。这个问题的实质是高校当前有什么需求，高校是否清楚地知道利用人力资源管理信息系统来解决哪些人事管理工作上的难题。

第二，高校人力资源管理信息化的需求将是什么。这个问题回答的是高校未来的需求是什么。在未来的动态环境中，高校之间的竞争会更加激烈，高校的战略目标和师资队伍规划也会发生变化。为应对将来的变化，人力资源管理信息系统将面临何种需求。

第三，高校人力资源管理信息化应该是什么。管理信息系统的核心是管理，信息技术必须为管理目标服务，不能只追求技术上的先进性而忽视管理目标。因此，高校人力资源管理信息化的理念必须科学合理，使用的工具也要适合高校的需求。高校人力资源管理信息系统应该是一个科学管理的平台，应该把可行的、科学合理的需求纳入系统中。

高校进行需求分析，需要注意以下问题：

第一，需求是不断变化的。人力资源管理的很多业务处于不断地变革中，需求也就随着发生变化，因此，人力资源管理信息系统要有灵活性。

第二，有些需求是模糊的。大多数需求开始是模糊的，高校虽然能够意识到但不能清楚地表达，因此专业人员要把模糊的需求变成描述准确的需求说明书。

第三，需求冲突。高校人力资源管理信息系统的用户包括很多人，如学校领导、其他职能部门、院系等，这些使用者都有需求，因此会出现需求冲突的情况。

第三步，高校人力资源管理信息系统的设计。

高校人力资源管理信息系统设计的主要任务是确定系统的总体设计方案，并分析人力资源管理工作的业务流程，划分系统的功能模块，确定数据的流程，进行具体且详细的设计。

系统设计包括高校人力资源管理信息系统总体网络结构的设计、数据库的设计和功能模块的设计等。

总体网络结构的设计是指选择 B/S 结构，还是 C/S 结构，或者是两者混合。数据库的设计包括数据库表、字段等的设计。功能模块的设计是指高校人力资源管理信息系统所具有的分工协作的业务模块，如招聘模块、工资管理模块、培训管理模块、福利保险模块、绩效考核模块、系统查询模块和统计分析模块等。

第四步，高校人力资源管理信息系统的选择。

高校在进行人力资源管理信息系统设计后就进入了系统选择阶段，在此阶段，高校可以采用两种完全不同的实现方式，即自主开发还是外部购买，当然高校也可以采用这两种方式相结合的方式，如选择软件系统开发商进行联合开发或者选择某一产品进行二次开发等。自主开发是指高校依靠自身的技术人员，根据需求和系统设计，来开发人力资源管理信息系统；外部购买就是指高校购买专业软件开发商的产品。高校选择自主开发，往往是基于这样的考虑：选择外部供应商的成本较高；担心外部供应商的后续服务和升级能力。高校选择自主开发的主要难题是信息技术部门的人员不熟悉人事部门的工作，就是缺乏既掌握信息技术，又深入了解人力资源管理业务的复合型人才。

大部分高校不具备自主开发的条件，因此只能选择外部购买。高校要选择软件供应商，就必须从供应商的经营状况及性质、开发实力、实施水平、服务能力以及产品的功能价格等方面来评估供应商及其产品。

第五步，高校人力资源管理信息系统的安装。

在高校自主开发出系统或选择好软件产品后，高校就进入了人力资源管理信息系统的安装阶段。在安装阶段，高校要准备好人力资源管理信息系统的硬件环境，如服务器、网络交换机和计算机等，还要在硬件平台上安装好软件。

软硬件环境的准备是这一阶段的重要工作内容。软硬件环境准备就绪后，高校就可以进行数据库和人力资源管理信息系统的安装。在系统安装之后，技术人员要为系统设置共用的系统参数、基础数据及相关的文档。共用参数和基础数据是全局性的，要进行认真核对，确认无误后再进行数据备份。

第六步，高校人力资源管理信息系统的测试。

系统测试是保证高校人力资源管理信息系统质量的关键，也是对需求分析、系统设计、系统选择和系统安装的最终审查。在高校人力资源管理信息化的前五个阶段，会不可避免地产生一些差错，在编程过程中也会有一些问题。这些问题必须在高校人力资源管理信息系统运行之前发现并解决，否则会在系统使用后造成非常严重的后果，改正的难度也会增大。在高校人力资源管理信息系统运行之前，必须对其进行测试。

系统测试主要是对高校人力资源管理信息系统的完整性、集成性、易用性、灵活性、开放性和安全性进行测试。系统的完整性是指人力资源管理信息系统是否全面涵盖了人力资源管理的所有业务功能，并对每个业务功能基于完整的、标准的业务流程而进行设计；系统的集成性是指人力资源管理信息系统是否将其所含的功能模块进行拆分使用，同时又能将拆分的功能模块集成为一个完整的系统；系统的易用性是指人力资源管理信息系统是否有简洁、友好的人机界面，是否能直观体现人力资源管理的业务；系统的灵活性是指系统的用户能否根据用户的需求进行个性化的改造；系统的开放性是指人力资源管理信息系统是否提供了强大的数据接口，是否实现了各种数据的导入、导出以及与外部系统的无缝连接；系统的安全性是系统测试最重要的指标，一个安全性高的系统必须对数据库进行加密管理，并有严格的权限管理和角色设置，还要建立日志文件记录用户对系统每一次操作的详细情况，建立数据备份机制并提供数据灾难恢复功能。

第七步，高校人力资源管理信息系统的培训。

在系统测试完成后，必须对系统的管理员和用户进行系统操作和管理的培训。实现高校人力资源管理信息系统的良好运行，系统的管理员就必须深入了解系统的设计方案、掌握系统的安装与调试、软硬件环境的配置、基础数据的定义、系统的安全管理和数据备份、系统运行的维护及系统常见问题的解决。对于系统的一般用户，其培训的主要内容是高校人力资源管理信息系统的基本操作和一些简单问题的处理。

第八步，高校人力资源管理信息系统的维护。

系统在上线运行后，主要的工作就是对人力资源管理信息系统的日常管理和维护。系统日常管理的目的是让系统长期高效地工作，包括机房环境和服务器等设备的管理，更重要的是对系统每天运行状况、数据输入和输出情况，以及安全性与完备性进行及时记录和处理。系统的维护是指在人力资源管理信息系统使用后，为了使程序时刻处于最佳的状态，使系统中的各种设备处于正常的运行状态，或者满足新的需要而进行修改和维护系统的过程。

系统维护是一项系统工程，其主要涉及四个方面：软件维护、硬件维护、数据维护和代码维护。软件维护是指软件在使用后，为了保证软件正常使用和满足新的需求而对软件进行修改的活动，是系统维护中最重要的工作；硬件维护是指为了保证所有计算机和网络系统处于良好的运行状态，对计算机网络设备及其附属设施等进行的保养与检修工作；数据维护是系统投入运行后不断对数据文件进行评价、调整和修改；代码维护是指对各种代码如程序处理中的代码等进行增加、删除和修改等操作。

第三节　教育信息化背景下高校人力资源管理机制的构建路径

一、高校人力资源信息化管理的价值分析

（一）提高工作效率

高校的人力资源管理涉及的事务比较琐碎复杂，在高校人力资源管理的过程中利用计算机、数据库、网络等智能化的设备，高效地完成人力资源信息的收集、整理、加工、存储、传播和使用等工作，可以将管理人员从复杂、繁重和无序的手工式信息管理工作中解放出来，并提高工作效率，将更多时间与精力投入高校人事改革及长远发展的战略思考等更高层次的工作中。同时，将信息化技术引入高校人力资源管理中，可以促使人力资源管理的各项流程系统化和规范化，从而提高管理效率。

（二）提供高效、优质的服务

高校人力资源管理涉及全体教职工，并且与教职工方方面面的切身利益相关。如果管理不善，会引发教职工的不满情绪，影响相关工作的开展。通过人力资源管理信息化的建设，简化各项事务的办理流程，化繁为简，可以为教职工提供高效、优质的服务，使教职工在办理业务时能提高效率，避免等待和浪费时间，并提高教职工满意度和工作热情，为高校的健康发展提供保障，提高高校的核心竞争力。

（三）信息共享，提高资源利用率

传统人力资源管理的信息收集通常以纸质为载体，不利于统计处理和共享。同时，由于保密等要求，往往有需要时才来查阅，数据信息使用频率低。通过人力资源管理信息系统将各种文档资料以电子化、数字化的形式统一收集并存储，便于教职工本人和管理者实时查阅和传递信息，可以实现信息资料的综合利用，并且在确保安全的同时实现信息共享。借助共享信息，可以快速便捷地对相关信息进行梳理和归类，从而提取有效信息并开发出新的应用功能。

（四）提供科学的决策支持

高校每一项决策的制定都离不开大量的前期调研和数据资料的支持。传统的数据统计方式存在效率低、信息数据滞后等缺点。通过人力资源管理信息系统建立准确且高效的数据库，在需要时可以从系统中快速准确地提取有效数据信息，并在数据信息的基础上加工、分析，得到可靠的统计信息，可以大大节约人力、物力和时间，为决策者提供科学的数据支持，促进高校的可持续发展。

（五）规范人力资源管理流程

一直以来，人们都将高等院校的人力资源管理工作看作是人力管理。近年来，高校的发展速度不断加快，其内部人力资源管理工作理念也在逐渐更新，其管理职能也在不断拓展，并逐渐向教师培训及团队创新等方向发展。

如此一来，就要求此项管理工作在培养机制、整体规划以及用人制度等方面采取规范化、科学化的管理流程。在实现人力资源信息化管理以后，人力资源的管理工作就能够更加重视运作体系，进而高效地完成相关管理工作。高校的相关部门必须采取有效的措施，积极地制定完善的人力资源管理发展规划，并且在培训流程及人才引进流程等诸多方面进行进一步的优化与完善。通过信息化管理可以使管理职能得到进一步的细化与明确，并在此基础上使得各项业务流程更加完善、更加规范。

二、教育信息化背景下高校人力资源管理机制的构建路径

针对我国高校人力资源管理信息化建设中出现的各类问题以及为了优质高效地完成高校人力资源管理信息化项目，本书认为教育信息化背景下高校人力资源管理机制的构建路径如下。

（一）转变管理理念

高校人事部门首先要从转变自身开始，积极接受新的人力资源管理理念并在实际工作中加以实践。高校人事部门不能沉浸于以往的成功经验中，人力资源管理工作是不断变动的，并且当前我国高校也处在变革中，在实际工作中，高校人事部门经常会遇到新情况、新矛盾和新问题。这时，高校人事部门不能因循守旧，要以积极的创新精神，接受和实践创新的人力资源管理理念，创造和采用新的人力资源管理手段和管理方法。

就高校人力资源管理工作而言，无论是学校的管理人员还是行政教职员工，都应当通过集中培训、加强宣传等方式使其认识到信息化转型的必要性和现代化智能人力资源管理的诸多优势。一方面，从高校管理人员的角度来说，人力资源信息化建设能够提高高校行政工作的运转效率，让行政人员从重复性和机械性的工作中解放出来，开展更多创新性工作，加速高校体制改革的步伐；另一方面，从高校教职员工个体的角度而言，人力资源信息化能够减少行政事务处理的时间，将审批、打卡等业务流程转移到线上、转移到移动通信设备上，有助于促进教职员工智慧办公，提高其工作效率，使其能够更好地投入学术科研等专业性工作当中。

高校人事部门是高校人力资源管理信息化建设的中坚力量，是人力资源管理信息化项目的推动者与实施者，也是人力资源管理信息系统的管理者。因此，高校人事部门要从转变自身的管理理念开始，认真学习高校人力资源管理信息化的相关知识，积极推进人力资源管理信息化的建设，大力推广人力资源管理信息系统。

（二）提高重视程度

高校领导层对高校人力资源管理信息化的认同与支持是高校人力资源管理信息化建设的有力保障。高校人力资源管理信息化的建设不只是人事部门的工作，其涉及学校内部的所有部门和所有的教职工，需要投入大量的人力、财力和物力，还要与学校的网络部门、教学部门、科研部门和财务部门等进行协调。这就要求高校人事部门必须争取学校领导层对人力资源管理信息化的重视，让学校领导层认识到人力资源管理信息化对学校发展和提高管理水平的重要性，以取得学校领导层的大力支持，使学校领导层能够从学校的大局出发来领导人力资源管理信息化的建设，协调好各职能部门之间的关系以及职能部门与院、系之间的关系，同心协力，有效调度建设人力资源管理信息系统的各种力量，为人力资源管理信息化提供必要的保障。

（三）培养人才队伍

人才是高校人力资源管理信息化建设取得成功的关键因素，也是人力资源管理信息系统建成后正常运行的重要保障。高校人力资源管理信息化要对人事部门的各项业务进行需求分析，对每项业务的处理流程进行优化。因此，高校人事部门在进行人力资源管理信息化建设时，一定要动员全体工作人员积极参与到人力资源管理信息化项目中，在实践中培养人力资源管理信息化建设的人才。在高校人力资源管理信息化项目的实施过程中，人事部门的工作人员最了解其所负责的业务，他们的积极参与可以提供详细的业务需求，也可以提供改善业务流程的建议，其还可以参与信息系统的设计。通过参与高校人力资源管理信息化项目，人事部门的工作人员能够熟悉人力资源管理信息化的实施过程，了解人力资源管理信息系统的设计理念，也能够快速掌握人力资源管理信息系统的操作方法，并能够在系统运行后做好管理与维护工作。

（四）严格执行实施过程

高校人力资源管理信息化必须严格按照高校人力资源管理信息化的一般实施过程进行，做好从系统规划到系统维护的每一个步骤。高校人力资源管理信息化项目都要受到时间和经费等限制，要保证人力资源管理信息化项目能按时投入运行，并取得良好的效果，就必须科学合理地为项目的每一个实施步骤分配时间及相应的人力、物力，并严格按照项目进度进行管理。高校人力资源管理信息化建设既不能过于拖沓，使信息化项目不能按时完成，也不能太紧促，以致忽略或草率地完成某一步骤，使信息化项目不能取得预期效果。

（五）保证信息系统的正常运行

在高校人力资源管理信息系统的程序开发与设计阶段，开发人员应该按照软件质量保证的技术方法来保证人力资源管理信息系统的程序质量，尽量防止编程中的错误，减少软件系统的缺陷。在校园网中，机房的管理人员以及人力资源管理信息系统的管理人员要严格遵守安全管理制度，采取有效措施防止病毒与黑客的攻击，以保证基础网络环境的安全，从而为高校人力资源管理信息系统的正常运行提供良好的环境。

（六）加强基础建设

为了有效提高高等人力资源管理信息化的建设水平，就必须从基础抓起，积极地做好基础建设工作。首先，对人事部门的在职人员进行培训，通过培训与学习掌握更多科学前沿的信息技术与相关知识，能够使其业务水平得到不断提升，能够熟练地了解各种操作的技巧；其次，要积极聘用一些优秀的具备较高专业知识素养与技术水平的新人，在岗位职责以及招聘条件方面不断优化与创新，这样才能够为部门聘请到更多优秀的人才；最后，要充分结合人力管理工作者的素质水平，结合当前运用的信息技术体系的实际状况来实现技术的更新，并结合院校的发展现状，对新技术进行科学合理的选择与应用，使得技术能够适合学校的发展。不能盲目跟风，只有充分发挥新技术的应用价值，才能提高学校的管理水平。

（七）加强统筹规划

首先，要全面掌握学校人事制度的近期规划，了解其长远的目标，将近期的规划与长远的目标进行有机结合。要结合学校的实际状况，制定更加科学、完善的人力资源管理信息化决策，从而使得决策能够更加科学、有效，更加具有前瞻性，更加能够促进未来的长远发展。其次，要全面考虑人事工作的整体格局，要从各个整体出发做好统筹规划工作，以完成信息化建设工作，并确保人力资源管理信息化决策的全面性和准确性。再次，要全面了解人事工作的开展现状及信息化程度，并且进行科学定位，最终制定出更加准确、科学的策略。要创建完善的数据处理以及数据采集的标准体系，使得信息资料通用且共享，充分发挥其协同作用，使得学校的各个部门都能够积极合作、共同进步。最后，不同科室彼此间要进行团结协作，并能够实现数据的共享，共同解决难题，使得更多的数据信息可以在不同部门同时使用，以提高数据信息的应用价值。其他部门也要提供大力支持，积极地配合，更好地推动人力资源管理信息化建设工作的顺利实施。

总之，随着时代的发展，信息技术与网络技术已经渗透到人们生产、生活的各个方面。在此时代背景下，为了有效地实现高校信息化的改革，有效促进各方面工作的顺利开展，高校要实现对信息技术的合理应用，在人力资源管理中积极地加强信息化建设，这样才能够更好地完成相关的各项工作，才可以充分发挥高等院校的重要作用，为社会培养出更多优秀的人才。

参考文献

［1］张燕，安欣，胡均法.现代高校教育管理与教学创新研究［M］.天津：天津科学技术出版社，2023.

［2］卢茂春.高校体育教育与管理的理论及实践探索［M］.广州：广东人民出版社，2023.

［3］丰娴静.新时代高校学生管理中思想政治教育理论与实践研究［M］.长春：吉林大学出版社，2023.

［4］姚亮.高校大学生职业价值与创新创业教育研究［M］.北京：中国书籍出版社，2023.

［5］陈东梅.新时代高校教育发展路径的研究［M］.北京：北京工业大学出版社，2023.

［6］任颖.高校班主任科学教育研究［M］.长春：吉林人民出版社，2023.

［7］赵翔宇.高校财务管理改革与创新研究［M］.北京：北京工业大学出版社，2023.

［8］严实，张嘉友，刘真豪，等.高校劳动教育育人模式构建的基本策略研究［M］.成都：四川大学出版社，2023.

［9］王春宝，张永越.高校学生管理创新理念研究［M］.北京：中国商务出版社，2023.

［10］杨宏楼.新时代高校后勤管理及服务育人研究与实践［M］.北京：北京工业大学出版社，2023.

［11］戴月舟.新时代高校教育管理与创新研究［M］.汕头：汕头大学出版社，2022.

［12］单林波.高校教育管理体系构建研究［M］.北京：首都师范大学出版社，2022.

［13］新时代高校教育管理实务编委会.新时代高校教育管理实务［M］.武汉：中国地质大学出版社，2022.

［14］郝福锦.大数据技术在高校教育管理中的应用研究［M］.北京：中国原子能出版社，2022.

［15］范晔.基于创新教育理念下的高校教育管理［M］.长春：吉林出版集团股份有限公司，2022.

［16］范良辰.大数据环境下高校教育管理信息化改革研究［M］.北京：中国原子能出版社，2022.

［17］陈兴雷，高凤霞.高校体育教育与管理理论探索［M］.天津：天津科学技术出版社，2022.

［18］陈天文，姜立林，李敏.高校网络安全教育与管理研究［M］.延吉：延边大学出版社，2022.

［19］苗青.中华优秀传统文化与高校青年教育管理研究［M］.北京：新华出版社，2022.

［20］朱松华，张颖.高校师资队伍建设与教育质量管理创新［M］.长春：吉林出版集团股份有限公司，2022.

［21］李晓雯.高校教育管理的理论探索与探究［M］.长春：吉林人民出版社，2021.

［22］卢保娣.大数据时代高校教育管理及其信息化建设［M］.长春：吉林大学出版社，2021.

［23］刘鑫军，孙亚东.互联网时代高校教育管理模式改革与实践研究［M］.长春：吉林人民出版社，2021.

［24］洪剑锋，屈先蓉，杨芳.互联网时代下高校教育管理与评价创新［M］.延吉：延边大学出版社，2021.

［25］张伟，丁彦.基于人工智能视角的高校教育管理与信息化教学研究［M］.北京：北京工业大学出版社，2021.

［26］宋述贤，巩绪福，严苗.高校法学教育与德育管理［M］.长春：吉林人民出版社，2021.

［27］刘思延.高校教育教学管理实践与创新发展［M］.哈尔滨：哈尔滨出版社，2021.

［28］姚丹，孙洪波.高校教育信息化管理与学生管理工作［M］.北京：中国
纺织出版社,2021.

［29］王炳堃.高校大学生管理教育与校园文化建设［M］.长春：吉林出版集
团股份有限公司,2021.

［30］梁丽肖.教育信息化背景下高校管理机制探究［M］.长春：吉林人民
出版社,2021.